Karina S. Marín Lara

Cuerpos exhumados
Desfiguraciones de la nación en la literatura ecuatoriana

ISBN: 1-930744-93-5
© Serie Premio *Revista Iberoamericana* mejor tesis, 2021
INSTITUTO INTERNACIONAL DE
LITERATURA IBEROAMERICANA
Universidad de Pittsburgh
1312 Cathedral of Learning
Pittsburgh, PA 15260
(412) 624-5246 • (412) 624-0829 FAX
iili@pitt.edu • www.iilionline.org

Colaboraron con la preparación de este libro:

Composición y diseño gráfico: Erika Arredondo
Correctores: Paul Guillén y Ricardo Vázquez
Tapa y contratapa: Gonzalo Zurita
                Título: *El Arrastre de Alfaro (díptico).*

Índice

Agradecimientos 7

Introducción
Escombros 23
Exhumaciones 51

Un torso maravilloso (Intervalo) 77

Profanaciones
Cuerpos idílicos 85
Cuerpos encarnados 99
Cuerpos violados 115
Cuerpos profanados 135

Señorita enfermiza (Intervalo) 151

Desarticulaciones
Otros cuerpos 163
Cuerpos inexplicables 177
Cuerpos incorregibles 191
Cuerpos inverosímiles 199

Gentes hermosas (Intervalo) 217

Supervivencias

Cuerpos que se borran 231
Cuerpos que se muestran 239
Cuerpos desmesurados 255
Cuerpos quebrados 269

Tarde para ser bello (Intervalo) 281

Consideraciones finales

Cuerpos que (se) leen
(notas para una ética de la mirada) 293

Bibliografía 309

A menudo, por lo tanto, nos encontramos enfrentados a un inmenso y rizomático archivo de imágenes heterogéneas difícil de dominar, de organizar y de entender, precisamente porque su laberinto está hecho de intervalos y lagunas tanto como de cosas observables. Intentar hacer una arqueología siempre es arriesgarse a poner, los unos junto a los otros, fragmentos de cosas que han sobrevivido; cosas necesariamente heterogéneas y anacrónicas puesto que vienen de lugares separados y de tiempos desunidos por lagunas. Ese riesgo tiene por nombre imaginación y montaje.
Georges Didi-Huberman, *Cuando las imágenes tocan lo real*

¿Qué quedará de nosotros para la historia? ¿La leyenda contada por un ciego? ¿La pesadilla de un pueblo? ¿Rastrearán las arenas en pos de los vestigios? ¿Descifrarán los palimpsestos? Mas si el polvo del desierto llegara un día a cubrirnos por completo... ¿Quién desenterrará entonces del olvido tanta pasión vivida?... ¿Nuestra sabiduría, nuestro dolor, nuestra paciencia, esta esforzada vida?...
Iván Carvajal, *Del Avatar*

Agradecimientos

Puesto que nuestro estar en el mundo nos señala que no es posible bastarnos a nosotros mismos, este trabajo, a pesar de la engañosa soledad del esfuerzo realizado, se ha ido tejiendo amorosamente en compañía de muchas personas. En ese sentido, sus primeras lectoras han sido fundamentales. María Cándida Ferreira me ayudó a tener la valentía de encontrar mi propia voz. Durante todos estos años, ha acompañado mi escritura y resuelto mis dudas de maneras intensamente solidarias. Ella me ha enseñado una forma afectuosa y comprometida de la experiencia académica compartida. Asimismo, Cristina Burneo Salazar ha estado conmigo de muchas formas. Con su admirable sentido crítico, hizo aportes fundamentales al planteamiento metodológico de este trabajo durante mi estancia de investigación en la Universidad Andina Simón Bolívar. Luego, su amistad ha compartido mi militancia y me ha enseñado la importancia del pensar juntas.

La Universidad de Los Andes fue mi casa espiritual durante varios años. En sus aulas aprendí a conocerme y a entender la potencia del pensamiento crítico. Tuve la suerte de contar con profesores que acogieron mis inquietudes desde el primer momento, permitiéndome saber con certeza que había elegido el mejor lugar para retomar mis estudios. A Mario Barrero le agradezco haber leído y comentado con generosidad estas páginas. A él y a Carolina Alzate les debo haberme motivado a mirar la literatura ecuatoriana con nuevos ojos desde la época de la maestría. De manera solidaria, Andrea Lozano creó las mejores condiciones para que mi labor entre Quito y Bogotá fuera llevadera. Más allá del área de estudios literarios, las profesoras Zandra Pedraza y Diana Bonnett contribuyeron de manera muy valiosa a este trabajo, desde los estudios del cuerpo, la antropología y la historia. Durante mi paso por las aulas del Departamento de Humanidades y Literatura, la amistad y el compañerismo de Christian Vásquez, Julián Campos, Constanza Botero y Carlos Ayram fueron esenciales en muchos sentidos. Tuve la fortuna, además, de caminar junto a Azuvia Licón uno de los momentos más importantes de esa etapa y de mantener una relación de complicidad que valoro enormemente.

Ya en Quito, el diálogo con Álvaro Alemán, Diego Falconí Trávez, Martha Rodríguez y Santiago Cevallos fue fundamental para seguir pensando la literatura ecuatoriana desde nuevos lugares. Iván Carvajal escuchó mis preguntas y mis propuestas de manera comprometida. Nuestras largas conversaciones han enriquecido mis lecturas y tal vez sin que él lo haya advertido, se ha transformado en un interlocutor esencial al momento de la escritura.

He tenido la suerte de contar con la amistad incondicional de Carlos Reyes Ignatov, Paola De la Vega y Tomás Astudillo, quienes siempre buscaron las formas de hacer que me sintiera motivada. Paulina León, María Dolores Ortiz y Coco Laso fueron muy generosos al permitirme usar en este libro imágenes fotográficas de sus respectivos proyectos. A Paulina, en particular, le debo el trabajo retador y estimulante de estos últimos años con nuestro proyecto *Cuerpos que (se) miran*.

Combinar las extensas horas de escritura con la maternidad no habría sido posible sin la ayuda de María Yugsi Satián. Teresa Zambrano también me ha dado su apoyo absoluto, aliviando enormemente las presiones diarias y haciéndome saber constantemente de su cercanía. Mi agradecimiento profundo a mi madre, Martha Lara, quien se ha transformado en la principal testigo de todo este camino, me ha animado a no rendirme y me ha sostenido en los momentos de mayor debilidad.

José Luis Vivar me animó a volver a las aulas y ha acompañado este camino durante todos estos años. Su trabajo incansable ha hecho posible que pudiera realizar mi investigación entre Quito y Bogotá sin limitaciones. A nuestros hermosos hijos, Julián y Tomás Vivar, les debo la esencia de estas páginas. Junto a ellos, todos los esfuerzos han valido la pena. Todo lo que soy y todo lo que hago está hondamente marcado por su entrañable presencia.

Si bien este libro es el resultado de una investigación doctoral realizada en la Universidad de los Andes, finalizada en 2017, lo asumo ahora como la continuación de una reflexión que emprende la búsqueda de nuevos interlocutores. La publicación de este trabajo no habría sido posible sin el interés del Instituto Internacional de Literatura Iberoamericana, IILI, por abrazar nuevas propuestas en el ámbito de la crítica literaria latinoamericana. Un agradecimiento especial a los jurados del Premio Revista Iberoamericana a la mejor tesis doctoral, año 2018, que leyeron estas páginas y confiaron en ellas. Que el diálogo, entonces, no se agote jamás.

Para José Luis,
por el camino

Para Tomás,
por la música que somos

Para Julián,
por esta nueva mirada

Introducción

> *[...] algún sordo alarido de los infelices todavía
> vivos bajo los escombros [...]*
> Luis A. Martínez, *A la Costa*

Mucho antes de que el cuerpo lánguido y afeminado de Salvador Ramírez se convirtiera en el lugar en el que acontecen las críticas y las tensiones que le dan sentido a una novela fundacional como *A la Costa* (Luis A. Martínez, 1904), otros cuerpos, o detalles de ellos, aparecen desperdigados por las primeras páginas del relato. Son imágenes trágicas, macabras e incómodas, a las que el lector no ha de tener que volver a menos que lo desee. A partir del segundo capítulo, esas imágenes ya no serán referidas. Sin embargo, los cuerpos de la tragedia son puestos en escena en aquel primer apartado para que los miremos en su miseria y escuchemos sus gritos de dolor tan solo por un instante, antes de que la narración los haga retornar a su lugar de ocultamiento y silencio.

En esas primeras páginas, las escenas catastróficas son traídas al espacio de la escritura de la mano de un recuerdo: el doctor Jacinto Ramírez, padre del desafortunado protagonista, será acechado por imágenes del pasado que no admitirán que continúe con sus actividades cotidianas, con aquellas labores productivas que lo hacen pasar por un hombre digno de una nación que se moderniza. Las imágenes corresponden a una "catástrofe espantosa, cuyos detalles rememoraba uno a uno como si se complaciera en ellos [...]" (40). Veintidós años después, y a pesar del tiempo transcurrido, la pesadilla parece no dejar de acosar al doctor, provocándole el estado de depresión que terminará por llevarlo a la tumba.

El recuerdo se remonta a los hechos acaecidos en Ecuador el 16 de agosto de 1868: siendo apenas un estudiante de provincia, Jacinto Ramírez se preparaba para visitar a su familia en su ciudad natal, Ibarra, al norte de Quito. En la víspera, un terrible temblor se sintió en la capital y anunció que su epicentro había sido precisamente el lugar de nacimiento del aún joven aprendiz de abogado, quien al saber la noticia se precipitó a viajar por varias horas con la ayuda de un débil caballo, hasta llegar al sitio de la tragedia.

La memoria del doctor es el elemento que nos conduce hacia esas imágenes. Sin embargo, aunque los detalles formen parte del relato, el narrador parece no querer asumir frontalmente la responsabilidad frente a esas particularidades tétricas pero, además, parece no querer pormenorizar ciertos momentos de lo ocurrido. Esa tensión entre lo que el narrador dice y lo que parece querer ocultar es perceptible gracias a que recurre a estrategias psicológicas como la de justificar los olvidos del doctor por medio de lagunas mentales, seguramente ocasionadas por el trauma causado ante la visión de tales acontecimientos. En el relato pueden percibirse estos vacíos, estos intervalos: no es casual que aquellas escenas difusas sean precisamente las que están antes y después de ese momento estremecedor, como si para eludir la posibilidad de incorporar tan espantoso cuadro al relato mayor, la desmemoria cumpliera la función de aislar aquellas imágenes y de permitirles solamente una fugaz aparición.

Es por eso que, preguntándose entre sueños si toda su familia habría perecido en el terremoto, el doctor encuentra, sin saber muy bien cómo, el lugar en el que algún día estuvo la casa de su infancia. Sin embargo, desde ese momento, su memoria es casi fotográfica: el joven se apresta a actuar, pide la ayuda de dos indígenas del sector y, sorpresivamente, el acto mismo de remoción de escombros queda detallado en la escritura sin imprecisiones, cuando se puede leer que con sus manos separó una enorme viga bajo la cual: "apareció el cadáver del padre con la cabeza partida y horriblemente desfigurada, y con una mano en actitud de

Cuerpos exhumados

separar el pesado madero" (43). Esta primera imagen da paso a otra y luego a otras, de manera vertiginosa:

> [...] a poco fue encontrado el cadáver de la madre, abrazado al de una niña de pocos años. Ambas mostraban rostros horriblemente contraídos por la suprema angustia de la asfixia. ¿Cuántas horas esas dos criaturas agonizaron pidiendo un auxilio imposible? Más lejos, el cadáver de un niño, de un hermano del doctor, casi destrozado y convertido en un montón de huesos triturados y de carnes laceradas... Y luego, más cadáveres, más horrores; toda la familia, en fin, sorprendida por la muerte en medio del sueño tranquilo y dulce. (44)

Inmediatamente después de esta corta, pero inquietante descripción en la que los cuerpos desenterrados estallan, se instala de nuevo la imprecisión de la memoria, el olvido. El doctor no logra siquiera recordar en dónde sepultó él mismo los cuerpos de sus seres queridos, apenas unas horas más tarde. Lo que había sido exhumado de entre los escombros provocados por la catástrofe, ahora volvía a ser enterrado en la memoria del protagonista y en el relato. Es en ese intervalo, entre la remoción de escombros-recuerdos y el entierro-olvido, donde aparece algo así como un espacio liminal en el que, de forma indeterminada y ambigua, persisten las imágenes del horror, "[...] algún sordo alarido de los infelices todavía vivos bajo los escombros [...]" (44). Los espacios de desmemoria parecerían ayudar para que las imágenes de la conmoción sean aún más claras, pero al tiempo más conmovedoras, como si el abismo hiciera más contundente las alturas, como sugiere Didi-Huberman en *La imagen superviviente*, poniendo en entredicho cualquier intención determinante o unívoca.

El personaje del doctor Ramírez es configurado por el narrador como un hombre acosado por sus recuerdos y, por lo tanto, como un hombre obligado por su memoria a imaginar una y otra vez la remoción de los escombros, lo que provocará que viva en un permanente estado de afectación: no poder olvidar es, en definitiva, una incapacidad que condena al personaje al fracaso. El relato intenta develar algo que, a pesar del esfuerzo por rememorar y remover, debe volver a ser enterrado.

¿Qué es eso del pasado que el narrador de *A la Costa* quiso sacar a la luz en esa breve escena?, ¿por qué lo hizo tan solo por un instante, en un intervalo de la narración, para luego volver a enterrarlo? ¿Qué puede decirnos este acto de remoción de escombros de esa sensación de dislocación, de interrupción del relato y a la vez, de esa "sensación de pasado" que queda al seguir leyendo la novela?

Al recordar las imágenes de cada cuerpo abyecto, de cada cuerpo lacerado y hacer que ellas duren apenas un instante, el acto de rememoración se transforma en el medio para conocer/reconocer ese pasado (Benjamin, *Excavar y recordar*), para no negar que esos cuerpos existieron. Aquí, la desmemoria es los escombros y, sin embargo, presentimos que debajo de ellos alguien puede yacer todavía vivo. Tenemos la opción de pasar la página y continuar con una lectura lineal del relato, o podemos detenernos para tratar de leer de otro modo: su aparición fugaz tiene la posibilidad de permitirnos aclarar la mirada, para que veamos esas imágenes y nos dejemos afectar por ellas. Así, aunque se trata de imágenes que vuelven a ser enterradas en el relato, el habernos detenido en la lectura, el haber cuestionado su presencia fugaz, hará que no callen ni desaparezcan para siempre. Como el doctor Ramírez, fracasaremos en el intento de leer una novela fundacional como nos habían dicho que debíamos leerla. La leeremos de otro modo. Que yo como lectora hable de esas imágenes hoy, que alguien pueda reparar en la fugacidad de su aparición en el espacio narrativo, parece protegerlas del olvido. Algo han dicho esas imágenes desde la lejanía del tiempo, desde su persistencia, desde su tragedia: lo lacunario que las envuelve, que trata de aislarlas, permite que, en su incapacidad de formar parte orgánica del resto del relato, permanezcan a salvo, resuenen, de modo que su desaparición no se concreta ni quedan sometidas a la total indiferencia. Las imágenes no han muerto del todo y murmuran. Por eso nos acosan.

Como he dicho ya, en *A la Costa*, el doctor Ramírez se deja afectar por esas imágenes, incluso veintidós años después. El dolor lo asedia y, por lo tanto, provoca que su memoria remueva una y otra vez los escombros. Además, las circunstancias económicas lo hunden en la

Cuerpos exhumados

desesperación y el fracaso. El recuerdo lo debilita, lo hace hipocondriaco y no le permite imaginar circunstancias reales para salir de la miseria. Incapaz de olvidar y de forjar un mejor porvenir para él y su familia, enferma gravemente y muere, dejando a los suyos en la desgracia:

> La muerte siempre es horrible cosa; pero cuando visita el hogar pobre, es hasta cobarde. En el hogar pobre la preocupación de que el muerto era el sustituto de la familia, el pan cotidiano, la ropa que cubre la desnudez, envenena más la herida. Al pobre le agobia el hoy y el mañana, le avergüenza la falta de medios necesarios para honrar el cuerpo del muerto con las ceremonias e indumentaria que exigen las preocupaciones y vanidades del mundo, preocupaciones y vanidades que absorben dinero. (107)

Así, el cadáver del doctor Ramírez no se hace merecedor siquiera de un adecuado funeral. Su cuerpo enfermo e inútil no puede ser honrado una vez muerto. Después, a lo largo de la novela, no volverá a ser mencionado. Censurado en la misma narración precisamente por haberse dejado afectar, por sucumbir a la tentación del recuerdo, Jacinto Ramírez es condenado a ser olvidado, a ser sepultado sin gloria por los escombros de esa historia. Se anticipa también el olvido para sus hijos, quienes deberán perecer porque esa sangre familiar es inútil, porque ellos mismos, sus cuerpos, constituyen el recuerdo de lo que debe desaparecer. Ellos son, precisamente, aquello que el proyecto nacional debe enterrar.

Mi primera intención en estas páginas introductorias es delinear una metodología, para poder recuperar imágenes aún problemáticas del *corpus* de la literatura ecuatoriana. Para el efecto, la escena de remoción de escombros con la que *A la Costa* inicia y que he referido es, precisamente, una metáfora de este acto de exhumación que propongo como método de lectura. Se trata de un tipo de lectura en el que la memoria, no como fin, sino como medio, trata de recuperar imágenes, como había propuesto Walter Benjamin:

> [...] La memoria es el medio de lo vivido, al igual que la tierra viene a ser el medio en que las viejas ciudades están sepultadas. Y quien quiera acercarse a lo que es su pasado sepultado tiene que comportarse como un hombre que excava. Y, sobre todo, no ha de tener reparo en volver una y otra vez al mismo asunto, en irlo revolviendo y esparciendo tal como se revuelve y se esparce la tierra. Los "contenidos" no son sino esas capas que sólo después de una investigación cuidadosa entregan todo aquello por lo que vale la pena excavar: imágenes que, separadas de su anterior contexto, son joyas en los sobrios aposentos de nuestro conocimiento posterior, como quebrados torsos en la galería del coleccionista. ("Excavar" 140-141)

Desde este intento por remover escombros, quiero sugerir que para problematizar el modo en el que está constituido el canon de la literatura ecuatoriana —y el de cualquier literatura apoyada en el discurso de lo nacional— es necesario alejarse de su movimiento evolutivo, de configuración hegemónica, lineal y acabada, y volver la mirada hacia el pasado para acercarla a aquellos lugares narrativos en donde se puedan detectar imágenes que nos sobrecojan, nos interpelen y nos permitan pensar en los motivos de su recurrencia en el tiempo. En este sentido, la tensión se hace palpable porque existe el riesgo de caer en una paradoja: sabemos hoy que el canon no es la única categoría válida para pensar la literatura, para acercarse a un conjunto de textos. Las escrituras se piensan hoy en día como formas más bien rizomáticas y lo canónico pasa a ser una categoría de imposiciones que ya no estamos dispuestas a consentir. Sin embargo, o quizá por eso mismo, a partir de la consciencia de esta crisis, mi propuesta opta por textos catalogados como canónicos, precisamente para tratar de desmontar los preceptos sobre los que el canon se alza como unívoco y para dejar al descubierto ciertas falacias interpretativas. En otras palabras, la idea es dejar en evidencia que la paradoja permanece disimulada en el vientre mismo del canon. Por eso, desde este proceso de remoción de ruinas, se trata de encontrar restos de cuerpos que puedan ayudarnos a entender sobre qué imágenes —o más bien, en contra de qué imágenes— se ha alzado eso que conocemos como 'literatura nacional'.

Cuerpos exhumados

Dicho de otro modo: antes que el papel de lo ancestral que justifica la necesidad de fijar un punto de partida en la lógica hegeliana de un historicismo progresivo, el pasado constituye un lugar que suele aparecer de forma inesperada, al que es necesario acercarse cuando aparece, en busca de imágenes que nos ayuden a pensar y no de discursos que nos obliguen a encontrar un sentido. Por lo tanto, en tanto gesto de lectura, se trata de una ética. Como propone Georges Didi-Huberman, autor con el que dialogo a lo largo de estas páginas, acercarnos a ese pasado nos impulsa a "hacer visible la tragedia en la cultura (para no apartarla de su historia), pero también la cultura en la tragedia (para no apartarla de su memoria)" (*Cuando las imágenes* 27, paréntesis en el original). Se trata, sí, de una ética de la lectura y también de una ética de la mirada.

Tenemos por un lado la intención de acercarnos a ese pasado, de problematizar la historia de la literatura ecuatoriana y la manera en la que ha sido configurada, de entrar en diálogo con ella y cuestionarla. Por otro lado, tratar de hacer *visible* la cultura y la tragedia inherentes a ese pasado, con el reto de asumir la noción de *imagen* en la escritura y de desarrollar una reflexión que, a partir de esas imágenes, logre develar los problemas que surgen de un conocimiento "nacional" de la literatura. Por lo tanto, a partir de aquí encuentro necesario desarticular este capítulo introductorio, como si fuera un cuerpo de dos cabezas: una de ellas, *Escombros*, se ocupará de las particularidades de un canon literario como el ecuatoriano y de las consecuencias de su conformación a partir del discurso de lo nacional. La otra, *Exhumaciones*, hablará de las implicaciones de mirar los cuerpos en la literatura, para finalmente abordar el modo en el que se pueden desenterrar aquellos que han sido olvidados entre los escombros escritos del proyecto (literario) nacional. Desde esta "doble y única introducción", finalmente delinearé los principios del montaje que me interesa destacar como mecanismo para disponer las imágenes que pretendo exhumar de entre las páginas de algunas de las obras literarias más canónicas de la literatura ecuatoriana.

Escombros

> *En el Ecuador la palabra ha estado, pues, condenada a pasar siempre por encima de la realidad, ayudando a que con ella se forme una capa vaporosa, aislante, hecha de aquel material nacional que gracias a una hábil acrobacia lingüística ha venido a llamarse "cultura".*
>
> Agustín Cueva, *Entre la ira y la esperanza*

Los relatos que conforman el imaginario histórico y cultural ecuatoriano están plagados de cuerpos violentados. Muchos de ellos constituyen el eje simbólico de acontecimientos que se instauran como momentos fundacionales. Por citar algunos, fijados sobre todo en la historia republicana, está la matanza de los patriotas del 2 de agosto de 1810 por parte de las tropas coloniales, que detonó parte de los hechos posteriores que fueron la antesala de las luchas independentistas. Una de esas escenas ha sido inmortalizada en figuras humanas de cera, que permanecen en el Museo Alberto Mena Caamaño, en Quito, en donde los cuerpos sufrientes se entremezclan con los cuerpos agónicos y otros sangrantes, para que todo el peso de su tragedia se imprima en la memoria nacional. Ya con la llegada de la fotografía en la segunda mitad del XIX, otra imagen común del imaginario nacional es la del cadáver del presidente conservador Gabriel García Moreno reposando en el lugar en el que fue perpetrado su asesinato en 1875. Un cuerpo que, puesto en una posición más decente que la del momento mismo de su muerte, con ambas manos colocadas sobre el pecho y los ojos ya cerrados, aún yace sobre el piso, ensangrentado, esperando ser trasladado a la tumba en la que descansará definitivamente. Su muerte simboliza de modo particular el inicio de un período de luchas en el que el pensamiento liberal empezaría a tomar fuerza y se consolidaría hacia 1895 con el estallido de la Revolución Liberal, comandada por el general Eloy Alfaro. Entrado el siglo XX, es precisamente la muerte de este revolucionario la que demarca, hacia 1912, la frontera entre siglos para la historia ecuatoriana. El relato que cuenta el recorrido de su cadáver, arrastrado a lo largo de las calles de Quito para ser luego incinerado junto a los de otros partidarios, fue posteriormente novelado por el escritor Alfredo Pareja Diezcanseco. Diez años más tarde, los sucesos de la masacre de los obreros en Guayaquil, el 15 de noviembre de 1922, se convirtieron en un relato fundacional del movimiento sindicalista ecuatoriano. La imagen de los cuerpos flotando sobre la ría dio lugar a la novela del escritor del realismo social, Joaquín Gallegos Lara, titulada *Las cruces sobre el agua* (1946).

Sin embargo, más allá de estos acontecimientos históricos, en los que la materialidad del cuerpo funciona como punto de quiebre para no por casualidad delimitar épocas en el devenir del relato de lo nacional, parece existir cierta necesidad por comprender la nación y la literatura que la proyecta a partir de metáforas corporales. Voy a referirme a las más notorias, conservando la linealidad histórica del relato para hacer notar precisamente su persistencia teleológica. No por nada dos de las generaciones literarias y culturales más icónicas de esta historia han sido bautizadas a partir de términos que señalan una simbólica pérdida de la cabeza como puesta en crisis de un modo anterior de pensar el acto creativo. Me refiero por un lado a los poetas que inauguran el siglo XX, que vivieron entre 1890 y 1930 y conforman la generación del Modernismo ecuatoriano, más conocida como "Generación Decapitada". El término, acuñado en la década de 1940,[1] hace alusión

---

[1] Antonela Calarota afirma que el apodo "decapitados" nació "por mano del autor Raúl Andrade en su ensayo dedicado a las tristes vidas de los cuatro jóvenes, titulado 'Retablo de una generación decapitada'. El nombre se refiere a la profunda indentificación de sus miembros con los 'poetas malditos' franceses y alude a la inmolación consciente a la que

Cuerpos exhumados

a la temprana muerte de dos de sus cuatro integrantes, quienes optaron por el suicidio. En un relato que se ha convertido ya en un lugar común de la historia cultural nacional, a estos escritores se les adjudica una actitud literaria evasiva, que parece despojarse del rol letrado y político de los escritores del XIX, cargada además con el estereotipo del individuo bohemio y depresivo. A la imagen corporal a la que se ciñe el nombre de esta generación —es decir, la de la decapitación que es la de la pérdida de la cabeza y, en consecuencia, la pérdida del juicio— se junta medio siglo después la de las cabezas reducidas o "tzantzas", imagen y acto que da nombre al grupo de los "Tzántzicos", generación de escritores y artistas que nació en respuesta a un resurgimiento del esteticismo y sus diversas facetas luego del apogeo del realismo social de 1930. Instituidos como críticos en contra de la idea del arte por el arte, su primer manifiesto, aparecido en 1962, señalaba la necesidad de "reducir muchas cabezas" y amenazaba con hacer caer "cabezas y cabezas [...] y con ellas himnos a la virgen, panfletos y gritos fascistas, sonetos a la amada que se fue, cuadros pintados con escuadra y vacíos de contenido, *twists* USA, etc., etc." ("Primer Manifiesto"). La figura acéfala que está detrás de estos relatos culturales parece haber sido olvidada y, sin embargo, exige aún reflexiones que vayan más allá del anecdotario local. Volviendo la vista hacia otras latitudes resuena la voz de Georges Bataille señalando: "El hombre se escapó de su cabeza como el condenado de la prisión" ("La conjuración" 23). Hace falta reflexionar aún más sobre esas prisiones que demarcaron la construcción de estos imaginarios, en los que unos debieron cortar su propia cabeza y otros, la cabeza de quienes los precedieron.[2]

Otro tipo de metáfora corporal está también implícita en dos de los libros de ensayo que se han propuesto delinear las características de la identidad nacional a la manera de *El laberinto de la soledad*, del

---

sucumbieron por medio de la bohemia y los estupefacientes y que caracterizó sus cortas existencias" (255).

[2] Vale apuntar, sin embargo, que los "Tzántzicos" no tomaron en cuenta el valor de honor que implicaba la "tzantza" como práctica de guerra de las tribus indígenas de la Amazonia. La "tzantza" significaba un trofeo de guerra y de unión entre clases. Debo agradecer a Cristina Burneo-Salazar esta importante observación.

mexicano Octavio Paz, según hace caer en cuenta Iván Carvajal. Ambos refieren circunstancias que de uno u otro modo tienen que ver con el cuerpo: por un lado, está la obra del escritor guayaquileño Miguel Donoso Pareja titulada *Ecuador: identidad o esquizofrenia* (2004) y por otro, el ensayo del ambateño Jorgenrique Adoum, *Ecuador, señas particulares* (1998). En el primero, hay una marcada intención por criticar el regionalismo entre sierra y costa –y específicamente, entre Quito y Guayaquil– que ha condicionado el devenir nacional. Recordemos que el término "esquizofrenia", que tiene origen en el griego *schzein* y significa 'dividir' o 'escindir', señala un comportamiento anómalo que afecta el modo en el que la realidad es percibida. El mismo autor inicia su ensayo señalando que

> [...] si trasladamos el concepto al país se podría decir, sin duda, que los ecuatorianos tenemos una identidad esquizofrénica (esquizoide, por lo menos) o, siendo optimistas, esquizomaniaca.
> [...] Lo grave es que, así como la esquizofrenia conduce a las personas a la locura total, una identidad nacional esquizofrénica puede llevar a un país a su disolución, a desmoronarse, a caerse a pedazos.
> Detectado el mal, asumidas su existencia y sus causas, no luchar contra él es un suicidio. (11-12)

De ese modo, Donoso Pareja parece abogar por la necesidad de recomponer un cuerpo que debe funcionar de forma orgánica, a pesar de la pugna entre sus partes.

A lo largo de su trabajo, Donoso Pareja hace varias referencias al ensayo de Jorgenrique Adoum. En lo que respecta a la metáfora corporal, hay un aspecto en el que ambos textos se hermanan: los dos ensayos presentan a la nación ecuatoriana como un cuerpo anómalo. Adoum hace constantes referencias al territorio y a su pequeñez, haciéndose eco a su vez del reclamo que el embajador cultural y escritor Benjamín Carrión hiciera hacia 1941. Antes de la firma del Protocolo de Río de Janeiro de 1942, acuerdo mediante el cual el territorio que Ecuador consideraba suyo quedaba partido por la mitad, luego de la guerra con el Perú, Carrión había publicado sus ya célebres *Cartas al Ecuador*, en las que señalaba:

Cuerpos exhumados

Ya tenemos, ecuatorianos, a la patria achicada. Achicada en todas las dimensiones: el territorio, el prestigio, la moral, la voluntad de ser. La voluntad de renacer. Ya tenemos por delante, hombres del Ecuador, el imperativo formidable: con esto que nos han dejado del territorio, del prestigio, del decoro, hacer una patria, construir una patria. (56)

En tal virtud, con la misión tácita de obedecer a Carrión, Adoum hace un llamado para reconocer los límites reales de la nueva patria, fijar la realidad más allá de la utopía de la patria grande y emprender "una reescritura de la historia" (144). Hablamos de 1998, año en el que Ecuador firma la paz definitiva con el Perú y en el que se inicia a nivel oficial una de las reformas más radicales del imaginario nacional: la modificación del mapa del Ecuador. Como he señalado en trabajos anteriores,³ este empequeñecimiento del territorio se ha asumido asimismo desde una noción extraterritorial, promoviendo un complejo de inferioridad que surge de esa situación de pequeñez material del territorio y que se ha trasladado también a otros ámbitos como el de la literatura. Es a partir de ese complejo que se ha dado a explicar, en varias ocasiones, el desconocimiento de las letras ecuatorianas en el contexto internacional. Desde ese complejo de pequeñez, Adoum solía decir que el problema de la literatura ecuatoriana no radica en ser una literatura "menor", sino que:

> [...] el país de uno constituye un pedestal que, mientras más alto es, permite ver mejor el busto o la escultura. Hay países que por sí solos constituyen un gran pedestal, como México, Argentina y Brasil. Pero Colombia no lo había sido hasta que apareció García Márquez. Otros países lo fueron algunas veces, como Venezuela, y dejaron de serlo. Nosotros ni fuimos, ni dejamos de ser. (en De la Vega 63)

En definitiva, quienes han querido pensar la identidad nacional han delineado la idea de una nación pequeña y mutilada, acéfala y esquizofrénica. Sería útil repasar las consecuencias de esta imagen, en la que la nación tiene un cuerpo anómalo, prácticamente inútil que,

---

³ Me refiero al artículo de mi autoría titulado "¿Qué mismo somos? El ensayo ecuatoriano como modo de pensar una identidad nacional", publicado en el libro *Convergencias 2011*.

aunque niega lo que la misma nación trata de llegar a ser, aún se esfuerza por *llegar a ser*. Textos como los de Adoum y Donoso Pareja son el reflejo de esa paradoja: reniegan de la nación (anómala, enana, amputada) para seguir abogando por la necesidad de tener una nación. Adoum, en particular, lo hace desde un acto de fe. Luego de exponer con cierta vehemencia los motivos por los que la nación ecuatoriana es insuficiente (la falta de amor propio del ecuatoriano, la inmadurez de su pueblo, lo inapropiado de su forma de hablar, etc.), remata su reflexión con un credo: "Creo en un país —escribe— donde seamos capaces de mirar por sobre el hombro la ruina que queda a nuestra espalda, y construyamos un paisaje luminoso para todos, porque vamos a la luz que está adelante y nos espera al final del túnel largo. Creo que ese país es éste. Creo en este país" (313). La paradoja se comprende en tanto es la misma idea de nación la que pone los límites en torno a cualquier posibilidad de futuro de una comunidad determinada.

Propongo entonces no mirar "por sobre el hombro la ruina que queda a nuestra espalda", como sí esperaba Adoum, sino, por el contrario, voltear por completo la mirada hacia atrás, girar el cuerpo y disponernos a acercarnos a las ruinas para remover los escombros, hasta encontrar aquello que aún respira.

¿Por qué insistir en los cuerpos y en cómo se relacionan ellos con las imágenes que más nos sobrecogen? Si bien trato de desarrollar una metodología —decir cómo llevar a cabo el acto de remoción de escombros, el acto de exhumación—, me gustaría primeramente identificar aquello que debe ser desenterrado. Para efectos de mi propuesta, las imágenes que nos ayudarán a hacer visibles la tragedia en la cultura y viceversa, con el fin de proponer otros modos de lectura, son imágenes de cuerpos. No se trata, sin embargo, de una elección arbitraria. Tiene que ver, por un lado, con la necesidad de no reducir la percepción de las imágenes a un ejercicio esencialmente cognitivo, sino a una noción sensorial de la percepción, a un conocimiento de las imágenes desde la sensación. Hans Belting propone pensar en el ser humano no como amo de sus imágenes, "sino [...] como 'lugar de las imágenes' que toman posesión de su cuerpo". De ese modo, el ser humano "está a merced de las imágenes autoengendradas, aun cuando siempre intente dominarlas" (15). Desde ahí, habría que pensar cómo "autoengendra" el ser humano las imágenes del cuerpo cuya representación acarrea siempre más de un problema. Por otro lado, la elección de las imágenes de cuerpos se relaciona asimismo con tratar de exhumar aquello de humano que se convierte en imagen y que tiene la capacidad de cuestionar éticamente los modos en los que miramos: el cuerpo que percibe, que mira, se coloca frente al cuerpo en imágenes para hablarnos de los riesgos del olvido y de la extinción. Didi-Huberman se refiere a "hacer justicia a la mirada en la gravedad de una *semejanza humana* sacada de la desaparición misma" (*Pueblos expuestos* 13, énfasis añadido) y recuerda a Blanchot cuando afirma que de ese modo "el 'antropomorfismo' [puede ser] el último eco de la verdad, cuando todo deja de ser cierto" (13).

Las imágenes a las que me refiero y que recupero en esta investigación aún no han sido destruidas ni han desaparecido: su destrucción, volviendo con Belting, implicaría su desaparición en el espacio social (29). Lo que ha sucedido con ellas es que se encuentran dispuestas en un lugar oscuro, porque las instituciones que ejercen el "poder de la imagen", como lo denomina Belting, han ido operando de tal modo que han dispuesto para ellas esa sepultura (28). Querer mirar esas imágenes, querer desentrañarlas, se asume como una necesidad de reconocer aquello de materialidad que, en tanto lectoras y lectores, tiene la capacidad de conmovernos. Pero también es una necesidad de reconocer aquello que yace bajo los escombros del discurso unificador, etéreo y heroico, que cifra toda una manera de escribir la historia de la nación y, específicamente, la historia de la literatura como la de aquello que es capaz de inmortalizar a la humanidad. Como lo señala Gisela Catanzaro para el caso argentino, el poeta nacional Leopoldo Lugones se encargó con sus escritos y su pensamiento de fijar la "verdadera existencia" de la nación en la superioridad del hombre espiritual, y no "en el prosaico mundo de los cuerpos caducos sino en el de los legados inmortales, donde la vida se muestra robusta tras la aparente caducidad" (125).

Algo similar se puede considerar para una nación como la ecuatoriana que, desde escritores ya inmortalizados como Eugenio Espejo, José Joaquín Olmedo, Juan Montalvo, Juan León Mera y otros, ha delineado esa idea de "ecuatorianidad", a partir de la consolidación de una superioridad espiritual letrada que ha procurado esconder ese "prosaico mundo de los cuerpos caducos". No es otra la fórmula con la que "hombres de letras" del siglo XX, como Benjamín Carrión, Miguel Donoso Pareja y Jorgenrique Adoum, convocan a la reconstrucción de la patria: ellos hacen el diagnóstico, se lamentan por ese cuerpo deforme que ha perdido el juicio, y luego se encargan de delinear su esencia, su espíritu, su nueva historia, por sobre la triste y patética anomalía de su territorio, pero también por sobre los cuerpos históricos que quedaron sepultos bajo las ruinas. Además, se debe tomar en cuenta que en Ecuador, esos "cuerpos caducos" de los que habla Catanzaro se ven matizados por discursos que perpetúan una organización social colonial que se hace aún más compleja en la América andina. Cuando cualquiera de estos tres autores refiere, por ejemplo, el componente indígena, lo hace en un tono que idealiza el pasado prehispánico. Carrión, en particular, lo hace para legitimar el proyecto de mestizaje. El pasado que se oculta o que se olvida se asume no como lo que pesa "en el cerebro de los vivos" ni aquello irresuelto cuya miseria aún retumba en el presente, sino como la antesala de un presente glorioso (Catanzaro 131) que solamente puede alzarse erguido y avanzar o bien sepultando todas las miserias, o bien haciendo de los cuerpos lo que Catanzaro llama "materia espiritualizada" (135). Así, la literatura nacional se consolida en tanto desmaterialización que consiente y facilita su incorporación a una linealidad histórica.

La novela que Benjamín Carrión publica en 1934, *Atahuallpa*, es un claro ejemplo de lo dicho: en ella, se fija la imagen de un príncipe inca que se perpetuará en el imaginario nacional, más aún cuando el mito fue de gran utilidad para acentuar el conflicto bélico entre Ecuador y el Perú, justificando los orígenes de la guerra fratricida a

Cuerpos exhumados

partir de la leyenda de rencores y envidias entre los hermanos, hijos del rey Huayna-Cápac: Atahuallpa –príncipe inca de sangre quitu– y Huáscar –príncipe inca de los territorios del Cuzco. La imagen de Atahuallpa en esta novela histórica responde además a una tradición literaria que identifica el pasado prehispánico con la cultura occidental, tanto como lo hace el poema épico del guayaquileño José Joaquín de Olmedo, la *Oda a la victoria de Junín* o *Canto a Bolívar*, que data de la segunda década del XIX, en donde la voz poética evoca la presencia del inca Huayna-Cápac como la de una deidad griega. Asimismo, Carrión describe a Atahuallpa con los valores de un príncipe y un guerrero de otras latitudes, pero también con un cuerpo indígena poco verosímil. Dice de él: "Era ancho y bien formado de hombros; de estatura más bien alta, como lo son los indios de los hatun puruá y carangui, cuya sangre corría por sus venas. Tenía 'el rostro grande, hermoso y feroz, los ojos encarnizados en sangre'. Su mirada, su cara toda, eran de una impasibilidad de piedra" (207-208). Atahuallpa se transforma entonces en 'materia espiritualizada'. Esa es la única *materia* digna de ingresar en la Historia o, a decir de Catanzaro, en la "áurea cadena de la herencia civilizatoria" (128). Se percibe entonces una tensión entre mostrar –la "materia espiritualizada"– y esconder –lo abyecto– que Didi-Huberman delineará como un juego de "sobre-exposición / sub-exposición" (*Pueblos expuestos*), noción que será útil a lo largo de este trabajo para entender en dónde permanecen los cuerpos que debemos exhumar.

Ahora bien: el afán de la historia por hacer devenir los cuerpos en "materia espiritualizada"[4] ha logrado hacernos pensar que lo que

---

[4] Para ahondar más en este concepto, es necesario volver sobre lo escrito por Catanzaro, quien hace referencia a la obra del poeta argentino Leopoldo Lugones y su construcción heroica y civilizatoria del gaucho, sin dejar de lado la noción hegeliana de una progresiva evolución de la materia hacia el espíritu. Como dice la autora, los textos *El Payador* y *La guerra gaucha* son ejemplos de una dinámica histórica que se plantea la pregunta por la vida de la nación, a partir de la escritura de "[C]uerpos muertos –larvas o cadáveres– que cuentan como prosaica resaca frente a la vida superior de las mariposas [...]" (129); en esa configuración, "[...] el gaucho no es un muerto, sino la encarnación de una suerte de espíritu universal, eterno, que, como nos enseñan la razón de la reconciliación o la poesía negadora de la muerte, sigue afirmándose, victorioso en el presente. En esa afirmación la tierra y los cuerpos dejan de ser tierra y cuerpos para devenir materia espiritualizada, significativa en tanto ha sido poseída –en el doble sentido de habitada y apropiada–

percibimos del cuerpo cuando el lenguaje lo nombra es una mera ilusión, que aquello que se espiritualiza o se encubre asume a la vez la categoría de lo irreal, pero también de lo ideal. Y como ha dicho Didi-Huberman, "es una enorme equivocación el querer hacer de la imaginación una pura y simple facultad de desrealización" (*Cuando las imágenes* 9). Por lo tanto, si las imágenes de lo abyecto, como he venido diciendo y como explicaré más adelante, tienen la capacidad de conmovernos, es porque en tanto somos "autoengendradores de imágenes", esos cuerpos que percibimos en la lectura y que no son susceptibles de idealización, al haber sido nombrados, adquieren un estatuto de realidad, logran obtener cierto *peso* en nuestras percepciones, en un nivel primario estrictamente sensorial. El cuerpo idealizado es, por el contrario, un cuerpo asumido desde la cognición que no pasa por los sentidos de quienes lo leen y al que, por lo tanto, ya no miramos ni escuchamos con algún tipo de empatía, pero al que regresamos a ver cuando requerimos de símbolos que nos ayuden a darle un sentido a algo como la nación.

Retomando lo dicho, la representación idealizada del cuerpo de la nación responde a una teleología que en América Latina está estrechamente identificada con la conquista, los procesos de mestizaje y la construcción del sujeto nacional. Por lo tanto, el primer problema que motiva esta investigación tiene que ver con la pertinencia de seguir pensando en la nación. De ese modo, y como bien ha sugerido Catanzaro, no se trata de dar por terminado el problema de la nación o de hablar en clave de "posnacionalidad". Se trata de asumir la crisis de la nación como su principal circunstancia en estos tiempos. Se trata, también, de cuestionar cómo al articularse con el estado nacional, la literatura se convierte en factor de organicidad, es decir, la historia literaria se encarga de definir un *corpus* que hace consistente la funcionalidad de la escritura en un único organismo. Así el cuerpo, no en su materialidad, sino como expresión de la voluntad del ideal de conducir la materia a su perfección, es el tropo del funcionamiento

---

por un espíritu que Lugones imagina emigrando y que, en cada emigración, imagina, también, como propietario o poseedor" (135-136, mi énfasis).

armónico y orgánico del proyecto nacional. Implica, por un lado, pensar en la *nación como cuerpo*, metáfora gracias a la cual puede comprenderse que la nación deba funcionar como un todo orgánico; y por otro, se trata de la idea del *cuerpo de la nación*, que implica un proceso metonímico en el que la escritura conlleva el afán por definir una identidad nacional, haciendo que los discursos nacionalistas se encarguen de fomentar representaciones de un cuerpo idealizado.⁵

Metáfora y metonimia, ambas estrechamente ligadas, caminan hacia un mismo fin: el de la consolidación del estado-nacional, el de la espiritualización de la materia. Pero debajo de ellas permanece la escritura de los cuerpos en su materialidad, de las corporalidades que no tienen pretensión totalizadora, sino que son desechadas como el bagazo que queda tras la extracción de la pureza deseada. En tal virtud, puede conjeturarse que un *corpus* que encubre esos residuos está paradójicamente condenado a volver una y otra vez sobre ellos, sobre su incansable existencia. Una mirada atenta de los detalles usados para describir los cuerpos presentes en los textos más emblemáticos del canon literario ecuatoriano revela esa paradoja latente en esa escritura, que coloca a cada una de esas corporalidades en la escena de la historia nacional: si por un lado se constituyen en imagen de lo inviable ante la potencia del proyecto nacional, por otro, se resisten a desaparecer en un contexto de violencia colonial problemáticamente perpetuada.

Mi propuesta de lectura se arriesga a preguntar no por cuáles son los cuerpos ocultos bajo los escombros –porque ya sabemos que no es el cuerpo hegemónico el que a la nación le interesa ocultar–, sino más bien por dónde están y por cómo son escritos esos cuerpos que yacen bajo esas figuraciones que fundamentan un canon literario. Si bien

---

⁵ Le agradezco a María Cándida Ferreira señalar que Claudio Guillén ha indicado que, en ocasiones, el proyecto literario nacional está concentrado en un solo poeta, como el caso indicado por Gisela Catanzaro con respecto al poeta Leopoldo Lugones en Argentina, así como Luis de Camões para Portugal o García Márquez para Colombia. Mi investigación durante los estudios de maestría desarrolló la idea de la historia literaria ecuatoriana girando en torno a la figura del poeta Jorge Carrera Andrade. En ese sentido, siempre llamará mi atención encontrar testimonios que describen el físico de Carrera Andrade como una figura alta, esbelta y formal, un "hombre planetario" que puso su poesía "sobre el altar de la patria".

se trata de un ejercicio que toma en cuenta los dispositivos de poder que intervienen sobre la vida para definir los cuerpos disimulados, este trabajo es ante todo un intento ético y político por no retirar la mirada, por no mirar sobre el hombro las desfiguraciones ocultas bajo esa representación paradigmática.

Desarticulemos: los huesos triturados y la carne lacerada del pequeño hermano del doctor Ramírez en aquel primer capítulo de la novela *A la Costa*; los labios abultados que son la huella de la sangre negra que corre por las venas de su hija Mariana; el cadáver desollado de Rosaura como imagen de un cuerpo prostituido en la novela *La Emancipada*; las llagas solamente anunciadas en el cuerpo de Arturina, en el drama de Juan Montalvo titulado *La leprosa*; la deformación de los rostros virulentos descritos por Eugenio Espejo en sus *Reflexiones sobre las viruelas*; la mirada desafiante del único ojo del Tuerto Rodríguez, en *Huasipungo*, la novela de Jorge Icaza... ¿Qué ha hecho con la presencia incómoda de esos cuerpos y tantos otros la historia de la literatura ecuatoriana?, ¿qué lugar ocupan esas imágenes en la conformación crítica de ese *corpus*? Como he sugerido antes, es posible que su eventual presencia en la historia de la literatura ecuatoriana se deba a la necesidad de usar su perturbadora imagen para contrastarla con la idea de lo que debería ser un cuerpo o, al menos, para procurarle algún resquicio de "espiritualización". Tal vez, aludiendo a la propuesta que hace Diego Falconí Trávez desde los estudios maricas,[6] lo que la crítica prefiere hacer es mantenerse a la espera de "cuerpos más *verosímiles*" ("El canon" 210, énfasis en el original), cuerpos que ayuden a legitimar el canon, porque los cuerpos enfermos, anómalos, racializados, feminizados, insalubres... en general, los cuerpos que producen asco, que desconciertan, que incomodan, no pueden ser los cuerpos del canon de una nación en ciernes, de una nación siempre joven.

---

[6] Esta propuesta de Diego Falconí Trávez se recoge en el libro titulado *De las cenizas al texto. Literaturas andinas de las disidencias sexuales en el siglo XX*, premio Casa de las Américas 2016.

Cuerpos exhumados

Y no se trata, al menos no para mí, de una recriminación que demande su inclusión en el gran relato de la nación, porque pretender recomponer esa ausencia y abogar por su lugar en la historia terminaría por legitimar la violencia de esa historia, a estas alturas innegable. Preguntarnos qué ha hecho la historia de la literatura ecuatoriana con esos cuerpos y qué lugar ocupan hoy en la *Historia* implica la necesidad por comprender que la ausencia de esas imágenes en el relato (de la literatura) nacional las ha salvado de ser incorporadas al devenir histórico, por lo que han permanecido aisladas, enterradas. Estar fuera de la *Historia* las mantiene a salvo. ¿A salvo de qué? De la normalización, de la incorporación a la nación y de su homogenización. De modo que lo importante no es que logremos recuperarlas o exhumarlas para el canon, sino para que comprendamos aquello del pasado que aún persiste, para que admitamos la urgencia de su *historicidad* y para que nos reconozcamos en ellas.

Ahora bien: queda claro que uno de los primeros retos que planteo es la necesidad de desmarcar estas imágenes del modo canónico de leer, precisamente porque el modo canónico de leer está signado por un conjunto de valores que delimita, en lugar de expandir, las posibilidades de reflexión en torno a esta criticidad de la nación y de la literatura de la nación. Sin embargo, este "desmarcar" no responde a una reacción de contrariedad dicotómica. Es decir, no pretende fijar la dualidad canónico/anticanónico y, en general, ningún tipo de dualidad. Más bien responde a una necesidad de diversificación que apunta a la potencia de una lectura crítica del canon, tanto como desmarcarse de la nación no suscribe su desaparición o su superación, sino que señala su actual condición de criticidad, de emergencia.

La afirmación de la que parto es la siguiente: la historia de la literatura ecuatoriana, edificada en torno y para un proyecto nacional, representa una suerte de catástrofe, un seísmo. Es justamente ese esfuerzo articulador el que se impone como una única verdad, de manera despótica, arbitraria, como el esfuerzo por modificar la materialidad de un cuerpo deforme o mutilado hasta hacerlo visible, al menos presentable. ¿Cómo se caracteriza ese esfuerzo articulador, reconocido aquí como violento? Esto es algo que puede verse, por ejemplo, en el modo en el que se cuenta la historia de la literatura ecuatoriana, especialmente desde 1930: cada hito de esa historia es un nuevo comienzo, representa un "borrón y cuenta nueva", un lapso de revolución que coincide con los momentos críticos de la historia nacional. Incluso desde el *Ensayo sobre la historia de la literatura ecuatoriana* de Pablo Herrera, publicado en 1860, que puede ser considerado el texto inaugural en este género, es posible percibir ese proceso articulador. Luego se pueden encontrar trabajos más bien panorámicos como la *Ojeada histórico-crítica* (1868) de Juan León Mera, o los recuentos históricos del cuencano Víctor León Vivar, a finales del XIX. En el período de entre siglos, están algunos acercamientos por parte de letrados como Remigio Crespo Toral y Gonzalo Zaldumbide. Pero las obras que fijan los cimientos de cómo contar esta historia surgen en la década de 1940: por un lado, aparece el primer tomo de la *Historia de la Literatura Ecuatoriana* de Isaac Barrera en 1944, una obra de referencia obligada, a pesar de su tono conservador. Luego, en 1948, se publica *La novela ecuatoriana*, de Ángel Felicísimo Rojas, que continúa ocupando un lugar predominante en esta tradición, pues impulsa un tipo de historiografía literaria que entra en diálogo directo con el materialismo histórico aunque, como señala Martha Rodríguez, fija también las características de una crítica literaria moderna, "primero, debido a los criterios de periodización empleados; segundo, por tratarse de un análisis que emite juicios sustentados y que categoriza las obras de acuerdo a su valor literario" (25). A estos trabajos emblemáticos les siguen historias y ensayos más acotados a un solo período o género, o compilaciones y estudios panorámicos sobre la historia de la literatura ecuatoriana. Entre estos sobresalen los estudios de Augusto Arias, Galo René Pérez y el mismo Jorgenrique Adoum, y de manera especial la prolífica obra crítica e historiográfica de Hernán Rodríguez Castelo, a lo largo de cuarenta años de labor investigativa. No se puede pasar por alto, además,

Cuerpos exhumados

la creación de la *Biblioteca Ecuatoriana Mínima*, antología impulsada por el sacerdote jesuita Aurelio Espinosa Pólit y publicada en el año 1960. Sin embargo, la publicación en el año 2000 de los diez volúmenes de la *Historia de las literaturas del Ecuador*[7] puede ser considerada como el punto en el que desemboca todo un propósito canonizador de la literatura y desde el que puede partir la problematización de ese *corpus*. Se trata de un proyecto que recoge la reflexión realizada a lo largo de más de un siglo en torno a la literatura ecuatoriana, y que reúne el trabajo crítico e historiográfico de numerosos investigadores reconocidos en el ámbito literario y académico. Dicha propuesta no deja de ser polémica en más de una circunstancia: nótese, por ejemplo, la utilización del plural en el sustantivo "literaturas" en el título de la colección, que apunta a la intención de los compiladores de incluir en los últimos volúmenes las expresiones orales y escritas en lenguas indígenas como el quichua, el shuar y el chachi, con el afán de resaltar que "ya no se discute el hecho de que la sociedad ecuatoriana es pluricultural" (Albán, *Introducción general* 14). Tal vez, la intención incluyente, que deja en la coda de la colección esas "literaturas otras" y que pretende reconocer "el aporte de los pueblos indios [como] sustancial en el conjunto de la cultura nacional" (14) sea apenas la evidente consecuencia paradójica de un proyecto historiográfico que continúa esforzándose por ser orgánico desde sus inicios. Un proyecto que sin embargo no sabe cómo articular en su *corpus* esas otras voces, quizás porque a pesar de la voluntad totalizadora, esas voces continúan resistiéndose a ser integradas a una teleología ya bastante predeterminada. Por otro lado, esta historia se hizo, también paradójicamente, con el auspicio de la Universidad Andina Simón Bolívar, centro de estudios superiores en el cual se ha concentrado la mayoría de las miradas críticas precisamente de ese modo de pensar los textos y la historia literaria, particularmente desde los estudios culturales latinoamericanos. Puede sentirse, si se quiere, un divorcio entre lo que se hace en las aulas de clase de esa institución y la

---

[7] La publicación de esta Historia fue realizada por la Universidad Andina Simón Bolívar y la Corporación Editora Nacional. Cada volumen está a cargo de un investigador experto en el período correspondiente. Se hizo una segunda edición en el año 2003 y actualmente se preparan nuevos volúmenes.

necesidad de legitimación de un conjunto de voces cuya percepción no ha variado el modo en el que se discute sobre la literatura ecuatoriana, tal vez desde mediados del siglo XX. En esta *Historia* podemos encontrar pocos ecos de esas reflexiones teóricas y críticas más influenciadas, por ejemplo, por los estudios de género o los estudios poscoloniales, tan característicos del enfoque de estudios de esa universidad. En estos diez volúmenes, esos ecos quedan anquilosados entre consideraciones que aún responden a las necesidades canonizadoras de la década de 1930 —especialmente, al proyecto nacional-cultural de Benjamín Carrión— y tensan la línea de la historia literaria hacia un futuro prometedor, sin tratar de desestabilizar muchas de las lecturas más tradicionales del *corpus* que la compone.

Antes de esta *Historia*, la ya citada *Historia de la Literatura Ecuatoriana* de Isaac Barrera (1944) constituye otro referente, no solo por la intención de abrazar una totalidad que inicia en el período precolonial, recorre los nombres de los exponentes de la época colonial, refiere el período de las luchas independentistas y luego la época republicana hasta 1940, sino también porque se trata de un ejercicio histórico-crítico, que conforma una valoración de las obras en estrecha comunión con una idea de tradición encargada de guiar y moldear la "naturaleza física" y la "aspiración moral" de la nación (IX-X). La *Historia de las literaturas del Ecuador* (2000) reproduce esta tradición y le da continuidad, destacando especialmente la decisiva influencia de la Generación del 30 en toda la literatura ecuatoriana posterior, influencia que Barrera aún no alcanza a percibir, pero sí Ángel Felicísimo Rojas en *La novela ecuatoriana*. Y si bien la metodología de la *Historia de las literaturas del Ecuador* expande la perspectiva del fenómeno literario ecuatoriano, su justificación no puede ser pasada por alto: me refiero al criterio explícito en torno al carácter nacional, que considera a la literatura como la encargada de revelar, "con mayor claridad que la investigación científica, las raíces más auténticas y profundas de un pueblo y sus valores más propios" (Albán 13), criterio que no se diferencia en nada del expresado por Isaac Barrera medio siglo antes, para quien la literatura "encierra la verdadera vida de un pueblo" (VIII).

Cuerpos exhumados ⚭

A partir de este breve recuento, que incluye afirmaciones categóricas que iré problematizando y relativizando a lo largo de este trabajo, pienso que es posible asegurar que nos encontramos ante una historia literaria que puede catalogarse como "monumental", según la propuesta de la crítica brasileña Leyla Perrone-Moisés: se trata de una historia que inmoviliza la grandeza del pasado que, a la vez, funciona como patrón que legitima la producción del presente. Por eso, hay nombres que permanecen incólumes y que solo los estudios literarios de los últimos años han empezado a problematizar y desestabilizar con mayor insistencia. De todos modos, se debe considerar que el trabajo realizado entre las décadas de 1960 y 1980 por Agustín Cueva en publicaciones tan decisivas como *Entre la ira y la esperanza* (1967) y *Lecturas y rupturas. Diez ensayos sociológicos sobre la literatura en el Ecuador* (1986), marcaron una nueva visión crítica de la literatura ecuatoriana, establecida desde el pensamiento marxista y la conciencia crítica de la colonialidad del poder, que de todos modos continúa llevando a cabo una afirmación del "ser nacional" y un anhelo de armonía y totalidad que vuelve irremediablemente sobre la idea de nación.

Dicho esto, retomo la afirmación con la que inicié esta reflexión sobre la escritura de la historia de la literatura ecuatoriana. Esta es: la demarcación de los períodos literarios responde a acontecimientos que cambiaron el rumbo de la historia nacional, particularmente el inicio de la nación ecuatoriana como estado independiente (1830), sin dejar de considerar un pasado prehispánico y una tradición colonial. Luego, la Revolución Liberal (1895), la Revolución Juliana (1925), la guerra con el Perú y la firma del Protocolo de Río de Janeiro (1942). No es un tipo de narrativa histórica que alguien haya cuestionado porque su correspondencia orgánica es casi natural. Pero, asimismo, llama la atención que cada intento de la crítica por legitimar una lectura, por certificar la correspondencia de un autor o de un texto con el canon nacional, parta de una afirmación fundacional que se instituye como parricidio o como innovación. Resulta al menos curioso, si hacemos un breve ejercicio de desarticulación, el que Pablo Palacio sea señalado por Raúl Serrano como el iniciador de la narrativa ecuatoriana, aunque ese lugar haya sido celosamente modelado por Agustín Cueva para el escritor Jorge Icaza casi en la misma época de Palacio (1930) y que, sin embargo, el mismo crítico sea el que dictamine, junto a otras voces autorizadas como las de Joaquín Gallegos Lara y Benjamín Carrión, que la obra antecesora de la novela social es *A la Costa* (1904) que, según todos ellos, señala la entrada de la narrativa ecuatoriana en la modernidad literaria –latinoamericana y universal–. Sin embargo, para comprobar la madurez de esta tradición, nadie se anima a deslegitimar el lugar fundacional de *Cumandá* (1879) lugar de honor que, no obstante, se disputa con *La Emancipada* (1863) de Miguel Riofrío debido a su "mayoría de edad" y a pesar de sus dudosos valores literarios, según expresa el crítico Bruno Sáenz. ¡Y qué decir de Eugenio Espejo, precursor de la independencia y de las letras ecuatorianas hacia finales del siglo XVII!

Más allá del sarcasmo implícito en este recuento, valdría la pena preguntarse cuál es la motivación de esa crítica. ¿Podríamos quizás afirmar que se trata de un relato construido así por una historiografía de tradición materialista, en donde cada texto o cada grupo de textos –desde una perspectiva tanto generacional como de géneros literarios– implicaría un cambio que justificaría ese movimiento dialéctico? Me gustaría recordar que Agustín Cueva abogó por periodizar la historia de la literatura ecuatoriana a partir de un método dialéctico al que señaló como el único capaz de cubrir toda la complejidad que exige un análisis completo de la literatura ("El método" 202). Lo hace también, años más tarde y de manera más crítica, el poeta y crítico Iván Carvajal, en un corto ensayo titulado "Literatura, ideología y sociedad: la necesidad de definir un problema teórico", en el que problematiza la relación de los fenómenos literarios y su contexto social. En el caso de Agustín Cueva, cuya obra se desarrolló entre las décadas de 1960 y 1980, la historia de la literatura debía ser trabajada con base en una estructura social articulada, jerarquizada, dinámica y contradictoria, no como un *corpus* de documentos ficcionales que se encargan de representar la realidad

Cuerpos exhumados

nacional, sino como un conjunto *articulado* de cultura que, de cuando en cuando, logra también entrar en contradicción con el pasado para dar paso a un momento de (r)evolución, en pos de la consolidación de la nación. En ese sentido, cada referente textual o generacional de la literatura ecuatoriana representaría la posibilidad de ese "borrón y cuenta nueva", haciendo que lo tachado permanezca solamente en tanto antesala que garantiza un futuro glorioso. Es decir: las obras tachadas son superadas, anuladas pero válidas solamente como "materia espiritualizada", como "imagen eterna del pasado" (Benjamin) que se asume como parte de un movimiento evolutivo y por lo tanto, no necesita ser cuestionado, peor aún contemplado.

La pregunta que expongo con respecto a una posible influencia del materialismo histórico en la tradición historiográfica ecuatoriana no pretende, sin embargo, fijar el método materialista como el método hegemónico de esa construcción, ni a Agustín Cueva como el autor decisivo en este sentido. Es claro, como se ha expuesto en recientes debates,[8] que la historia de la literatura ecuatoriana tiene distintas vertientes ideológicas, como la de tinte más bien formalista que, identificada con corrientes de pensamiento ante todo conservadoras, también ha logrado arraigar su discurso en la conformación de esta historia. Muchos de esos modos de análisis, especialmente desde el estructuralismo, configuran una manera aún vigente de acercamiento y legitimación del canon literario nacional, y es evidente que textos como la *Historia de las literaturas del Ecuador*, en tanto ejercicio crítico, también se respaldan en ese tipo de lineamientos. Sin embargo, sí quiero llamar la atención con respecto a esa práctica de periodización, que ya parece estar institucionalizada, pues se debe señalar también el peso pedagógico

---

[8] Para efectos de mi investigación y de estas preguntas que planteo, tuve la suerte de discutir estos temas con los investigadores Martha Rodríguez, Diego Falconí Trávez y Álvaro Alemán durante la mesa de discusión "Perspectivas críticas para leer la literatura ecuatoriana", que tuvo lugar en la Universidad Andina Simón Bolívar en febrero de 2016. Durante el debate fueron también muy valiosos los aportes de Cristina Burneo-Salazar, César Carrión, Santiago Cevallos y de los colegas estudiantes de la maestría y del doctorado de Estudios Literarios de esa universidad, a quienes les agradezco infinitamente las luces con respecto a estos cuestionamientos.

de esta historiografía que, en muchos casos, posterga las lecturas críticas o las simplifica, desde cualquier ideología. O para decirlo de otra manera: los fines pedagógicos de estas historias literarias muchas veces instrumentalizan estos criterios, tanto los unos como los otros, sin reparar en las contradicciones cometidas, porque el fin, como lo veo, es unir esfuerzos para construir una totalidad que logre formar a los ciudadanos tanto en lo que respecta a lo que se tiende a considerar como "buen gusto literario", como en lo referente al espíritu nacional delineado por aquello que se concibe como "cultura ecuatoriana". Además, en un nivel más profundo, este afán organizador obedece al reclamo, tácito y unívoco, por tratar de superar un pasado de miserias que incomoda, que no permite que el *corpus* avance unificado y glorioso –y quiero también decir "sano" y "hermoso"– hacia la consolidación total de una literatura nacional, su desarrollo y su modernización, como anheló Jorgenrique Adoum al escribir su "credo". Es en este reclamo implícito en donde se sostiene la queja común con respecto al desconocimiento de la literatura ecuatoriana más allá de las fronteras nacionales; es este reclamo el que reposa debajo del incómodo "complejo de inferioridad nacional" como "huella particular" de lo ecuatoriano; es este reclamo el que se hace desgarradoramente evidente en las últimas líneas del ensayo icónico de Agustín Cueva, *Entre la ira y la esperanza* (1967), en donde el crítico afirma: "Desde su edad de piedra, la Colonia nos persigue. Mata todo afán creador, innovador; nos esteriliza. Hay por lo tanto que destruirla" (261).

Como lo veo, la propuesta de Cueva logra amoldar al rostro de la crítica los sentimientos de enojo y frustración y además inscribirlos justamente al inicio de la nación –y de la historia de la literatura nacional– como requisito para poder consolidar la esperanza como impulso constitutivo de la nación. Cuando se instituye un espacio/tiempo entre la ira y la esperanza –entre el pasado que acecha y la promesa unificadora–, lo que se fija como marca de identidad es una teleología en la que la superación del pasado y el perfeccionamiento del presente son sus principales motores. El acto de destrucción que Cueva convoca en estas líneas, acentuado por los argumentos a los que

Cuerpos exhumados

recurre a lo largo de su libro, puede ser calificado de desmitificador, de reivindicativo y, por qué no, de fundacional. Lo que Cueva hace, en definitiva, es plantear la inevitabilidad de la revolución, del "borrón y cuenta nueva". Se trata de un acto de destrucción motivado por la esperanza de días mejores o, si se quiere, de la necesidad de provocar el seísmo que se justifica en la utopía de un futuro glorioso obstaculizado por los cuerpos de la miseria que solamente esterilizan, pesan, acosan. El de Cueva es, en definitiva, un llamado a la destrucción que se perpetúa en cada nuevo momento de la historia, en cada intento por superar el pasado. Y esa dialéctica es conveniente para la nación, más allá del pensamiento marxista o de los modos de análisis formalistas. O, mejor aún: todos los modos de análisis del texto literario y su contexto son válidos en tanto se amalgaman en el mismo fin legitimador.

Esto no implica, claro, afirmar que las diferentes posturas no entran en conflicto en esta necesidad de consolidación. Una de las contiendas más debatidas de las últimas décadas ha sido la de aquellos que defienden la superioridad de la obra de los escritores del realismo social frente a un cosmopolitismo apolítico, y por lo tanto ilegítimo, que se alza supuestamente en la figura de Pablo Palacio. Pero son batallas sordas que se dan dentro del funcionamiento orgánico del canon, incluso cuando ese funcionamiento ha tratado de ser cuestionado, como en el caso del polémico ensayo de Leonardo Valencia, *El síndrome de Falcón*, al que haré referencia hacia el final de este trabajo. Hay finalmente un común acuerdo, tal vez sobrentendido, que favorece la impresión generalizada de estar leyendo siempre una sola historia de la literatura ecuatoriana, de la que de antemano se conocen los conflictos y los cuestionamientos. Por eso, paradójicamente, al leer historia tras historia, incluso desde los intentos decimonónicos de historización como el de Juan León Mera, tenemos la sensación de estar leyendo siempre lo mismo, siempre un discurso que procura "contribuir a una comprensión cabal del Ecuador a través de sus literaturas", como afirma Ernesto Albán a manera de objetivo en la "Introducción general" a la *Historia de las literaturas del Ecuador* (13, vol. 1).

No obstante el impulso cuestionador de una academia que se plantea nuevas problemáticas desde otras consideraciones, hasta hace poco el tono de los estudios literarios parecía no haber podido desatar la camisa de fuerza de la nación a pesar de sus intentos por ponerla en crisis. En ese sentido y por poner un ejemplo, el trabajo del estadounidense Michael Handelsman ha marcado la tónica de una crítica que apunta a una mirada esperanzadora y optimista de la influencia de los discursos de interculturalidad y plurinacionalidad en la agenda académica ecuatoriana. Su prolífica producción en torno a la obra de la Generación del 30, la literatura afroecuatoriana, el pensamiento de Benjamín Carrión, entre muchos otros, mantiene ese tono que pretende, desde los estudios culturales, los estudios de género, lo poscolonial, los estudios de etnicidad, etc., retomar una historia literaria calificada como fracasada y asentarla como la base de los cambios que el reconocimiento de la diversidad nacional debería impulsar. Si bien se trata de un trabajo que cuestiona permanentemente los impulsos homogeneizadores de la nación, la propuesta de Handelsman parece no poder encontrar, de todos modos, una alternativa a la nación (ecuatoriana) como espacio de consolidación de identidades y de reivindicación de modos de representación.

Una de las críticas de Handelsman apunta precisamente a cuestionar el polémico trabajo de Leonardo Valencia al que ya he hecho referencia. *El síndrome de Falcón* (2000/2008) trata de romper con una tradición literaria nacional que termina paradójicamente insistiendo en esa preocupación por la nación –o más bien, por cómo deshacerse de esa carga– que siempre hace del afán por la universalidad un modo de acentuar el carácter local que la ansía. Handelsman, sin embargo, no repara en la paradoja, pero reclama que se le niegue a la literatura el deber de crear un sentido social. Puede decirse que se trata de dos puntos de vista ubicados exactamente en los extremos de una discusión que, sin embargo, no tiene otra forma de solución que no sea la de la nación como receptáculo de sus esperanzas –en el caso de Handelsman– o de sus miedos e iras –en el de Valencia–.

Cuerpos exhumados

Las propuestas de Handelsman y Valencia se unen a otras tantas[9] que durante los últimos años han querido delinear una mirada crítica sobre la relación literatura-nación o, en términos más generales, evaluar los aspectos desde los que la literatura ecuatoriana ha sido analizada, como la *Antología de crítica literaria ecuatoriana: hacia un nuevo siglo* (2001), compilada por Gabriela Pólit Dueñas. Sin embargo, una propuesta crítica que a mi modo de ver no ha sido lo suficientemente leída y discutida y que pone el dedo en la llaga del debate en torno a la nación y su problematicidad es *La cuadratura del círculo: cuatro ensayos sobre la cultura ecuatoriana*, publicada en el año 2006, en la que los autores Fernando Albán, Cristina Burneo-Salazar, Santiago Cevallos e Iván Carvajal organizan sus propuestas de manera cronológica para cubrir aspectos específicos de la historia cultural ecuatoriana desde una mirada eminentemente cuestionadora de los discursos nacionalistas. El libro, que parte de la pregunta: "¿Qué es el Ecuador?", pretende, como declaran los autores en el prefacio, que la imagen de la cuadratura del círculo "tiene que ver con la *imposible* construcción racional de la identidad nacional, con la condición evanescente de la identidad; con las falacias de la cultura nacional y la vanidad de los relatos que la crean" (12, énfasis añadido). En ese sentido, el ensayo de Iván Carvajal titulado "¿Volver a tener patria?" constituye el punto de confluencia de las propuestas de este volumen, texto en el que se ponen en evidencia las contradicciones y paradojas de los discursos en torno a una cultura nacional que se fortaleció a partir de la década de 1940, y de manera especial las premisas que sostienen el *corpus* literario de la nación. Pero Carvajal va aún más allá: aboga por "una praxis democrática

---

[9] Desde otra trinchera, que dedica mayor atención a un análisis de tipo filológico, la tensión de lo nacional se hace sentir también en la propuesta de Fernando Nina (*La expresión*) y su concepto "expresión metaperiférica", que pretende determinar una "teoría entrelíneas" que, según explica el autor, no rompe ni trata de innovar con respecto al mismo centro, como lo hacen las literaturas de la periferia (Argentina, México, Perú, Chile), sino que se ubica como una poética de la contigüidad (19). Si bien Nina expresa su intención de no hablar de una literatura nacional y de vencer el "biperspectivismo desde el que se ha venido pensando la literatura hispanoamericana" (20), lo nacional y lo dicotómico siguen siendo referidos inevitablemente en la delimitación de su propuesta.

de subversión incesante" (284) que logre ser múltiple, libre de linajes, insólita y diversa.

Si en este ensayo Iván Carvajal marca un camino de lectura que sin embargo aún no ha sido debatido a profundidad, el ensayo de Cristina Burneo-Salazar titulado "Cuerpo roto", que aparece en el mismo volumen, tiene la virtud de poner un pie en esa "praxis democrática de subversión incesante" que Carvajal invoca, al hacer una lectura cuestionadora del discurso fundacional del decimonónico Juan Montalvo, develando las contradicciones entre su apasionada lucha por las libertades y su preocupación por preservar la moral y los buenos hábitos, especialmente inscritos en el cuerpo femenino. Pero además de revelar las paradojas presentes en el pensamiento montalvino, el trabajo de Burneo-Salazar constituye uno de los primeros acercamientos en Ecuador a la problemática del cuerpo desde los modos de representación y desde la crítica a los dispositivos de poder que lo afectan, específicamente con relación a la literatura y al género.

Vale también destacar la contribución que en torno a la problemática del cuerpo ha realizado Pilar Echeverry Zambrano que, si bien ha concentrado su investigación en torno a la educación del cuerpo para la danza y sus modos de representación, en 2007 publicó un artículo sobre la representación de los cuerpos en la literatura sobre los Andes (específicamente en la obra de los ecuatorianos Dávila Andrade, José de la Cuadra y el peruano José María Arguedas). Dicho trabajo propone una mirada cuestionadora de los conceptos de dolor, nostalgia y sufrimiento como constitutivos del cuerpo indígena, siempre representado en el imaginario nacional en escenas de dolor físico y de intensidad corporal que demarcan el estereotipo de su inferioridad al constituir un sujeto subalterno ideal para la construcción del imaginario del sufrimiento y la derrota histórica.

Al respecto de esta configuración, también María Alejandra Zambrano refiere esos modos de representación en su artículo "Monstruos en la hacienda: el concertaje como narración de la nación" (2011), que analiza la obra de Jorge Icaza, en especial la novela *Huasipungo* (1934) y algunos elementos del drama teatral *Flagelo*.

Drama en un acto (1936), para poner en evidencia el modo en el que los discursos letrados incorporaron al imaginario de la nación sujetos racializados "diferentes, miserables y oprimidos". Zambrano usa las imágenes de discapacidad de dos personajes centrales de *Huasipungo* (la cojera de Andrés Chiliquinga y la pérdida de un ojo del capataz Gabriel Rodríguez), para problematizar las representaciones del cuerpo en la narrativa nacional, proponiendo que Icaza recurre a estas imágenes "monstruosas" para, entre otras intenciones, "demostrar el fracaso del proyecto liberal respecto a la erradicación de la servidumbre racial [...]" (35).

Aparte de estos acercamientos, que seguro son solamente un par de ejemplos entre otros tantos, durante los últimos años el cuerpo ha empezado a constituirse en un tema específicamente explorado en los estudios literarios y culturales en Ecuador. De todos modos, es importante reconocer, desde una perspectiva interseccional, el aporte de los estudios de género, entre los que resalta el libro *Resentir lo queer en América Latina: diálogos desde/con el sur* (2014), editado por Diego Falconí Trávez, Santiago Castellanos y María Amelia Viteri, y el libro de Falconí Trávez ya mencionado, *De las cenizas al texto. Literaturas andinas de las disidencias sexuales en el siglo XX* (2016). Asimismo, se debe resaltar que la dimensión biopolítica, presente en muchas de las investigaciones que se interesan por temas como la raza, el género, el trabajo y, en general, las representaciones del subalterno, tratan tangencialmente la problemática del cuerpo en torno a estas preocupaciones. En esa medida, pueden encontrarse diversos trabajos pensados desde la antropología, la sociología y los estudios culturales, que empiezan a integrar no solo un *corpus* en torno al cuerpo en Ecuador, sino ese gran paradigma de reflexión que viene gestándose durante los últimos años en toda América Latina.

¿Significa esto que los nuevos aires que pueden percibirse en los estudios de la literatura ecuatoriana constituyen una alternativa a la nación como espacio de consolidación de identidades y de reivindicación de modos de representación? Y aún más: ¿podría advertirse un intento por presentar el cuerpo como ese nuevo espacio de reivindicación y consolidación de identidades? Pienso que la cuestión no puede ser simplemente la del riesgo de perder un espacio y un modo de legitimación, ni del esfuerzo por reemplazarlos. Si lo que propongo como ejercicio de lectura puede ser considerado un ejercicio de deconstrucción, en tanto me inscribo en una línea crítica que trata de poner en crisis la idea de la nación como "centro", demandar alternativas a la nación implicaría formular la creación de nuevos centros, entre ellos, el del cuerpo como nuevo espacio de sentido.

De todos modos, ni la nación ni el cuerpo, como códigos o sistemas de repetición, son otra cosa que un entramado de diferencias. Recordemos que para Derrida, la *différance* apunta a la necesidad de una ciencia o una filosofía de la escritura, aclarando que "un pensamiento de la huella, de la diferencia o de la reserva, debe avanzar también más allá del campo de la episteme" (*De la gramatología*, 126), es decir, de la posibilidad de caer en la trampa del logocentrismo. Ese "más allá" debería vencer los límites de la ciencia y la filosofía, haciendo posible el reconocimiento de la diferencia en movimiento, venciendo la consolidación de la totalidad, procurando la anulación del centro como lugar inamovible, es decir, la anulación de divisiones teóricas obsoletas. No obstante, nada puede asegurar que esa nueva "ciencia o filosofía" de la escritura o ese "más allá" no acaben por constituirse en nuevos centros o que en algún momento no se transformen en espacios de sentido fijos e inamovibles. Señalo esto porque soy conciente de que este es un riesgo que corren propuestas de lectura como la que yo trazo en esta investigación. Sin embargo, asumiendo ese riesgo, planteo la necesidad de provocar lecturas que remuevan los cimientos, cuya principal característica sea la motivación desarticuladora de cualquier totalidad.

Para lograr observar esas maneras tradicionales en las que la crítica opera en función de la constitución y permanencia de una noción como la de "literatura ecuatoriana", he resuelto trabajar específicamente con los textos críticos que aparecen en la *Historia de las literaturas del*

Cuerpos exhumados

Ecuador, por los motivos que he expuesto anteriormente pero también por considerarlos una buena muestra de un tipo de crítica que hoy en día puede ser considerada tradicional y canónica. En algunos casos, también he debido señalar otros textos críticos de esa tradición. De manera particular, no he podido ocultar mi interés por el pensamiento de Agustín Cueva, a quien haré referencia en más de una ocasión. El interés por este autor tiene que ver con un tipo de lectura de su obra crítica que, en un primer momento, parece ser particularmente iluminadora y diametralmente opuesta a las posturas más comunes y formales en el contexto literario ecuatoriano; sin embargo, al llevar a cabo una lectura más pausada, su obra acaba por develar ella misma un asombroso camino de reflexión sociológica que no esconde, tal vez muy a su pesar, el entusiasmo por un proyecto nacional que no logra desligarse de sus vicios más encarnados. Mi deseo es poder ocuparme del trabajo de este autor en el futuro. De todos modos, no he querido pasar por alto en estas páginas lo que considero una de las propuestas críticas más complejas del escenario literario ecuatoriano.[10]

En general, si el resultado de lo que la crítica más canónica ha realizado durante más de un siglo puede ser caracterizado como violento —un seísmo, una catástrofe, tal como argumenté en las primeras páginas—, mi intención es ponerla a consideración para hacer visibles sus paradojas. Esas paradojas en las que reparo se circunscriben a aquellas en las que se deja ver la imposibilidad de hablar de la literatura más allá de la nación y de los cuerpos más "acá" de su espiritualización. Una vez valoradas dichas paradojas, en un acto de remoción de escombros, propongo volver la mirada sobre aquellos lugares narrativos donde encontremos los cuerpos de la conmoción. Como he dicho antes, en contra de lo instituido por Carrión, Cueva, Adoum, Donoso Pareja y otros, se trata no de mirar por sobre el hombro ni de provocar nuevas destrucciones, sino de voltear el cuerpo para que veamos, nos

---

[10] En este sentido, será interesante contraponer mis reflexiones con el trabajo que al respecto de este y otros letrados ha realizado Martha Rodríguez y que se recogen en su libro *Cultura y política en Ecuador: estudio sobre la creación de la Casa de la Cultura* (Quito: FLACSO, 2015).

acerquemos y sostengamos la mirada sobre aquello que aún podemos ser capaces de hallar entre las ruinas.

En tanto este trabajo repara en los criterios que han regido tradicionalmente la consolidación del *corpus* literario ecuatoriano, sus pretensiones no son totalizadoras: estoy consciente de la amplitud del período histórico al que las imágenes aquí rescatadas corresponden (finales del siglo XVII, mediados del siglo XX). No obstante, la intención de problematizar aquella construcción teleológica hace que la relación entre las imágenes exhumadas aquí expuestas obedezca menos a períodos y cronologías que a una intuición que se encarga de encontrar provocaciones similares entre esas imágenes. Como explico a continuación, este procedimiento de exploración y de puesta en relación, de espíritu benjaminiano, es asumido también a partir de la propuesta de Aby Warburg, historiador de las imágenes a cuya obra he llegado de la mano de Georges Didi-Huberman —como lo han hecho muchos otros durante los últimos años— a partir de su libro titulado *La imagen superviviente: historia del arte y tiempo de los fantasmas según Aby Warburg* (2002). Desde los principios más elementales de ese procedimiento, una vez mirados y recuperados los cuerpos que han sido escritos, ellos se han dispuesto en estas páginas a manera de un montaje.

He querido tratar de hacer algo así como un *collage*, colocando uno junto a otro los cuerpos hallados, intentando insinuar aún más cuestionamientos. Por eso, vale decir, parafraseando a Jorgenrique Adoum, que si bien no son todas las que están, ni están todas las que son, las obras literarias aquí referidas han sido seleccionadas a partir de ese criterio intuitivo en el que las imágenes han ido dejándose mirar en el transcurso de las lecturas que yo misma he hecho del canon literario ecuatoriano a lo largo de mi vida, incluso desde mi niñez, desde relaciones inicialmente no tan evidentes. Algo de personal hay, entonces, en esta intuición, que no me corresponde ocultar: esta colección de cuerpos es, si se puede decir, una especie de bestiario y a la vez, de álbum de familia —problemática e instigadora, como toda familia— que recoge las imágenes que han estado guardadas por años en mi memoria sin ser vistas por mí hasta hoy, más allá de su aparente frivolidad.

Exhumaciones

> *Hablar de la* legibilidad de las imágenes *no es solo decir, en efecto, que estas reclaman una descripción* (Beschreibung), *una construcción discursiva* (Beschriftung), *una restitución de sentido* (Bedeutung). *Es decir también que las imágenes son capaces de conferir a las palabras mismas su legibilidad inadvertida.*
>
> Georges Didi-Huberman,
> *Pueblos expuestos, pueblos figurantes*

He adelantado que llevaré a cabo un proceso exploratorio en el que pretendo despejar algunos escombros con el fin de recuperar imágenes de cuerpos. También he ofrecido ir ubicando esos cuerpos de tal modo que vayan conformando redes de reflexión que hagan caer en cuenta de aquellas relaciones minimizadas o poco evidentes. En ese sentido, los conceptos de "supervivencia" y de "montaje", según fueron desarrollados por Aby Warburg y mediados por la interpretación de Didi-Huberman, me serán útiles para colocar sobre la mesa esas imágenes que no pretenden enmarcarse en ningún tipo de lectura unificadora. En muchas oportunidades a lo largo de este proceso, he escrito en pequeños trozos de papel notas con las imágenes de los cuerpos que he ido recuperando y los he dispuesto indistintamente sobre mi mesa de trabajo, moviéndolos y reordenándolos una y otra vez. El "orden" en el que aparecen en estas páginas obedece solamente a la necesidad de terminar el trabajo y a los requerimientos de un documento finalmente reflexivo y académico. No obstante, esas imágenes aún podrían ser reubicadas o incluso removidas. También podrían ser puestas en relación con imágenes de otros contextos.

Me referiré más adelante en esta parte introductoria al "montaje" que realizo y a la noción de "supervivencia" de Warburg, a la que pongo en relación con la idea de "duración" de Henri Bergson. Antes, conviene señalar una situación con respecto a la cual este trabajo podría entrar en contradicción al identificarse con un proceso de exploración como el de Aby Warburg. Me refiero específicamente al hecho de que una de las circunstancias que más llaman la atención con respecto a su *Atlas Mnemosyne* (1924-1929), aquella obra que probablemente recoge el corazón de su labor investigativa, es que lo mostrado en ella concentre una reflexión a partir de la disposición de imágenes más que de palabras, aunque en algunos paneles del *Atlas* se puedan apreciar unos pocos documentos que no incluyen imágenes ni fotográficas ni pictóricas. Por supuesto, no se puede dejar pasar por alto la labor del *Prólogo*, que resulta ser una carta de navegación por momentos de un notable y pasmoso hermetismo, que en ciertas circunstancias se deja explicar solamente en el reencuentro con las imágenes de los paneles. Al contrario que en el *Atlas* —y sin pretender hacer algo que se le asemeje—, mi trabajo está basado en palabras y, particularmente, en la noción de la palabra literaria como posibilitadora de un proceso de imaginación que nos consienta "ver" imágenes. Didi-Huberman señala que Aby Warburg pensaba que entre palabra e imagen existe un lazo de "connaturalidad" o de "coalescencia natural" ("Cuando las imágenes" 15), correspondencia que hace que juntas formen aquello que va más allá de lo meramente formal, de lo estrictamente iconográfico o semiótico; es decir, precisamente eso conocido como "iconología". El problema de la supremacía del lenguaje sobre la imagen, calificado por Didi-Huberman como "sempiterno y mal comprendido" (*Lo que vemos* 121), nos recuerda que la supuesta relación antitética entre ambos términos ha marcado, de todos modos, el pulso de gran parte del pensamiento occidental. En cambio, la idea es que si asumimos la correspondencia "natural" de las unas y las otras podemos, por un lado, enriquecer el conocimiento que resulte de nuestra relación con ellas en tanto espectadores –aquello que, desde una propuesta iconológica y antropológica quiso legar Aby Warburg– pero también, por otro lado, tratar de superar un único modo de acercamiento, meramente interpretativo y racional, estrictamente formal, a aquello que llamamos "signo".

Para decirlo de otro modo: si a partir de un estudio que toma como objeto de análisis textos literarios se pretende proponer una "ética de la mirada", como es mi intención final, no es esa relación entre las imágenes y las palabras que las figuran lo que debo cuestionar, sino su relación con los discursos y medios (Berger) que anticipan los modos en los que nos acercamos a ellas. Porque para *mirarlas* y no solo *leerlas*, es preciso que asumamos un tipo de aproximación que abandone la necesidad de inscribirnos en una tradición interpretativa única. W. J. T. Mitchell ha dicho que se trata no de una opción caprichosa para el *amateur* o el esteta, sino de una "necesidad material literal [...] dictada por las formas concretas de las prácticas representacionales actuales" (*Picture Theory* 89, mi traducción). Esta empresa no carece de dificultades porque, como señala igualmente Tobin Siebers (*Disability Aesthetics*), aunque tengamos en claro que imagen y palabra se corresponden, aún sabemos que nos acercamos a ellas repletos de discursos (de poder) que logran separarlas y manipularlas a su conveniencia.

Me interesa detenerme en esta discusión porque asegurar que el discurso historicista que da forma al *corpus* de una literatura nacional constituye una suerte de catástrofe, puede despertar ciertas sospechas con respecto a las intenciones de este análisis. Si la catástrofe –llámese colonización, civilización, proyecto nacional, revolución, mestizaje, olvido, estetización o desaparición– implica un vuelco inesperado, un fin repentino (aludiendo a la etimología del término), el lenguaje, como constitutivo del discurso, correría el riesgo de asumir un estatuto negativo, lo que no solamente haría pensar, simplificando al máximo una conclusión, que un acto de remoción de escombros entrañaría la reivindicación absoluta del silencio frente a la imagen exhumada sino, además, que existe el riesgo de caer en una contradicción insalvable, a saber: condenar a esa imagen al silencio absoluto y, paradójicamente, condenar al silencio mi propia reflexión. No obstante, se trata de poner en crisis la idea del lenguaje como aquello desde donde el sujeto postula la verdad y la totalidad hasta no tener que decir nada más –al menos como una utopía–, y de proponer más bien, como señala Catanzaro citando a Agamben, que el lenguaje sea "el lugar donde la experiencia debe *volverse* verdad" (177, énfasis en el original). O, dicho diferente, se trata de pensar en las posibilidades del texto escrito, más allá de su supuesta esencia discursiva y, por qué no, ideológica, así como en las posibilidades de reorganización de las relaciones entre los lenguajes que constituyen determinado texto.

En los albores del pensamiento ilustrado y del nacimiento de los estados nacionales, gracias al impulso crucial de la disciplina estética a partir del siglo XVIII, la literatura fue afirmada como la expresión estética predominante, lo que transformó el canon de las literaturas nacionales. Ángel Rama afirma que "la constitución de las literaturas nacionales que se cumple a fines del XIX es un triunfo de la *ciudad letrada*, la cual por primera vez en su larga historia comienza a dominar a su contorno" (119). Es desde ese dominio de la letra que los hombres letrados usaron políticamente las visualidades para su beneficio (pensemos en los cuadros de castas, la pintura religiosa y, después, la fotografía de las urbes e incluso la fotografía como estrategia de documentación de síntomas y patologías). Por lo tanto, la manipulación de las imágenes por parte de los discursos hegemónicos no ha implicado su destierro, sino su subordinación, no con relación a las palabras, sino con relación al poder, pues el uso de la letra se idealizaba a medida que el número de ciudadanos lectores iba en aumento. Ángel Rama señala al respecto: "lo realmente cierto fue la idealizada visión de las funciones intelectuales que vivió la *ciudad modernizada*, fijando mitos sociales derivados del uso de la letra que servían para alcanzar posiciones, si no mejor retribuidas, sin duda más respetables y admiradas" (103, énfasis en el original). Por lo tanto, de la mano de pensadores como Rama y Julio Ramos podemos suponer que quienes tenían el poder de reglamentar, producir e interpretar la palabra, también instituían las reglas para crear y comprender imágenes, especialmente pictóricas y escultóricas.

Con todo, como afirma el costarricense Pablo Hernández Hernández, el pensamiento occidental, en tanto insiste en la diferenciación entre palabra e imagen, reconoce en la segunda un poder de "provocación efectiva de pasiones de origen sensible" (Hernández 30) que corre el riesgo de despertar lo irracional, lo bárbaro, lo femenino, y por eso siente la necesidad de someterlo. O como afirma también este autor:

> [...] las relaciones entre las imágenes y las palabras han sido abordadas en el pensamiento occidental, en un primer momento, no a partir de criterios exclusivamente epistemológicos, estéticos, semióticos, metafísicos o antropológicos, *sino según la dimensión política intrínseca a estos criterios*. Las imágenes tienen un poder, ese poder radica en la producción de efectos de realidad con una enorme capacidad de manipulación en aquellos que las perciben. Frente a él, la palabra y el discurso se imponen como medida, como marco de contención e interpretación de la imagen y de la adecuación o no adecuación de sus usos y funciones. Claro está que este dominio de la imagen por parte de la palabra requiere una justificación que entonces desarrolla argumentos en favor de una diferenciación que dicta para la palabra el universo de lo racional y para la imagen el universo de lo irracional. (Hernández 32, énfasis añadido)

La palabra, entonces, es el instrumento predilecto de la razón y, por lo tanto, de la ideología. La literatura, señala Rama, "se legitimó en el sentimiento nacional que era capaz de construir" (118) y así contribuyó a articular un plan de organización, de totalización y de homogenización que no pudo darse sin trauma o sin dolor. Esos instantes de dolor o de conmoción han quedado, como señala acertadamente Gisela Catanzaro, "como tensiones históricas irresueltas, o bien, *en las cuales se ha vuelto imagen lo irresuelto o problemático de la historia efectivamente acaecida*" (16, énfasis añadido). Por lo tanto, si esas tensiones vueltas imagen no constituyen elementos que se suelan tomar en cuenta de manera preponderante, si no son eventos que revistan alguna importancia, ¿no sería mejor dejarlas de lado?, ¿qué es lo que las hace persistir? Dirá Catanzaro: "[u]n singular espesor, hecho de conflictos y paradojas reales que han encontrado en ellas una expresión y que, con ellas, vuelven, insisten, sobre el pensamiento" (16).

Así, ante la imposibilidad de ser dominado por la razón, lo irresuelto o problemático de la historia se ha vuelto imagen, y persiste porque adquiere un singular espesor o, como sugiere Mitchell, porque se convierte en una "solidez física" (*"physical solidity"*) (158). Es en ese sentido que tanto Hernández como Catanzaro, y también Tobin Siebers, cada uno desde su particular trinchera, tratan de problematizar lo que conocemos como "giro lingüístico". Desde los Estudios de la Discapacidad, Siebers lo anuncia como un modelo dominante de teorización de la representación de los cuerpos discapacitados (*Disability Theory* 2). Del mismo modo, Hernández caracteriza al giro lingüístico como un modelo colonizador del estudio de las artes visuales y pregunta: "¿por qué no sería posible ahora invertir el sentido descolonizando este estudio viendo en los estudios literarios la posibilidad de aplicación de un *iconic turn*?" (70) El término se amplía con la ya bien conocida propuesta de Mitchell y su *pictorial turn*, que ha sido traducido como "giro pictórico", "giro pictorial" o incluso como "giro visual". Para Mitchell, este vuelco hacia la imagen proviene paradójicamente de la ansiedad sintomática, por parte de la academia, de fijar la sociedad como un texto, la naturaleza y sus representaciones científicas como discursos y hasta el subconsciente como un lenguaje (*Teoría de la imagen* 19). Este giro no pretende sin embargo demarcar una nueva relación dicotómica, sino hacer complementarios ambos modelos, asumiendo –sí como herramientas de análisis, pero también como postura crítica-política– sus relaciones interdisciplinares e intermediales. Complementariedad, cabe decir, que debe ser vista como problemática y dialéctica, y relaciones equiparables a las que Siebers plantea a partir del concepto de *"the complex embodiment"*: una transformación mutua entre el cuerpo y sus representaciones. Y yo agregaría: una transformación mutua entre imagen y palabra.

Coincidiendo con esta discusión, en su libro titulado *Disability Aesthetics*, en el único capítulo dedicado a la literatura, el mismo Siebers llama la atención sobre la cada vez más creciente fuerza de las imágenes en la cultura pero, al mismo tiempo, sobre la aplicación de un método de lectura más que de mirada, incluso sobre esos objetos culturales visuales, estableciendo "el prototipo de aplicar los métodos de la lectura literaria a fenómenos extraliterarios" (122, mi traducción). Así, es común escuchar que alguien asegure que ha realizado la "lectura de un cuadro". Como el mismo Siebers ratifica, es posible que el impulso por "leer" una imagen demuestre el deseo de controlarla (desde la razón y las epistemologías que nos permiten ese acto de "lectura"). Sin embargo, "las imágenes que son demasiado complejas para ser leídas, se rehúsan a ese control, y retan la autoridad de la lectura como una actividad privilegiada porque demuestran un excedente en el significado que no se puede trasladar en términos lingüísticos" (122, mi traducción). Por supuesto, esas imágenes demasiado complejas son para Siebers las que corresponden a los cuerpos discapacitados, a sus huellas y a sus heridas.

Cuando Tobin Siebers propone los conceptos "estética de la discapacidad" y *"the complex embodiment"* (que podríamos traducir como "la corporalidad compleja") los presenta como herramientas de negociación para valorar la discapacidad como una forma de diferencia humana (*Disability Theory* 25) dentro de lo que él mismo denomina "ideology of ability" (que yo traduzco como "ideología de la capacidad" y que otros autores traducen como "capacitismo", que equivaldría al neologismo anglosajón *"ableism"*[11]). Me interesa en este sentido referir ciertas nociones dentro de las actuales discusiones en torno a los Estudios de la Discapacidad. Mi intención es asumir algunas herramientas teóricas de esos estudios por considerarlas pertinentes para acercarme a los cuerpos y a sus modos de representación, por los motivos que explicaré a continuación. Los aspectos que quisiera considerar, sin embargo, no constituyen hoy en día un consenso dentro de este campo de estudios y han sido sometidos ya a una discusión más amplia.

Aunque no es este el espacio apropiado para ahondar en la problemática de la discapacidad y sus modos de representación, vale

---

[11] El neologismo anglosajón *"ableism"* o, en otros casos, *"ablecentrism"*, está definido como el prejuicio en contra de quienes tienen discapacidad. La idea es que el cuerpo catalogado como "capaz" o "hábil" (*able*, en inglés) se instaura como el paradigma desde el cual se juzga y se excluye a los cuerpos que no cumplen con ciertos requisitos de funcionamiento. Así, este "capacitismo" equivaldría al machismo o al racismo con respecto a las visiones de género y de etnicidad, respectivamente.

señalar algunas cuestiones que aclaran lo que quiero desarrollar. Los llamados Estudios de la Discapacidad han surgido a partir de la década de 1960, basados en lo que se conoce como "modelo social de la discapacidad", en oposición al "modelo médico" que ha configurado los modos en los que se asume la discapacidad de manera predominante a partir del siglo XIX. En ese sentido, el activismo por los derechos de las personas con discapacidad ha asumido la noción de "cuerpo" desde lo discursivo para explicar la discapacidad no como una circunstancia biológica, sino como una construcción social. Sin embargo, en su libro *Disability Theory*, Siebers cuestiona esa separación, argumentando que "debido a que el estructuralismo lingüístico tiende a considerar el lenguaje como el agente y nunca como el objeto de representación, el cuerpo, ya sea capacitado o discapacitado, supone un efecto del lenguaje más que un agente casual, excluyendo casi por completo la corporalidad del proceso representacional" (2, mi traducción). Referir el cuerpo como producto de un discurso, negando su materialidad, implicaría volver irremediablemente sobre una idealización del cuerpo y sobre la imposibilidad de su representación.[12] En definitiva, cuando tratamos de "decir" el cuerpo, lo que se percibe no es el cuerpo hábil, el cuerpo capaz, sino precisamente los cuerpos que difieren de "el cuerpo" o, lo que es igual, los cuerpos que niegan al cuerpo —como producto y a la vez como proyecto eminentemente moderno—, porque los cuerpos que niegan al cuerpo lo hacen desde su compleja materialidad, desde la verificación de su diferencia a partir de los sentidos, es decir, desde su diversidad. Siebers propone entonces que un enfoque desde el cuerpo discapacitado tiene la posibilidad de estimular "una teoría más generosa de la representación, que abarque desde los gestos y las emociones hasta el lenguaje y la representación política" (2, mi traducción).

---

[12] De todos modos, la idea de "representación" tendría que ser problematizada en tanto procura instituir una verdad que parece dada. Valdría la pena pensar más bien en imágenes establecidas por ciertas instituciones como máquinas performativas que producen el sujeto que dicen representar. Esta es la idea que expone Paul B. Preciado con respecto al museo y que pienso que se podría trasladar, por ejemplo, a la literatura nacional en tanto máquina performativa.

Cuerpos exhumados

Desde ahí, Siebers formula la noción del "*complex embodiment*" como una manera de teorizar el cuerpo y sus representaciones, reconociendo su transformación mutua (25). Esta problematización del cuerpo y su representación como una construcción discursiva, ante la cual el cuerpo que se percibe como incompleto, desmembrado, incapaz, débil, enfermo, anómalo se alza con todo el peso de su representación, más que la ilusión del cuerpo o su des-realización, se presenta como aquello que, ante la tragedia y ante la cultura, constituye ese "peso en el cerebro de los vivos", al que hace referencia Gisela Catanzaro, o la "solidez física" de la que habla Mitchell. A partir de estas nociones, Siebers también refiere la importancia de fijarse en la materialidad de las palabras. Alude entonces al primer capítulo de *Mímesis*, de Erich Auerbach, titulado precisamente "La cicatriz de Ulises". Lo que hace Siebers desde este texto de Auerbach es argumentar que las palabras se convierten en imagen o, incluso más allá, que las palabras se convierten en cuerpos (124). Debo decir que, en gran medida, es esta afirmación la que motivó mi interés por buscar marcas corporales –heridas, cicatrices, deformaciones, anomalías– en textos literarios, porque como afirma Siebers, "[L]os cuerpos saludables en el arte no tienen detalles" (125, mi traducción).

Como lo veo, Siebers abandona muy pronto en su estudio la referencia a Auerbach, para quien el estilo homérico no deja "nada a medio hacer o en la penumbra" (11), estrategia que, en cambio, se deja ver claramente en la narración bíblica que el pensador alemán contrapone a la de Ulises, a saber, el sacrificio de Isaac por parte de su padre, Abraham. En la trama bíblica, todo se confunde con lo oscuro, hay imprecisiones, no hay detalles. Cualquier tipo de imagen que pudiera tenerse al respecto de esta escena es una labor que el lector debe completar. En otras palabras, solamente la *lectura* puede consumar la escena en un acto de racionalización. En cambio, en el relato homérico, todo está mostrado en primer plano. Quien lo lee se moviliza por lo sensible porque ese "mostrar sin dejar en la penumbra" es para Auerbach un "deseo de modelación sensible de los fenómenos" (11). Así, al leer imaginamos una "cicatriz", imagen que nos obliga a transformar la palabra. Es decir, la cicatriz regresa en la palabra hacia nuestros sentidos. Pero hay más: el relato homérico hace un llamado a ser visto en un primer plano en donde todo es "un constante presente, temporal y espacial" (12), mientras que el relato bíblico, que tiene la pretensión de una "verdad tiránica", pretende subyugar nuestra propia realidad, "acomodar nuestra propia vida a su mundo y sentirnos parte de su construcción histórico-universal [...]" (21).

Entonces, en ese constante presente –"constante", además, como lo que persiste, como lo que dura– Homero "dice" el cuerpo de Ulises. Pero ya que su afán no es el de la verdad tiránica y dominante del relato, al "decir" el cuerpo y mostrarlo a plena luz solamente puede decir algo de él, puede nombrar una parte, un trozo, un detalle. Lo que dice es la cicatriz, elige ese detalle, porque "detallar es en efecto cortar, y muchos detalles preservan esta primordial asociación con lo troceado, lo desgastado o lo perturbador de una superficie" (Siebers 125, mi traducción). Por el contrario, el discurso que prescinde de las imágenes, específicamente del detalle de los cuerpos, es el discurso de lo hegemónico y se transforma en estrategia de la verdad tiránica (bíblica) a la que alude Auerbach.

Paradoja: los textos que componen el canon de la literatura ecuatoriana no prescinden de los cuerpos. La incongruencia es precisamente esa: detallar los cuerpos que no pueden formar parte de la nación para, por contraste, consolidar el dominio de una sola verdad, es decir, el poder del cuerpo idealizado en tanto "verdad tiránica". No existe otro modo de nombrar el cuerpo viable de la nación –el cuerpo blanqueado, masculino, productivo, inquebrantable– que no sea el de recurrir a los cuerpos inviables. Desde la propuesta de Siebers, las imágenes que propongo leer/mirar en los textos que componen el canon de la literatura ecuatoriana no encubren lo humano, sino que lo descubren. Precisamente por eso hay que exhumarlas. Como mencioné anteriormente, una de las afirmaciones de las que parto, desde la lectura de Georges Didi-Huberman sobre los pueblos expuestos, es que los

Cuerpos exhumados

cuerpos representados en el canon de la literatura ecuatoriana están o bien subexpuestos, como los cadáveres de los familiares del doctor Ramírez, o bien sobrexpuestos, como muchos de los que conforman los relatos del realismo social de la década de 1930. En ambos casos, esos cuerpos no se "ven". Pasan desapercibidos. Se asumen dentro del devenir histórico como parte orgánica del camino hacia la glorificación del presente. O, para decirlo distinto, son más un efecto de ese lenguaje que forma parte orgánica del discurso, pero no se perciben sus marcas ni se distingue la potencia que esos cuerpos pueden tener sobre los sentidos. ¿Cómo rastrearlos entonces en el lenguaje, cómo exhumarlos?

El detalle, como cuando se lee: "Era de complexión recia, seco de carnes, enjuto de rostro [...]" para describir al Quijote (Cervantes 28); o tal vez como cuando se lee: "[...] bajo los pies deformes de los indios −talones partidos, plantas callosas, dedos hinchados" (Icaza, *Huasipungo* 69, 2013), termina por aludir al cuerpo sin lograr *decir* el cuerpo. Muestra el detalle, pero no lo muestra todo. *Decir* el cuerpo es imposible. Al respecto, Jean-Luc Nancy propone pensar en cómo tocar el cuerpo en lugar de significarlo. Y afirma: "Uno está tentado de responder con prisa que o bien eso es imposible, que el cuerpo es lo ininscriptible, o bien que se trata de remedar o de amoldar el cuerpo a la misma escritura (bailar, sangrar...). Respuestas sin duda inevitables"; y luego repara:

> [S]in embargo, [esas respuestas son] rápidas, convenidas, insuficientes: una y otra hablan en el fondo de significar el cuerpo, directa o indirectamente, como ausencia o como presencia. Escribir no es significar. Se ha preguntado: ¿cómo tocar el cuerpo? Puede que no sea posible responder a este "cómo", como si de una pregunta técnica se tratara. Pero lo que hay que decir es que eso −tocar el cuerpo, tocarlo, *tocar* en fin− ocurre todo el tiempo en la escritura. (13, paréntesis y énfasis en el original)

Nancy aboga por un ir más allá (o más acá) del significado, una puesta en crisis del discurso desde una escritura que no escriba *del* cuerpo sino *el cuerpo mismo* (13). Una escritura en la que sea posible tocar el cuerpo, propone Nancy. Una escritura, digo yo, que pueda hacer ver el cuerpo, dejar que su imagen se haga presente y, que incluso, sea capaz de ser el detonante de otros sentidos —el olfato, el tacto, el oído—. No obstante, cuando Nancy propone escribir *el cuerpo mismo*, ese cuerpo, como noción eminentemente moderna, como totalidad orgánica, se esfuma. En la escritura, lo que puede "decirse" del cuerpo son sus partes más llamativas, sus peculiaridades. Por lo tanto, querer decir el cuerpo acarrea una tautología: la integridad presumida por nosotros como su principal característica se desvanece en el contacto con la palabra: solamente nos queda nombrar (¿tocar?) sus huellas, sus excepciones. Así, es una trampa querer decir, por ejemplo, cómo es el cuerpo mestizo que los proyectos nacionales latinoamericanos, en un movimiento progresivo hacia el blanqueamiento, tratan de representar. Esa ha sido, precisamente, la intención de las historias nacionales: decir el cuerpo ideal de la nación, en ese devenir "materia espiritualizada" que se muestra como unificadora. Por eso resulta paradójico que para decir, por ejemplo, el cuerpo mestizo, se deba recurrir a desarticularlo, a desmembrarlo, a nombrar sus partes constitutivas para poder dar una idea de él como en las pinturas de castas de la Colonia o como en aquel intento seudocientífico del escritor guayaquileño José de la Cuadra, representante icónico de la generación del realismo social, en su ensayo de 1937 titulado *El montuvio ecuatoriano*, en donde explica cómo está constituido el físico de ese habitante de la costa:

> El montuvio es la resultante de una elaboración casi pentasecular, en la cual han intervenido tres razas y sus variedades respectivas. El fondo es indio, pero no uniforme. [...] Y más aún: si buscamos números medios, conjeturaríamos que el montuvio ciento por ciento se ha formado así:
> Indio............60%
> Negro............30%
> Blanco............10% (*El montuvio ecuatoriano* 106)

Es importante señalar que el dato porcentual referido por De la Cuadra carece de fuentes que lo avalen. Lo que se pretende con él es dar a entender un tipo de cuerpo y es en ese preciso momento cuando se establece una paradoja insuperable, porque al tratar de decirlo, de darlo

Cuerpos exhumados

a entender en un ciento por ciento, ese cuerpo queda desarticulado, y en su descripción está condenado a negar su unicidad. Decir este 100% sin recurrir a las partes que lo componen es imposible: el cuerpo viable, utópico, idealizado es, en sí mismo, indescriptible y huidizo, como arena entre los dedos. Para *tocar* el cuerpo, como propone Nancy, lo que nos queda es profanarlo, mutilarlo: tratar de decirlo como idea nos hace recurrir a su fragmentación en la palabra, como único mecanismo capaz de provocar en el lector alguna reacción que surja del contacto con la imagen descrita, con algo de su materialidad. La búsqueda del cuerpo ideal es una labor de antemano frustrada porque su imposibilidad de materialización, que se traduce en su imposibilidad de ser orgánico y, a la vez, de ser imaginado y de ser escuchado, solamente posibilita un juego de simulación, en el que aquello que pretendemos ver no es más que ilusión, más que la "materia espiritualizada" de esa dinámica histórica que hace que el proyecto nacional se eleve por sobre la carne (Catanzaro 124).

¿En dónde desaparecen esos cuerpos que están ocultos? Si los textos más canónicos de la literatura ecuatoriana no prescinden del detalle de los cuerpos, ¿por qué atribuirles entonces la intención de establecer una "verdad tiránica"?, ¿por qué no permitir que ellos se muestren en su miseria y en su tragedia? Tomar en cuenta esos cuerpos o, más allá, detenerse a mirarlos, implicaría, como vengo diciendo, desordenar el canon porque habría que ir sacando trozos, partes mutiladas. Poner en crisis el canon se equipararía entonces a hacer aparecer en la superficie toda la miseria del pasado, haciendo palpables las dificultades que acarrea debilitar el espíritu de la nación. Solamente desde esa desarticulación es posible observar los detalles, los trozos perturbadores que han estado sepultados. La historia de la literatura, contrariamente a servir como base que consolide lo solemne, lo monumental, lo perenne, debe ser removida, profanada. En esa medida propongo una metodología de desordenamiento que al exhumar —y recordar, como lo hace Ulises cuando recuerda cómo ocurrió el accidente que le ocasionó esa cicatriz cuando era niño, o al igual que el doctor Ramírez cuando rememora las imágenes perturbadoras de los detalles de los cuerpos de sus seres queridos–, se arriesgue a enfrentar esos detalles, a veces alarmantes, a veces estremecedores, para re-articularlos indistintamente, las veces que sean necesarias y problematizar la unidad del cuerpo/*corpus*, para poner en crisis su "verdad tiránica" (Auerbach) o su "verdadera existencia" (Lugones en Catanzaro).

Esta transformación mutua entre imagen y palabra, o entre el cuerpo y sus representaciones, encuentra resonancia también en la noción de "iconotexto", traída a colación por Hernández, concepto planteado inicialmente por Alain Montandon y Michael Nerlich. Como afirma Hernández, el iconotexto comprendería "formas [directas e] indirectas de referencia simultánea entre imágenes y palabras [...]", no considerando solamente "textos-imágenes como las tiras cómicas, la novela gráfica o el *collage* y la utilización de dibujos o fotografías en los libros, *sino también textos que describen o evocan lingüísticamente imágenes* e imágenes que se refieren visualmente a textos de la cultura escrita" (74, énfasis añadido). O, aún mejor, y ya que el término "ícono" podría tener una relación más limitada, a pesar de la noción de "iconología" de Warburg, podríamos recurrir al concepto de Mitchell: "imagen/texto". La intención sería asegurar mayores alcances. De esas formas de referencia simultánea que describen o evocan lingüísticamente imágenes, Hernández destaca, entre otras, a la écfrasis, pero también a la hipotiposis, asimismo conocida como *enargeia*. De todos modos, vale aclarar que si en un primer momento puedo afirmar que estas "figuras retóricas"[13] me serán útiles para entender de qué manera las palabras pueden constituirse en algo que se puede *ver* además de *leer* –es decir, en palabras que, como afirma Siebers, son cuerpo– es preciso señalar que su implicación es aún más compleja. En lo que viene, me gustaría hacer una revisión de sus definiciones.

La hipotiposis (que significa originalmente esbozo o boceto) o su sinónimo *enargeia* (que en su equivalente latín significa '*evidentia*', o sea,

---

[13] Mitchell no se refiere nunca a la *écfrasis* como una figura retórica, sino más bien como un género poético. En *Picture Theory* habla incluso de "poesía ecfrástica", que de hecho se vale de ciertas figuras retóricas para llevar a cabo su cometido, ambiguo y provocador, como veremos.

aquello vívido, intenso en lo que refiere a lo gráfico, a lo que se puede ver), tiene como particularidad la de describir de modo enérgico algo que debe provocar una conmoción, como si fuera arrojado directamente ante nuestros ojos. En el caso de la écfrasis, generalmente entendida como la representación verbal de una representación visual,[14] lo que existe es una apropiación de lo visual por parte de lo verbal, una suerte de traducción, uso que Hernández resalta como un modo de liberar "a la literatura del flujo temporal para lograr la fijación espacial, e indica que en la fijación espacial, aparentemente estática, se renueva la añoranza plástica por el flujo temporal" (62). Las definiciones más comunes de estos conceptos tienden a simplificarlos, como pasa con la mayoría de las figuras retóricas, pero a la vez se pueden encontrar varios estudios que las problematizan, como el mismo texto de Hernández, que dedica algunas páginas a reflexionar sobre la écfrasis, o la referencia que Paul de Man hace con respecto a la breve revisión que Kant realizó en la *Crítica del Juicio* con respecto al término hipotiposis. De Man precisa que el término "hipotiposis" es empleado desde la visión kantiana como aquel que "designa lo que, después de Pierce, se podría llamar el elemento icónico de la representación" (69). En el ensayo en el que Paul de Man incluye esta discusión, el propósito es cuestionar una visión del texto (retórico) como simple codificación. Es interesante, por lo tanto, que De Man inicie señalando un problema "perenne" (que es el que él critica), entre los usos discursivos del lenguaje (filosófico, historiográfico y del análisis literario, específicamente) y el lenguaje figurativo en general. Afirma De Man que la intención de la filosofía ha sido la de librarse de la figuralidad y que, si esa intención se frustra, la filosofía bien trata de controlarla, "manteniéndola, por decirlo de alguna manera, en su lugar, delimitando los límites de su influencia y, consiguientemente, restringiendo el daño epistemológico que pueda causar" (53).

Mitchell también llama la atención sobre esta especie de "peligro" de la figuralidad en el capítulo titulado "Ekphrasis and The Other" de su

---

[14] Se trata de una definición común, muy difundida y citada en las fuentes más diversas que refieren el concepto. Como explica Mitchell, es por ese motivo que su ambigüedad se hace más notoria.

ya citada obra *Picture Theory*. El autor propone tres fases de realización de la écfrasis, entre las cuales acontece una relación por demás compleja y ambivalente: una fase de indiferencia, otra de esperanza y otra de temor. La primera "lectura" de esta representación verbal de lo visual puede dejar pasar por alto una relación que en primera instancia no conlleva ningún riesgo, pues eso que el lenguaje espera hacer visual no logra, sin embargo, hacerlo presente, como estaría si eso visual fuera un cuadro, una escultura o, por supuesto, un cuerpo, delante de los ojos de quien los mira. Sin embargo, esa indiferencia, que yo interpreto como una reacción ante la imposibilidad de la materialización, se transforma en esperanza cuando quien lee finalmente imagina, y al imaginar parece poder "ver" aquello que las palabras describen o convocan.[15] Se trata de una esperanza que señala un camino de empatía, de reconocimiento entre la palabra y la imagen, encuentro que puede ser relacionado con aquello que Didi-Huberman propone como el "derecho a tener una imagen" (*Pueblos expuestos*).

De todos modos, ante el peligro de la figuralidad referido por De Man, llega la fase de temor que reacciona ante el "clamor utópico" de la esperanza ecfrástica, en donde aquella huella de empatía es inmediatamente transformada mediante la reducción de la imagen por parte de la palabra, un sometimiento que de nuevo lleva la écfrasis a la etapa de indiferencia. Para Mitchell, quien hace especial énfasis en la fase esperanzadora de la écfrasis y sus características de posibilidad del rencuentro/reconocimiento entre imagen y palabra, más allá de lo estrictamente formal o semiótico que esta discusión pueda acarrear, se trata de apuntar que el objetivo central de la "esperanza ecfrástica" puede ser llamado "la superación de la otredad": "la poesía ecfrástica —señala Mitchell— es el género en el cual los textos encuentran sus propios 'otros' semióticos" (156, mi traducción). Se refiere a un Otro —la imagen— que históricamente ha sido puesto bajo control, acallado,

---

[15] De esta necesidad de empoderar una imaginación informada, un "imaginar lo ausente" de modo crítico, por parte de las humanidades, y en especial desde el estudio de la literatura, ha escrito Gayatri Spivak en *Otras Asias* (Madrid: Akal, 2012). Le agradezco a Cristina Burneo-Salazar haber hecho esta precisión.

solamente "visto" en tanto objeto, desde una mismidad entendida como "activa, hablante, sujeto que mira, mientras el 'otro' es proyectado como pasivo, visto y (usualmente) un objeto silencioso" (157, mi traducción).

En otras palabras: la esperanza ecfrástica resulta ser la fase en la que hay la posibilidad de superar la tendencia a desprestigiar la imagen, a dominarla y acallarla. Lo que hace Mitchell es elevar la écfrasis a un principio disciplinario, para denunciar que "[c]omo las masas, los colonizados, los sin poder y sin voz en todas partes, las representaciones visuales no han podido representarse a sí mismas; [han debido] ser representadas por el discurso" (157, mi traducción). De modo que, siguiendo la provocación de Mitchell, estoy tentada a pensar en la écfrasis como estrategia de materialización (o de realización de ese "singular espesor" del que habla Catanzaro) que como lectores nos expone ante la posibilidad de admitir el reconocimiento de la imagen hecha por palabras. Una estrategia que permitiría instituir, precisamente, una "ética de la mirada". Se trata de superar la fase de indiferencia al percibir distintas figuras retóricas que podrían ser interpretadas como meros artilugios estéticos del discurso, y de poner en tensión el miedo y la esperanza de las otras etapas, para provocar un detenimiento que implica además una pausa, un intervalo en la temporalidad del discurso —como veremos más adelante de la mano de Bergson y de Warburg—. Esto, con el fin de no permitir que el peligro que acarrea esa pausa nos haga huir de nuevo hacia la etapa de indiferencia o nos deje pasmados, sino que consintamos de una vez por todas la absoluta afectación: el momento en el que la imagen se alza para mostrarse no desde el silencio y la pasividad, sino desde aquello que resulta más amenazante, es decir, el momento en el que esa imagen reivindica sus posibilidades de acción y subjetivación, de "figurabilidad". No se trata solamente de exhumar esos cuerpos que yacen sepultados, sino de no quitar la mirada ante su quizás incómoda presencia y de permitir, finalmente, que nos hablen y que, como espera Didi-Huberman, nos digan que aún arden.

Ya sabemos entonces que para encontrar esos cuerpos debemos ir tras sus rastros, persiguiendo detalles, sin ser indiferentes a marcas, a huellas, a aquello que nos permita hacer posible el intercambio entre palabras e imágenes, como proponía Warburg. En ese sentido, todas mis reflexiones a lo largo de esta investigación también toman en cuenta material pictórico o fotográfico, con la intención de lograr plantear ese intercambio comparativo, porque exhumar esos detalles corporales, como he querido argumentar hasta este momento, redobla las posibilidades visuales de la palabra misma. Pienso que más de un lector familiarizado con la obra de Jorge Icaza, pero también con las imágenes cotidianas y mediáticas de Ecuador en las últimas décadas, comprenderá de qué hablo cuando digo que esos cuerpos –así como los paisajes en los que se mueven– pueden llegar incluso a percibirse con otros sentidos además del de la vista:

> Y uno de los indios, el más caritativo y atrevido, se acercó al enfermo y le abrió cuidadosamente la venda del pie. El trapo sucio manchado de sangre, de pus y de lodo, al ser desenvuelto despidió un olor a carroña. [...] Cuando quedó descubierta la herida, sobre la llaga viscosa todos pudieron observar, en efervescencia diabólica, un tejido palpitante de extraños filamentos. (*Huasipungo* 111-112, 2013)

Sucio, sangre, pus, lodo, olor a carroña. Herida, llaga viscosa, tejido palpitante, extraños filamentos. La hipotiposis tiene la potencia de hacer presente lo dicho para los sentidos, tiene la posibilidad de afectarlos. Sin embargo, en muchas de las mismas imágenes, puede distinguirse la presencia de la écfrasis: una voluntad de llevar hacia la palabra aquello que se ve con los ojos, de verbalizar el objeto. ¿Podría decirse entonces que para decir el cuerpo se requiere, primero, "desensibilizarlo" o "descorporalizarlo" (Hernández) de su imagen, en ese proceso de traducción, para luego esbozarlo, bocetearlo con la palabra al punto de volver a poner el cuerpo frente a nuestros ojos? Ambas figuras operarían, tal vez, de modo complementario. Juntas serían el vehículo de la intermedialidad, de la mutua transformación: para "mirar" esos cuerpos a través de la lectura, si reconocemos la potencia de la palabra

Cuerpos exhumados

en tanto forjadora de ilusiones —recordemos a Belting negando al ser humano como "amo de sus imágenes"— comprenderemos que en la palabra, en sí misma, no hay efectos visuales, pero que los efectos visuales se originan cuando las palabras abrazan el cuerpo humano para transformarlo en "lugar de las imágenes" (Belting) por medio de los sentidos. Así, la fase esperanzadora de la écfrasis, que para Mitchell representa la "superación de la otredad", sucede cuando eso visual que ha sido traducido a la palabra (écfrasis) vuelve a ser esbozado (hipotiposis) para conmover los sentidos de aquél que lee y entonces, imagina. En el devenir de la lectura lineal que solemos hacer, especialmente en lo que se refiere a la literatura que responde a los proyectos nacionales, estas imágenes ecfrásticas implican un detenimiento que remueve los sentidos: el olor a carroña o la llaga viscosa tienen la capacidad de conmover las percepciones sensoriales de quien lee y se detiene, vuelve sobre las páginas e insiste en lo ya leído.

Ahora bien, ¿qué puede venir después de mirar esas imágenes?, ¿qué pueden hacer ellas por nosotros? Hay que tomar en cuenta que el acto de exhumación que, como propongo, es detenimiento en el ritmo de la lectura, sería ante todo un acto político e histórico, que es en parte lo que propone Mitchell al hablar de esa "superación de la otredad". De otro modo, buscar imágenes entre palabras como quien busca solamente códigos, equivaldría a hacer un análisis figurativo a costa de todo lo que las rodea. Sería, entonces, quedarse en la etapa del miedo y volver a la indiferencia frente al mero artificio. Por lo tanto, en un primer momento hay que comprender cómo se articulan los modos en los que se interrelacionan las nociones de clase, raza, nación, género, belleza, salud y habilidad, cómo se organizan en estas historiografías. Sin embargo, la intención no es detenerse en el análisis de esas categorías ni en los discursos que las sostienen en torno a los cuerpos para perpetuar lo que pensamos que es un cuerpo, sino comprenderlas para lograr su remoción crítica, para poder mirar las imágenes que yacen debajo de ellas y cuestionar cómo esas imágenes operan en el presente. Animarnos, en definitiva, a hacer una lectura que no tema debilitar el canon y hacerlo vulnerable, pero que tampoco tema debilitar al lector y hacerlo vulnerable.

En el acto de exhumación que describo se encierra una decisión de reconocimiento y, por lo tanto, de memoria. En la lectura que se detiene para mirar esas imágenes interviene entonces lo que Warburg denominó "un inventario de formas demostrablemente preexistentes" (4), que provoca que tanto el constructor de esas imágenes como quien las percibe reconozcan otras "solideces físicas" que a su vez son huellas que dicen algo de la cultura, algo de la historia. Es precisamente ahí donde yace la noción de "supervivencia" (*Nachleben*) en la obra de Warburg, que Didi-Huberman explica como "una expresión específica de la huella" (*La imagen* 52). De ese modo, en el proceso de exhumación que planteo hay, por un lado, el reconocimiento de vestigios de lo que Didi-Huberman caracteriza como "una realidad fracturada" –pensemos por ejemplo en las implicaciones de percibir el cuerpo empalado de María Victoria en la novela *Los Sangurimas* (1934)– y a la vez, de vestigios de lo que el mismo autor denomina "realidad espectral": la imagen del joven con el cuerpo de una "señorita enfermiza" que encontramos en la novela *A la Costa* (1904) aparece, se cuela más bien, en el cuento "Un hombre muerto a puntapiés" de Pablo Palacio, hacia 1930, como propongo más adelante.

En esta noción de supervivencia, lo que está implícito es también una noción de persistencia, de durabilidad y de no destrucción de las imágenes; del mismo modo, se encierra un movimiento de intuición que es lo que lleva a quien las percibe a ponerlas en relación. Como dije en el apartado anterior, es precisamente la intuición la que constata la imposibilidad de fijar sentidos o nuevos centros y la que impulsa un papel subjetivo que garantiza que las relaciones entre imágenes –por lo tanto, el modo en el que pueden ser dispuestas para ser vistas– no sean nunca las mismas. Cuando la imagen abraza los cuerpos humanos que la perciben, cuando logra conmoverlos por medio de la imaginación, provoca nuevas reflexiones, tan numerosas como los cuerpos que tenga la capacidad de abrazar. Es ahí en donde se define,

Cuerpos exhumados

como explica Didi-Huberman con respecto a Warburg, "no solamente el papel constitutivo de las *supervivencias* en la dinámica misma de la imaginación occidental, sino también las funciones *políticas* de las que sus disposiciones memoriales se revelan portadoras" (*Supervivencia* 47, énfasis en el original).

A lo largo de estas páginas estará presente tácitamente una afirmación: que cada imagen recuperada es una imagen que persiste, que sobrevive, que no ha sido destruida. Resulta interesante que casi al mismo tiempo que Warburg iniciaba el desarrollo de esta idea, que se concretaría años más tarde en su *Atlas Mnemosyne* (entre 1924 y 1929), Henri Bergson elaboraba la noción de "duración". En su *Introducción a la metafísica* (1903), Bergson afirma que "la vida interior no podría representarse por imágenes [...] pero se la representaría menos aún por conceptos" (24). De manera que para "llegar a la cosa" o para que la experiencia se vuelva verdad, no es posible partir desde los conceptos, sino que se hace necesario ir de la cosa –de lo que percibimos de ella– hacia ellos. Es decir, es el movimiento contrario al del *cogito* cartesiano, en el que la razón precede a la experiencia. Es allí donde aparece la noción de "intuición", entendida como simpatía por el objeto. Como afirma Bergson, la imagen tiene la ventaja de mantenernos en lo concreto, o al menos un poco más cercanos al objeto que alcanzamos a percibir, no desde el análisis, sino "por un esfuerzo de intuición" (49) que solo después nos conduce hacia el análisis. ¿Cómo distinguir hasta dónde llega la intuición y cuándo empieza el análisis? El contenido temporal de la pregunta nos remite a la noción del falso problema que Bergson anuncia en la diferenciación entre imagen y palabra, porque en un primer momento, podríamos afirmar que aquello que nos conmueve frente al objeto (frente a la imagen) forma parte del instante irracional que luego la razón debe domeñar y enmarcar, reiterando la supremacía del lenguaje y su poder de continuidad por sobre la fugacidad de la imagen. Pero es ante este cuestionamiento que Bergson recurre a la noción sobre la fluencia de la duración:

> Sin embargo, no hay estado de alma, por simple que sea, que no cambie a cada instante, pues no hay conciencia sin memoria, ni continuación de un

estado sin la adición del recuerdo de los momentos pasados al sentimiento del presente. En esto consiste la duración. La duración interior es la vida continua de una memoria que prolonga el pasado en el presente, sea que el presente contenga distintamente la imagen siempre creciente del pasado, sea más bien, que, por su cambio continuo de calidad, atestigüe la carga cada vez más pesada que uno arrastra tras sí a medida que envejece. *Sin esta supervivencia del pasado en el presente, no habría duración, sino solamente instantaneidad.* (50, énfasis añadido)

No pretendo simplificar aquí un problema filosófico que Bergson desarrolla a lo largo de muchos de sus trabajos. Pero su postulado me interesa para lograr argumentar esa pregunta que ronda de modo silencioso todos los aspectos de mi investigación: ¿por qué persisten esas imágenes, como asegura Catanzaro?, ¿por qué no es posible simplemente dejarlas de lado, olvidarse de ellas? La razón, en tanto ejercicio de conceptualización, "opera siempre sobre lo inmóvil" (Bergson 52), y es aquí donde se revela este "falso problema" al que me he referido a lo largo de este apartado: mientras la palabra posibilita el movimiento, la progresión hacia el concepto necesita fijar el objeto, inmovilizarlo, convertirlo en invariable y único. "Mientras que la intuición —continúa Bergson— se sitúa en la movilidad o lo que es lo mismo, en la duración" (52), porque necesita de la variabilidad para ir atrapando esos instantes de supervivencia, esas imágenes de lo fugaz. Por lo tanto, no buscamos los restos en los lugares de lo único y lo invariable —en la *Historia* y en lo que ella ha dejado establecido como verdadero e inamovible— sino en aquello problemático, y por lo tanto en movimiento, de esa *Historia* que, mediante la intuición, reconocemos como lo irresuelto, como lo sobreviviente que nos conmueve, que nos afecta. No es una coincidencia entonces que Didi-Huberman, en el libro que dedica al estudio de la obra de Aby Warburg, afirme:

> Cuando tratamos de saber si un cuerpo yacente está muerto o sobrevive, si posee todavía un residuo de energía animal, hay que estar atento a los movimientos: a los movimientos, más que a los aspectos mismos. [...] Podré decir que hay un resto de vida sólo cuando pueda decir que eso puede todavía moverse, sea del modo que sea. Toda problemática de la

Cuerpos exhumados

supervivencia pasa, fenomenológicamente hablando, por un problema de movimiento orgánico. (*La imagen* 180)

Es por eso que afirmo que los cuerpos inverosímiles tienen la capacidad de ser incómodos para el canon. Parecen inexistentes o detalles mudos, incluso muertos o petrificados. Pero lo que se ha extraviado, como afirma Didi-Huberman, son nuestras ganas de mirar, nuestros deseos de conocer y de dejarnos con-mover: que los movimientos de los *cuerpos otros* nos muevan. (*Superviviencia* 35). Son los discursos hegemónicos los que nos han hecho creer que esos cuerpos y la violencia ejercida sobre ellos han sido superados. Si los cuerpos-imágenes han desaparecido de nuestra vista es porque nos hemos quedado en el mismo lugar, en el lugar inamovible del discurso (nacional), mirándolos apenas por sobre el hombro. Por eso, cuando acontece algo que conmueve a la nación –pienso en los levantamientos indígenas de la década de 1990, en el terremoto de Manabí, del año 2016, que acontece precisamente mientras escribo estas páginas, o en el Paro Nacional de octubre de 2019, que tiene lugar mientras reviso el manuscrito de este libro–, no sabemos cómo sostener la mirada. Si la historia de la literatura ecuatoriana no ha reparado en su persistencia, ha sido porque no ha percibido su movimiento, su duración, su insistente fugacidad. Algo así como si dijéramos que no es un problema del cuerpo que no está (supuestamente), sino del lugar desde dónde nos detenemos a mirarlo, sobre la disposición de nuestro cuerpo para voltear a mirarlo, a reconocer su espesor, y de las veces que ese cuerpo se mueva para aparecer en tantos lugares como sea posible imaginar.

¿Cómo orientarse en medio de todos estos pedazos, de todas estas huellas desenterradas?, ¿qué hacer con todos esos restos recolectados, con la écfrasis, con la metáfora? Como bien afirma Georges Didi-Huberman, este tipo de prácticas arqueológicas corren el riesgo de hacer poner

> […] los unos junto a los otros, fragmentos de cosas que han sobrevivido; cosas necesariamente heterogéneas y anacrónicas puesto que vienen de

lugares separados y de tiempos desunidos por lagunas. Ese riesgo tiene por nombre *imaginación* y *montaje*. (*Cuando las imágenes* 19, énfasis en el original)

Exhumar (que es imaginar) + montar (que es poner unas junto a otras imágenes con el fin de interpretar, reflexionar, mostrar). Se trata de un método, desarrollado por Warburg, que implica "una interpretación que no trata de reducir la complejidad sino de mostrarla, exponerla, desplegarla según una complejidad en segundo grado" (*La imagen* 448); se trata, además, de un método que asume los riesgos de la desorganización, de lo anacrónico y, a la vez, de la afectación, porque no hay imagen de cuerpos aún en movimiento que yo desentierre y mire sin que yo misma permita que me con-mueva (me mueva completamente), precisamente porque confirmo que este modo de conocimiento se da gracias a esa capacidad fenomenológica de la imagen. Lo que pretendo es, una vez asumida la imagen como una cuestión de conocimiento, proponer mirarla no para interpretarla recurriendo a códigos lingüísticos o analíticos conocidos ni a categorías discursivas pre-establecidas –lo que implicaría ir del concepto a la imagen, que es el camino que Bergson cuestiona–, sino para reflexionar en torno a ella colocándola junto a otras imágenes que puedan ayudar a lograr eso que Aby Warburg denominó "dialéctica de las imágenes", y que Walter Benjamin propuso bajo el concepto de "imagen dialéctica". La idea, para tratar de dejar fijado un método, sería buscar esos detalles o marcas corporales, superar la etapa de indiferencia, permitiendo su poder de afectación (que puede ir desde la duda y el enojo hasta el asco, el asombro, el miedo, la tristeza o incluso la nostalgia), para luego reconocer la particularidad que pone esos detalles en acción, su "singularidad histórica" (Didi-Huberman), que no es otra cosa que la superación de la otredad a la que se refiere Mitchell; y, finalmente, reflexionar con esas imágenes viendo cómo arden, cómo viven todavía. Como explica Didi-Huberman de nuevo desde Warburg, no se trata de querer encontrar la "identidad" de esas imágenes y de hacer de la interpretación el vehículo para esa finalidad, sino de un trabajo analítico que ponga a caminar las paradojas enterradas junto a ellas.

Cuerpos exhumados

De ese modo, las imágenes, no como una cuestión de ilusión o fantasía sino de conocimiento, se chocan entre sí, se cuestionan unas a las otras, se revelan mutuamente. Y ese proceso es posible mediante el montaje warburgiano: me refiero a tomar esas imágenes y desplegarlas a lo largo de mi exposición, interrelacionándolas a medida que vaya desarrollando el proceso de reflexión. Porque montar imágenes, como aclara Didi-Huberman, "no tiene aquí nada que ver con un artificio narrativo para unificar los fenómenos dispersos, sino, al contrario, con una herramienta dialéctica en la que se escinde la unidad aparente de las tradiciones figurativas de Occidente" (*La imagen* 430).

A partir de lo expuesto, respaldo la necesidad de organizar este trabajo en torno a tres capítulos en los que, como en los paneles de Warburg, expongo huellas de cuerpos y los coloco en relación en torno a determinados "elementos": unos cuerpos que percibo como profanados, otros como desarticulados y otros como sobrevivientes. De alguna manera, esos elementos declaran respectivamente su correspondencia con unos cuerpos determinados: el cuerpo femenino, el cuerpo deformado o monstruoso y el cuerpo racializado. Sin embargo, trato de no caer en la tentación de "enmarcar" o "etiquetar" esta especie de paneles como espacios en los que voy disponiendo estas categorías, acentuando en lo posible la dificultad de definirlas porque, finalmente, todas tienen más similitudes entre sí de las que solemos percibir. Es por eso que insisto en las posibilidades relacionales de este proceso a partir de la colocación de otros vestigios corporales entre los capítulos mencionados. Lo hago en apartados que distingo bajo el nombre de "intervalos", que para Didi-Huberman es la estrategia de estructuración de la "supervivencia" desde el interior: "Es lo que une dos momentos disjuntos del tiempo y hace de uno la memoria del otro" (*La imagen* 457). Se trata, en definitiva, de un espacio liminal que surge entre uno y otro cuerpo, una pausa en donde siempre puede aparecer un nuevo cuerpo, actuando como un silencio que hace más notorios los momentos de sonido. En ese espacio siempre cabe la posibilidad de añadir o remover otras imágenes. Por eso he distribuido estos apartados prácticamente de manera arbitraria, sin dejar de pensar en la posibilidad de incluir otros tantos que aún persisten en mi memoria.

Debo reconocer, no obstante, que mi gestión parece frustrarse porque, al no ser como las imágenes fotográficas de Warburg, dispuestas gracias a pequeñas pinzas fácilmente removibles, estas imágenes quedan, paradójicamente, fijadas en la escritura. Me queda esperar que el lector que se enfrente a estas páginas quiera leer capítulos e intervalos de manera indistinta, como un modo de volver a poner en relación las imágenes propuestas, pero sobre todo desear que dichas imágenes vayan detonando recuerdos de otros cuerpos en la imaginación de quien las lea y las mire para que "la disociación se [haga] construcción y la parálisis se [convierta] en puesta en movimiento" (*La imagen* 418).

Un torso maravilloso
(Intervalo)

En el apartado LXXII de sus *Motivos de Proteo* (1909), el uruguayo José Enrique Rodó (1871-1917) hace referencia a la escultura romana conocida como el *Hércules de Belvedere* o como el *Torso de Belvedere*, figura que data posiblemente del siglo I d. C., a la que califica como "un torso maravilloso" o como "invalidez divina". Estas descripciones se unen a otras que refieren obras escultóricas similares, como la Venus de Samotracia, a la que describe como un "adorable cuerpo decapitado". El fin es convocar el sentimiento apropiado ante lo desenterrado, ante aquello de la cultura que el sepulcro del paso del tiempo no logra mantener escondido para siempre. En la labor de exhumación, Rodó reconoce dos tipos de "mármoles antiguos" a ser hallados: unos "quizás en la deslumbradora plenitud de su belleza; intactos [...] repuestos enteros sobre el pedestal, con entereza no debida a restauraciones profanas" (177); y otros, "despedazados, truncos; devueltos, como tras el golpe vengador de los Titanes, a las caricias de la luz [...]" (177). Tras la labor de desentrañamiento, solamente los que "sean capaces" podrán admirar la hermosura de esos mármoles sepultos, de reconocer su potencia. Se trata de una exhumación que ayudaría al espíritu –arielista, vale decir– a no sentir miedo ante las ruinas, ante la posibilidad trágica de que aquellos mármoles de cultura no puedan resucitar jamás (108).

¿Había leído el ecuatoriano Manuel J. Calle (1866-1918) la obra de José Enrique Rodó? Al menos, es probable que haya conocido el tan difundido *Ariel*, ensayo publicado cinco años antes que las *Leyendas del tiempo heroico* (1905) del autor ecuatoriano. Lo que es seguro, como advierte Calle en la presentación de su libro, es que había revisado los relatos sobre la Independencia de varios autores latinoamericanos del siglo XIX. Seguramente conocía ya los mitos en torno a Antonio Ricaurte, el llamado 'héroe niño' de Colombia, así como la historia de los Niños héroes de Chapultepec, en México, o la del héroe niño peruano Manuel Bonilla. Todos ellos, como Abdón Calderón en Ecuador, fueron figuras míticas de jóvenes héroes que murieron trágicamente en el campo de batalla, llamadas a delinear una relación de correspondencia entre juventud y heroicidad, "para crear modelos pedagógicos republicanos" (Martínez, "Antonio Ricaurte" 17). Calle sabía que a la niñez ecuatoriana le faltaba este héroe y qué mejor manera de configurarlo que encontrarlo entre los archivos de la guerra y devolverlo a la vida mediante una leyenda que pretendiese narrar "más con patriotismo que con la literatura [...] los grandes días de la Emancipación y [...] despertar su infantil curiosidad que les lleve, más tarde, a un estudio serio de aquella época de la historia patria" (8). Calle no siente obligación con la credibilidad del relato, ni siente la melancolía ni la angustia de Rodó ante el riesgo del olvido, porque su leyenda se encargará de recuperar y elaborar esas imágenes que han de conmover el espíritu de toda una nación.

¿Qué puede decirnos el héroe niño hoy en día? Durante los últimos años, la de Abdón Calderón ha sido la figura más burlada y profanada del panteón de los héroes de la Independencia, con una cierta ansiedad colectiva por dejarlo enterrado para siempre. Tal vez solamente las nuevas generaciones no logren comprender del todo el peso que tiene en la memoria de los ecuatorianos y las ecuatorianas de generaciones anteriores la imagen trágica y desmembrada del joven Abdón Calderón. Con los años, la leyenda ha perdido en solemnidad lo que ha ganado en ridiculización: es común escuchar a cualquier persona aclarar, en un tono mordaz, que el susodicho héroe no murió por las heridas de bala que lo habrían obligado a arrastrarse cargando con su boca la bandera patria en el campo de batalla, sino días después, hospitalizado,

Cuerpos exhumados

por causa de una disentería. Y, sin embargo, en el mundo militar se sigue repitiendo con orgullo patrio la frase que Bolívar ordenó evocar al Batallón Yaguachi del Ejército Ecuatoriano, cada vez que deben correr lista con los nombres de los soldados: "¡Abdón Calderón!" grita el militar encargado de comandar la consigna y el ejército responde en coro: "murió gloriosamente en Pichincha, pero vive en nuestros corazones". De ese modo, se establece la fidelidad militar como esa "capacidad" de la que hablaba Rodó para reconocer la hermosura y la valentía del héroe niño al que la leyenda dotó de un paradójico cuerpo heroico.

Si Manuel J. Calle fue el encargado de imaginar la narración heroica con fines estrictamente pedagógicos, es porque antes de su relato la anécdota sobre el joven héroe, que se había expuesto a la guerra sin tener la obligación de hacerlo, permanecía casi en el olvido. Al confeso patriotismo de Calle le debemos esta primera exhumación, y a su imaginación le debemos aquella narración que hemos repetido durante décadas, poco crédulos, pero siempre asombrados –y algunos aún orgullosos–, en la que se cuenta su muerte durante la Batalla de Pichincha, en el año de 1822. Vale la pena citarla *in extenso*:

> Silba una bala y le rompe el brazo derecho. Pasa Calderón la espada a la izquierda, y continúa la lucha al grito de: –¡Viva la Patria! –Silba otra bala y le rompe el brazo izquierdo.
> –¡Viva la República! –grita el heroico adolescente, y siempre en pie, siempre sereno, anima a los suyos, y corre adelante con la espada en los dientes.
> [...] Silba otra bala y le atraviesa el muslo. Vacila el niño, pero no cae.
> –¡Patria! ¡Patria! ¡Libertad! ¡Libertad! y ¡adelante! –grita como puede, dejando caer la ya inútil espada. Viene una bala de cañón y le lleva ambas piernas.
> –¡Viva la Independencia! –Y cae sobre su espada. Y allí, en el suelo, sin brazos, sin piernas, destrozado, *mínima parte de sí mismo*, aun respira con el aliento de su valor gigantesco y lanza entre el hipo de la muerte el último viva a la República. Y luego, como una pálida flor que se dobla, blanco como un lirio que se marchita en un lago de sangre, entrega su grande alma. Tenía diez y ocho años. (188-189, énfasis añadido)

KARINA S. MARÍN LARA

Los ecuatorianos que fuimos educados con esta versión de la historia nacional, al menos hasta la década de 1990, hemos repetido esta secuencia hasta el cansancio, no solamente como requisito de los programas de educación, sino tal vez como mecanismo inconsciente para hacer creíble lo inverosímil. Los textos escolares, especialmente los famosos *Terruño* y *El escolar ecuatoriano*, aquellos que durante muchos años significaron la biblia de los estudios sociales escolares, modificaron luego ciertos detalles: la espada se transformó en la bandera patria y a veces el héroe no perdía las cuatro extremidades, sino solamente tres —siempre ambos brazos, para procurar el efecto dramático de tomar la bandera con la boca–, dependiendo de la voluntad de veracidad del narrador de turno. Sin embargo, nunca vimos que las representaciones pictóricas y escultóricas de Abdón Calderón lo retrataran desmembrado. A menos, claro está, que se trate de un busto, contradictoria materialidad de cabezas flotantes de los héroes patrios. En cuadros y dibujos, así como en estatuas, Calderón aparece comúnmente cayendo o ya caído, con la bandera a su lado, pero tiene sus cuatro extremidades, aunque sangrantes y heridas, siempre bien pegadas al torso. El caso más emblemático podría ser el del monumento que permanece en la plaza que lleva su nombre, en la ciudad de Cuenca, que lo representa cayendo, mientras sostiene (o se sostiene de) la bandera patria con su mano derecha y toma su espada con la izquierda.

¿Acaso sería posible aceptar la imagen incompleta del héroe, con arma y bandera caídas en el piso, abandonadas por aquél que trata de legar el espíritu de patriotismo?, ¿qué riesgos correría la representación troceada del cuerpo monumental del héroe en objetos pictóricos o escultóricos? Porque la palabra, en cambio, lo presenta absolutamente desmembrado. Pero vuelve a juntarlo cuando dictamina la muerte como una entrega de "su grande alma" (189), como un acto glorioso que permite que el héroe viva por siempre "en nuestros corazones". ¿Pero acaso no logra juntar las piezas del cuerpo desmembrado también el nuevo relato, ese del dato histórico y médico que refiere los cuatro días de deshidratación que llevaron a la muerte "real" al joven soldado?

Cuerpos exhumados

Es probable, propongo pensarlo, que más allá de la falta de verosimilitud de la leyenda, tanto su ridiculización como el relato basado en documentos históricos sean modos, por momentos desesperados, no solamente de poner en crisis la historia nacional, sino de protegernos frente a la imagen insoportable de la desmembración, de las extremidades separadas del torso, que es la imagen del cuerpo incompleto (de la nación). Ese cuerpo no erguido, sin brazos, sin piernas, destrozado, que se arrastra hasta la muerte, no nos permite reconocer la guerra como un hecho histórico impoluto, necesario para fijar los inicios de la patria. Esa imagen implica el riesgo de recordarnos que la guerra se alza monumental sobre los cuerpos que no se cuentan, que no se narran: los cuerpos que nadie resucita y que nadie parece extrañar, los que debían morir para reivindicar el ideal de independencia.

"Mínima parte de sí mismo", el cuerpo de Abdón Calderón se ha arrastrado, paradójicamente, sobre ambas piernas y con sus dos brazos, a lo largo de la historia ecuatoriana como el cuerpo del héroe que se sacrifica y cuya materialidad sufrida es superada gracias al patriotismo de su espíritu. "Mínima parte de sí mismo", se esperaba que el héroe niño encarnara la belleza y la sublimidad de los valores estéticos occidentales, que se irguiera no "entero sobre el pedestal", sino "despedazado, devuelto a la caricia de la luz" (Rodó). El de Calderón, como el del *Hércules de Belvedere*, debió ser un "torso maravilloso", una "invalidez divina" capaz de conmover y mantener encendida la llama del amor patrio. Pero no lo fue. Siempre representó el peligro de ser mirado más allá del relato nacional, de que su materialidad monstruosa conmoviera al espectador y entonces, todos perdieran lo poco de credibilidad (nacional) que les quedaba. Nadie se creyó ese cuerpo. El héroe falló. Pero no falló con él el relato de la nación que continúa erguido, más despejado ahora de cuerpos inverosímiles.

Profanaciones

Cuerpos idílicos

> [...] tras el literario y el marmóreo, se le buscó un ropaje ideológico, una vestimenta hecha a la medida de unos muy precisos conceptos filosóficos. Una manera más de afirmar, de nuevo, que ese desnudo no debía ser contemplado por delante, en su ofrecimiento frontal, sino que había de ser visto sesgadamente, dando un rodeo. Se trataba, en suma, de interponer una pantalla: se trataba de que el simbolismo del desnudo pudiera imponerse a la fenomenología de la desnudez.
>
> Georges Didi-Huberman, *Venus rajada*

La figura grácil de mujer que aparece en la esquina inferior derecha del cuadro es la de Cumandá. Con la delicadeza y la armonía del cuerpo de una musa, el modo sutil con el que su mano derecha se alza levemente al final de su brazo y con el que un pie se ubica cauteloso frente a otro para no equivocar el paso sobre la roca, esta "reina de los bosques" parece estar a punto de dejarse caer sobre los brazos abiertos e impacientes de su amado Carlos, a quien puede verse de pie, ubicado más abajo. Carlos la aguarda o la convoca, como un Romeo que busca en las alturas selváticas alguna palabra de su Julieta descalza. Él viste con las ropas de un joven noble europeo del siglo XVII: sombrero con plumas, mangas con encajes, medias blancas de seda o de algodón, casaca azul y capa roja, atuendo bastante inverosímil para el paisaje selvático que los rodea, pero que pretende dejar sentado los orígenes del personaje. Mientras tanto, la salvaje Cumandá tampoco se deja creer a pesar de las particularidades de sus ropas más escasas: un sencillo vestido blanco sin mangas permite confundir la desnudez de sus brazos y sus tobillos, de similar blancura. Sobre la cabeza lleva un velo, también blanco, que apenas cubre su cabello castaño. Sobresale, sí, un cinto rojo ceñido al talle, que contrasta con la blancura del vestido y con los tonos más apagados del resto del cuadro, excepto por el color grana de la capa de Carlos y algunos detalles de la vegetación. La cabeza inclinada, con la mirada dispuesta hacia el amado, recuerda a la de alguna figura religiosa en actitud piadosa. En su rostro parece dibujarse una leve sonrisa.

El ecuatoriano Rafael Troya es el autor de esta representación pictórica de la novela de Juan León Mera publicada en 1879. El cuadro data del año 1907 y he llegado a él porque el detalle en el que pueden apreciarse las figuras de Cumandá y Carlos ha sido elegido para ser la portada del volumen 3 de la *Historia de las Literaturas del Ecuador*, correspondiente al período que va entre 1830 y 1895. Como explica Alexandra Kennedy-Troya sobre el que califica como "uno de los cuadros más emblemáticos de la región", se trata de una pintura que "[...] corrobora la primacía de la representación del paisaje y la geografía descriptiva como el hilo conductor del relato nacional" (103). En este cuadro se asienta la clara intención de narrar la naturaleza, por lo que el paisaje selvático ocupa la mayor parte del espacio enmarcado: árboles enormes, vegetación exótica y, sobre todo, el encuentro de dos ríos, el Pastaza y el Palora, confluencia que da nombre al cuadro, también denominado *Carlos y Cumandá, la reina de los bosques*, y que en conjunto hacen referencia al capítulo IV de la novela, que lleva por título "Junto a las palmeras" (fig. 1).

Al estar frente al cuadro, la mirada repara inevitablemente en los dos cuerpos, pero la grandiosidad del paisaje obliga a incorporarlos a la narración y a mirarlos sesgadamente. Hay una relación muy estrecha entre la labor del escritor y la del pintor. Como en la novela, hay un afán de totalidad pacificadora que logra presentar un universo en el que los cuerpos se ven apenas lo necesario y de reojo. Tanto escritor como pintor exponen, al tiempo, un paisaje abierto y exuberante, listo para

Cuerpos exhumados

Fig. 1: *Obra pictórica: "Cumandá, Reina de los Bosques", año 1907, de autoría del Pintor Rafael Troya - Colección Nacional Ministerio de Cultura y Patrimonio del Ecuador.*

ser explorado y poseído. Son los inicios de una nación moderna y, por lo tanto, de una economía agroexportadora. La literatura y la pintura catalogan los productos que la tierra puede ofrecer.[16] Por eso, el pintor Troya, como el pintor y escritor Luis A. Martínez, figuran como dos de los nombres más importantes del paisajismo ecuatoriano de finales del XIX e inicios del XX. No es casual, entonces, que Martínez haya pintado un cuadro que también lleva el título de su única novela: *A la Costa*. Tampoco es casual, por otro lado, que muchas de las referencias críticas a la literatura de Juan León Mera, el autor de *Cumandá*, lo describan como un "pintor" más que como un escritor, por su habilidad para representar, mediante la palabra, paisajes insospechados y personajes exóticos. Es así como lo juzgan Isaac J. Barrera, Augusto Arias, Ángel Felicísimo Rojas, entre otros: todos ellos, estudiosos de la literatura ecuatoriana que desde la década de 1940 asumieron la

---

[16] Al respecto, Ericka Beckman refiere el rol de la literatura en la configuración de las relaciones económicas y comerciales de las jóvenes naciones latinoamericanas, entre 1870 y 1930, en su libro *Capital Fictions. The Literatue of Latin America's Export Age* (Minnesota: University of Minnesota Press, 2012).

labor de escribir la historia del *corpus* y, en buena medida, de señalar a *Cumandá* como la novela fundadora del canon nacional. Por citar un ejemplo concreto con respecto a esa habilidad gráfica de Mera, el crítico Hernán Rodríguez Castelo asegura que el personaje protagónico, la joven Cumandá, es:

> Pintura de belleza ideal (y en sus notas descriptivas alguna vez cursi [...]) con agudas notas románticas [...]. Criatura envuelta en aire de extraños presentimientos [...] y que exalta, también, extrañamente, el corazón de su amado... [...]. Heroína rápida y eficaz para actuar cuando está en juego la vida de su amado o el futuro de su amor [...] heroína capaz de los sacrificios extremos y de la entrega última, por amor, a la muerte. (15, paréntesis en el original)

Entonces, si la descripción del paisaje responde a la necesidad de dar cuenta de aquel territorio que opera como la verdadera riqueza de la nación en ciernes, la presencia del cuerpo complejiza esa misión. Por un lado, entre el paisaje y el cuerpo de mujer se intuye la permanencia de un imaginario de la "tierra femenina" que, como señala María Cándida Ferreira, constituye un patrimonio de cómo los americanos se auto-representan ("América" 46), especialmente desde 1589, a partir del grabado de Theodore Galle y Jan Van der Straetk, que ilustra una América de la que se puede hacer posesión. ¿Acaso no son inagotables los ejemplos en los que la naturaleza americana aparece de forma recurrente como cuerpo de mujer que se puede poseer para dominar?, ¿acaso, una vez poseído ese cuerpo, no es santificado, purificado, nombrado como "patria" –que no "matria"– y, paradójicamente fecundado, maternizado y luego otra vez virginizado? La "patria" de Juan León Mera, el autor de *Cumandá* y también autor de la letra del Himno Nacional ecuatoriano, es precisamente aquella a la que llama "señora" en la segunda estrofa del himno, para adjudicarle la maternidad de los hijos que lucharon por ella en las guerras de la Independencia y que ellos fecundaron con su sangre. La metáfora de la mujer tierra, de la "tierra femenina" se enreda también en los orígenes de la nación ecuatoriana, como veremos más adelante.

Cuerpos exhumados

Pero, ¿qué sucede si nos atrevemos a mirar el cuerpo más allá de la metáfora? (o debería decir tal vez, *más acá* de la metáfora, en tanto la idea de este trabajo es tratar de detener el movimiento progresivo que la metáfora impulsa para "espiritualizar" la materia). El cuerpo modifica irremediablemente la percepción de ese paisaje, porque la mirada intuye su presencia, aunque no se atreva a mirarlo de frente, tal vez porque se trata de un cuerpo inverosímil. Sabemos que, en oposición al río o al árbol, los cuerpos podrían no ocupar ese lugar, podrían moverse, salir del paisaje, desaparecer. Pero el cuerpo de Cumandá está ahí: aunque sea incuestionablemente asumido como símbolo de una naturaleza a ser poseída para ser purificada, sus formas, sus contornos, sus gestos permanecen. En el contexto eminentemente religioso en el que la novela de Mera se desarrolla, se trata de un cuerpo que debe terminar siendo santificado. La metáfora de la "tierra femenina" permite esa santificación, esa posesión de la materia a veces misteriosa, que sin embargo está dispuesta al sacrificio. Pero hay algo de esa materia que no percibimos: algo de ella se nos escapa porque apenas la miramos; es esquiva porque estamos acostumbrados a leer su movimiento hacia la purificación, hacia su "espiritualización". Lectores de metáforas, leemos sin preguntarnos lo que hay detrás de esa "vestimenta ideológica" en la que *Cumandá* se ha convertido, para bien o para mal: hay en ella violencias que se institucionalizan, cuerpos colonizados, imágenes desrealizadas. Al ser metáfora tan obvia, *Cumandá*, novela y cuerpo, se esfuman.

Pienso que es necesario enfatizar: la Cumandá de Troya es una figura femenina a la que en un primer momento cuesta atribuirle el personaje de la novela, de no ser por la referencia explícita al pie del cuadro. ¿Es solamente Troya quien la imagina de esa manera? En un primer momento, el pintor pareciera estar dibujando un personaje más bien identificado con toda una tradición romántica que, influenciada por el neoclasicismo, conserva los gestos heroicos y ciertos rasgos muy característicos de la escultura romana. Sin embargo, al leer las páginas en las que ese otro "pintor", Juan León Mera, realiza los primeros trazos de este personaje, no es difícil entender por qué Troya traslada de ese modo dicha imagen a la superficie del cuadro: la écfrasis elaborada por Mera se trasplanta en el espacio pictórico. Por supuesto, Troya responde, como he dicho, a las técnicas pictóricas del momento y a toda una tradición estética. Pero la pluma de Mera también le ha dado un molde romántico: en el libro, Cumandá se presenta como una belleza única entre los cuerpos más bien mediocres de los habitantes de la selva, de los que Troya ya prescinde totalmente en su cuadro. Luego, la blancura que pinta es la blancura que Mera se encarga de delinear una y otra vez: "Predominaba en su limpia tez la pálida blancura del marfil, y cuando el pudor acudía a perfeccionar sus atractivos, brillaban sus rosas con suave tinte, cual puestas tras delgada muselina […]" (60).[17] Troya, el pintor que pinta, imagina a Cumandá según las pautas de Mera, el pintor que escribe: Cumandá es la belleza idílica, excepcional, que sobresale en medio de la selva, que idealiza la presencia del cuerpo femenino en medio del paisaje aún inexplorado, con el fin de darle a ese cuerpo un sentido simbólico, para poder decirle al lector: "aquí también, en la selva, es posible la civilización". Por eso es inverosímil y por eso, en el cuadro, el cuerpo de Cumandá tampoco se deja creer. ¿Es este el reclamo del escritor español Juan Valera cuando, en una de sus *Cartas Americanas*, le reclama a Mera lo que él considera el único defecto de su novela, a saber, la falta de credibilidad en el personaje Cumandá?

Es necesario detenerse por un momento en este asunto, pues la opinión de Valera, incluida en el prólogo de la segunda edición de *Cumandá* (Madrid, 1891), ha funcionado como una guía de lectura para la crítica futura de esta obra. El español, que declara que *Cumandá* es "una joya literaria" (xv), resaltando la capacidad de descripción del paisaje selvático y, además, el modo en el que la trama se urde coloca a la obra de Mera incluso por sobre otras novelas latinoamericanas del período. Sin embargo, no deja de hacer esa observación: "La heroína, Cumandá, apenas es posible, á no intervenir un milagro: y de milagros no se habla" afirma con elegante imparcialidad, y asienta su opinión a partir de estos argumentos:

---

[17] Recordemos además que el nombre Cumandá significa 'patillo blanco', según indica Mera al inicio del tercer capítulo (58).

Cuerpos exhumados

> La hermosura moral y física de la mujer, *más delicada y limpia* que la del hombre, requiere aún *mayor cuidado, esmero y esfuerzo*, para que nazca y se conserve. Difícil de creer es, por lo tanto, que Cumandá, viviendo entre salvajes, feroces, viciosos, groserísimos, moral y materialmente sucios, y expuestos á las inclemencias de las estaciones, conserve su pureza virginal, y sea *un primor de bonita, sin tocador, sin higiene y sin artes cosméticas é indumentarias*. (xii, énfasis añadido)

Después, sin embargo, Valera propone hacer de la vista gorda y dejar pasar este "error" para que el lector pueda continuar sin mayor inconveniente con un pacto de ficción que tiene una prioridad: creerse la novela, permitir que sea lo más real posible. Sigue Valera:

> Fuera de Cumandá, todo parece real, sin objeción alguna. Las tribus jíbaras y záparas, y las fiestas, guerras, intrigas, supersticiones y lances de dichas tribus y de los demás salvajes, están presentados tan de realce, que parece que se halla uno viviendo en aquellas incultas regiones. (xiii)

Entonces, la imagen de Cumandá es inverosímil, pero no lo es la novela, como tampoco lo es el paisaje del cuadro. ¿Cómo entra, a pesar de su inverosimilitud, una imagen en el canon literario? ¿Acaso, a pesar de la observación de Valera, es este el cuerpo que los lectores de la joven nación prefirieron acoger? ¿En dónde ha quedado la materialidad desnuda de ideología que este cuerpo pudo haber sugerido?

En el portal de Internet de los Museos de Defensa del Ecuador hay una imagen que sobresale entre las otras. Por tratarse de una muestra que recoge sobre todo fotografías de la vida militar del país, en las que se exhiben cuerpos masculinos y marciales, llama la atención de forma particular la fotografía de cinco mujeres posando en una escenografía de estudio preparada para la ocasión. Cada una de ellas representa a alguna nación latinoamericana. Aquella de las mujeres que se ubica en el pedestal más alto es la representante ecuatoriana. En la escenografía pueden distinguirse arreglos florales, instrumentos musicales y armas. La fotografía data de 1910 y en el pie de foto es descrita como "Cuadro alegórico representando al Ecuador y a las naciones amigas en la Velada Patriótica realizada en Cuenca el 3 de julio de 1910" (fig. 2). La imagen forma parte del archivo histórico resguardado por el Ministerio de Cultura y Patrimonio.

Fig. 2: *Fotografía histórica: "Velada patriótica" código 80.F0000.1945, año 1910 – Archivo Histórico Quito - Ministerio de Cultura y Patrimonio del Ecuador*

Las imágenes del cuerpo femenino que como esta circularon en esa época, sobre todo en revistas y otras publicaciones periódicas, comparten algunas características que Ana María Goetschel y otras autoras han detallado en su libro sobre imágenes públicas de mujeres ecuatorianas. Circunscribiéndonos a fotografías e ilustraciones de inicios del siglo XX, dichas particularidades podrían ser resumidas en

Cuerpos exhumados

torno a dos ejes: por un lado, algunos atributos y similitudes en cuanto al estilo y a la estética usada por esas imágenes que, como la fotografía de la Velada Patriótica o como la Cumandá de Troya, comparten posturas, ademanes, movimientos y atuendos, que señalan un patrón de representación donde el cuerpo femenino se hace verosímil y se legitima en tanto cumple con determinados rasgos y gestos como requisitos de esa feminidad. Pero, por otro lado, esas imágenes revelan modos de pensamiento que nos hablan sobre contextos históricos y políticos. Una sola imagen de aquellas tiene la capacidad de asumir diversos discursos que configuran ese cuerpo a la vez como alegoría de la nación y como imagen ejemplificadora de pureza, castidad, entrega, estilo y delicadeza. La nación como cuerpo de mujer. La patria como mujer violentamente fecundada.

Las mujeres de la Velada Libertaria tienen su cuerpo cubierto casi por completo, envuelto en telas cuyos colores, escondidos por el blanco y el negro, debieron corresponder a los de las banderas patrias, según la nacionalidad de cada una de las integrantes del cuadro. Las telas, que las envuelven desde el cuello hasta los pies, se ciñen a su cuerpo, de tal manera que la figura femenina, la del reloj de arena como paradigma del XIX, queda claramente definida, demarcando la voluptuosidad de los senos y la pequeñez de la cintura, como si se tratara de encubrir el cuerpo (¿de la patria?) sin dejar de sugerir sus formas y su sensualidad. De la naturaleza violentamente poseída a la patria maternizada y solemne, estas imágenes instituyen un movimiento continuo, incesante, que garantiza un cuerpo siempre dispuesto a transformarse, a procrear incluso sin que sea necesario desvestirse, aunque deba mostrar disposición para desvestirse.

Al decir que esas imágenes, casi siempre rodeadas de algún tipo de naturaleza, representan a la patria como cuerpo de mujer –como lo afirman tanto las autoras del libro citado como el trabajo de Cándida Ferreira–, debemos pensar en la complejidad de los códigos de construcción y representación de la nación. Tanto la Cumandá de Troya como la novela de Mera están rodeadas por una naturaleza que "adopta la apariencia de la 'madre patria'" (Goetschel 83). Las autoras citadas refieren acertadamente el grabado de Jan Van der Straet y Theodore Galle, de 1576, al que ya hice referencia más arriba: esa ilustración, como señala Ferreira, es algo así como un punto de partida para esas representaciones. Ese grabado muestra el encuentro de Américo Vespucio con América, representada por una mujer desnuda que espera al conquistador en una hamaca a orillas del mar. Para las autoras, esa desnudez es la metáfora de una naturaleza prodigiosa que se ofrece generosa, lo que redunda en la feminización de la representación del territorio. Luego, ese territorio-mujer desnudo será arropado, cubierto por una civilización eminentemente cristiana, y las alegorías operarán como dispositivos que permitirán descubrirlos al menos un poco, mostrar de alguna manera la exoticidad de los territorios aún no conquistados.

Pero la lectura simbólica nos aleja de los cuerpos. ¿Puede reducirse esa lectura solamente al discurso en torno a la nación y en torno a los imaginarios coloniales que se perpetúan aún luego de las independencias? ¿Qué hay detrás del hecho de que la mayoría de esas mujeres representadas a inicios del siglo XX exhiban algún tipo de desnudez, ese poco de sensualidad del cuerpo totalmente ceñido por telas, o la desnudez de sus pies, o de algún hombro, o de alguno de sus senos o sus tobillos? ¿Qué somos capaces de ver detrás de ese "ropaje ideológico" del que habla Didi-Huberman? Ferreira ha señalado acertadamente que, en la mitad del cuadro de 1576, lo que está en medio de la imagen, aunque cubierto por el muslo, es la vagina de América. Desde una lectura antropofágica, Ferreira sostiene que esa vagina encubierta puede sugerir también esa boca que el conquistador prefiere no develar, por miedo a ser devorado por aquello que, en un plano también simbólico, se presenta como las fauces de la otredad, de lo desconocido.

Troya ha pintado a Cumandá con los pies y los brazos desnudos, y con un vestido tan blanco que al mismo tiempo disimula y acentúa esa desnudez. En el libro, Mera no refiere sus ropas livianas, pero dibuja el cuerpo de Cumandá sin decir su cuerpo, de tal modo que la ligereza de las ropas se presiente: "Educada según las libérrimas costumbres de

Cuerpos exhumados

su raza, que tiene por inestimables prendas la robustez y actividad del cuerpo y el varonil temple del ánimo hasta en la mujer, aprendió desde muy niña a burlarse de las olas [...]" (61). La palabra del escritor actúa como la mirada autocensurada de la ideología que, aunque no mira el cuerpo directamente –tal vez por miedo a ser devorado por las fauces de la otredad– no puede ocultar que desea poseerlo y por eso dice/ muestra algo de él. Como el muslo de América que encubre su pubis. Como las ropas que cubren el cuerpo de Cumandá en el cuadro de Troya. Como el vestuario ceñido al cuerpo de las damas de la Velada Libertaria.

De alguna manera, es como si las imágenes del cuerpo femenino en la historia nacional y americana fluctuaran entre dos extremos después de la Conquista: la América desnuda ha sido cubierta por la civilización occidental y todo su peso cristiano; el extremo de esa imagen es, por ejemplo, la de cualquiera de las vírgenes y santas que circulan por el continente americano, desde la Guadalupe en México hasta Santa Rosa de Lima. Pienso, por ejemplo, en la escultura de la Escuela Quiteña del artista colonial Bernardo de Legarda, conocida como la "Virgen de Quito" o la "Virgen de Legarda": una figura inmaculada cuya presencia es recurrente en el imaginario local, sobre todo como objeto de promoción turística. La "Virgen de Quito", que además es portadora de un par de alas doradas o plateadas y cuyo pie pisa la cabeza de una serpiente, está vestida con telas que la cubren por completo, que no se ciñen a su cuerpo y que llevan los colores de la bandera de la ciudad.

De nuevo, hacia el otro extremo, ya en nuestros días, esta virgen queda despojada de todas sus ropas en el óleo de gran dimensión realizado por el pintor Jaime Zapata que hoy decora uno de los edificios de la Universidad Andina, también en Quito. En el cuadro, la virgen quiteña levita sobre las cabezas de todos los integrantes, en el que sobresale el ilustrado Eugenio Espejo. Su desnudez es difícil de ignorar, especialmente porque su pubis está descubierto. Pero hay tantos elementos en la imagen, tantos personajes demandando ser mirados en esta gran alegoría, que su pubis no necesariamente es visto en un primer momento porque, además, su cuerpo desnudo y flotante se confunde con el de alguna venus a la que ya hemos visto mil veces y cuya desnudez ya ha logrado pasar desapercibida.[18] Esta virgen tampoco puede verse de frente, sin algún tipo de distracción. Entonces, cruzado por la religiosidad y en su posición levitante, ¿es ese un cuerpo amenazante, devorador de todo lo que pueda pretender poseerlo? Aunque levite totalmente desnudo, ¿es posible decir que ese cuerpo se ha librado de "ropajes ideológicos" cuando ha sido pintado en el cuadro que hace homenaje a un personaje tan icónico para la historia de la nación ecuatoriana?

En medio de esos extremos, las ropas son más o menos contundentes. Como dije, hay algo de desnudez que se sugiere a la vez que se disimula. Esa desnudez, encubierta o no, sugerida o explícita, implica un constructo ideológico que de todos modos deja ocultos los cuerpos que están a la espera de poder conmover desde el horror, desde el asco, desde la indignación. La demanda de un cuerpo idílico como el de Cumandá, regida por un deseo hegemónico, opera como estrategia de desrealización. La desnudez femenina, que en sí misma actúa como velo al ser usada como metáfora de la tierra conquistada, esconde en realidad fragmentos de horrores que se asoman por las rendijas del gran relato nacional: cuerpos diseccionados y descuartizados de mujeres que han sido violentadas y estigmatizadas. Es precisamente ante esas imágenes deplorables y sobrecogedoras que propongo que nos detengamos. Cunshi: violada. María Victoria: empalada. Mariana: abusada. Rosario: diseccionada. Manuela: sometida. Esos cuerpos, que no son los únicos y son enumerados en un catálogo interminable de violencias, merodean como fantasmas en los discursos que fijan el canon,

---

[18] Como dato curioso, durante algunas visitas a la Biblioteca de la Universidad Andina, pedí a algún acompañante o a alguna persona extraña que me dijera qué era lo que más había llamado su atención con respecto al gran cuadro. Luego, le pregunté a cada uno si se había fijado en la virgen desnuda. Absolutamente todos mis entrevistados se asombraron al darse cuenta de que ese cuerpo desnudo flotante había pasado para ellos totalmente desapercibido.

Cuerpos exhumados

que por inviables se esconden o se ven de reojo y que, sin embargo, son recurrentes, requieren de nuestra decisión como lectores para sostener la mirada frente a su precariedad. Cumandá, el gran nombre-cuerpo de mujer cuya sangre blanca y educación religiosa ya permiten percibir la violencia del mestizaje como proyecto homogeneizador, no tiene origen en sí misma ni se explica por sí sola. Otros cuerpos, detrás y delante de ella, aún pueden decirnos algo de cómo leer más allá de la nación, o a pesar de ella.

Cuerpos encarnados

Paradójicamente, cierta parte de la crítica ha asumido la tarea de juzgar el tono conservador del discurso narrativo y los rasgos inverosímiles de la historia y sus descripciones, recurriendo a otras ideologías, viejas o nuevas. Y esto sucede porque esa crítica que ha afianzado la historia de la literatura ecuatoriana se ha encargado de señalar un camino de interpretación con algunos elementos reitcrativos que podríamos clasificar así:

1. El valor de la novela como documento literario característico del Romanticismo latinoamericano, lo que le garantiza a la nación un puesto aceptable en una tradición literaria universal.

2. La apreciación de las características formales del texto, que muchas veces se consolidan en esa noción de Mera como un hábil pintor de paisajes y personajes, aunque sean elementos que también suelen verse como exagerados, a pesar de la efectividad de algunos de ellos.

3. Los méritos de la novela en cuanto a su rol fundacional, tanto en lo que respecta al género narrativo como a la introducción de la temática indígena en la literatura nacional.

Lo que me interesa destacar de la relación que establecen estos elementos comunes para la interpretación de la novela es que la discusión parecería entramparse cada vez que uno o todos ellos son puestos sobre la mesa, como le sucede de algún modo a Agustín Cueva. Por un lado, conviene continuar afirmando que *Cumandá* es una novela importante de la tradición romántica latinoamericana porque eso legitima también la correspondencia de la cultura nacional con esa tradición, como si fuera además imposible encontrar huellas de ese romanticismo en el siglo XX.

Por eso, la referencia obvia al momento de buscar ciertos paralelismos, además de los regionales, es *Atala* (1801) de René de Chateaubriand, que Mera sin duda toma como molde en más de un sentido, incluyendo el religioso.[19] Por eso, muchos críticos han justificado la presencia de los personajes indígenas en la novela como un indianismo o idealización de lo indígena, propio del Romanticismo. Hernán Rodríguez Castelo afirma que "[l]o más romántico de *Cumandá* es la propia Cumandá, heroína ideal y sublime como amó hacerlas cierto romanticismo francés, y no sólo francés." (15) y Diego Araujo, en el estudio introductorio de la edición de Antares, también señala que "[L]as referencias románticas de *Cumandá* explican el motivo indianista como señal de exotismo" (17). En fin, nada que represente novedad. *Cumandá* responde claramente a un Romanticismo francés que llama la atención por su lugar de enunciación y por las particularidades del contexto. El asunto es que es esa misma idealización calificada de "romántica" la que molesta a otra parte de la crítica que, por más que ha querido, no ha podido salvar de *Cumandá* más que unos pocos rasgos que permiten legitimar la antigüedad de un compromiso social de la tradición literaria ecuatoriana, más allá de los patrones europeos, aunque se repita innumerables veces que ya se presienten en sus páginas algunas huellas del realismo social, huellas que como sabemos bien pueden responder más bien a ese espíritu de crítica social que ya caracterizaba a un historicismo romántico europeo. Con respecto a esas expectativas de compromiso social, como bien señala Ángel Esteban en la edición de Cátedra, del año 2003, es obvio que Mera estaba imposibilitado "para presentar el material crítico en moldes contemporáneos" ya que "la oleada realista todavía no [había] comenzado a extenderse por la América Hispánica" (56). Dice Esteban claramente que Mera no podía escribir, hacia 1879, una obra como *Huasipungo*. Y lo dice porque ese parece ser el deseo de una opinión como la de Agustín Cueva, que mira en *Cumandá* un intento de toma de conciencia de clase por parte de los grupos dominantes, a la vez que

---

[19] Cueva dirá, a manera de acusación, que se trata de una imitación, lo que, vale recordar, es uno de los rasgos característicos del Romanticismo hispanoamericano.

Cuerpos exhumados

un *"mea culpa"* con respecto al sufrimiento indígena perpetrado por esas clases apoderadas durante siglos (*Entre la ira* 54-55). Por otro lado, el lenguaje muy elaborado, henchido de lirismo, también fastidia a otros estudiosos que detectan en la obra fallos estilísticos y más de una impostación, como cuando Cumandá habla de manera culta, y luego reconoce que no ha recibido educación excepto la de la selva, lo que tiene que ver, por supuesto, con la queja de Valera aún en el siglo XIX. En definitiva, lo que le molesta a una parte de la crítica es que la india Cumandá –que no es india, porque finalmente se sabe que sus padres verdaderos fueron españoles– no tenga la capacidad de fundar una literatura que se forje a sí misma como independentista y reivindicadora de los indios oprimidos porque, finalmente, la blancura de Cumandá es la señal de que la literatura de fundación, no solo en Ecuador, fracasa al tratar de cortar el cordón umbilical con la metrópoli. Para esa parte de la crítica, por lo tanto, los fallos en la forma repercuten en su condena, en el hecho de que se trata de un relato que poco se defiende "de los cambios en el gusto [y que] ha envejecido sin remedio", según afirmaba en 1954 Enrique Anderson Imbert (en Mera 22, 2013).

Georges Didi-Huberman propone que es necesario poner en crisis la idea de que el arte debe desembarazar al desnudo de su desnudez. Por eso, reta la noción de que "el universo estético no se constituiría [...] sino mediante la separación de forma y deseo, aun si dicha forma acogiera expresamente nuestros más poderosos deseos" (*Venus* 25). Asumiendo como cierto el enunciado, apuntando a la separación forma/deseo para hacer posible la constitución de un universo estético, lo que terminamos haciendo, dice el autor francés, es manteniendo el juicio y olvidando el deseo ante la presencia del desnudo y, más allá, logramos "mantener el concepto y olvidar el fenómeno, mantener el símbolo y olvidar la imagen, mantener el dibujo y olvidar la carne". (25). Así entonces, recuperar el deseo olvidado, la carne desdeñada, el fenómeno, no puede ser sino una labor que implique retar el modo en el que nos ubicamos frente a una imagen, el modo en el que nos detenemos ante aquello que aparece, superando en principio la relación dicotómica entre fondo y forma; que el enfrentamiento ante la forma, esa que imaginamos al leer esos cuerpos, nos provoque lo que tenga que provocar, más allá del concepto, de las características estéticas del trazo, de la ideología.

¿Qué hay detrás del ropaje ideológico con el que Mera viste a su novela? Curiosamente, ese es el ropaje que mucha de la crítica ha juzgado en los años posteriores a la publicación y canonización de la obra. Se trata de un ropaje que hoy resulta evidente: hay en el discurso usado por Mera una clara intención de hacer de su novela una evocación pacificadora desde una moral eminentemente cristiana, tanto de los conflictos sociales de la época como de los conflictos históricos. Como bien señala Doris Sommer, aunque se trate de un romance nacional en el que se ponen en juego varias de las características de ese tipo de relato para la consolidación de una nación moderna y productiva, en *Cumandá* "la única productividad ha sido un alma más para la otra vida cristiana, sin contar, claro, con que la conversión deja una huella escrita de amor y conciliación en la fundación nacional de Ecuador" (309), conciliación cristiana revelada en la relación de consanguinidad que existe entre los dos jóvenes enamorados. Por lo tanto, se trata de una novela que pretende ciertamente implantar una moral basada en el sentimiento de culpa cristiano como camino de redención de las sociedades que no han logrado incorporar a todos, indios y blancos, para configurar una unidad nacional regida, claro, por valores cristianos. Por eso, en contraposición a otras novelas de la región, la dicotomía civilización-barbarie se traslada en *Cumandá* a una dicotomía "evangelizados-no evangelizados" que los civilizados deben ayudar a superar. La estrategia de Mera es muy evidente: la hermandad conciliadora debe darse entre el blanco (Carlos) y el indio que más se le parezca (Cumandá). El ropaje ideológico debe ser ante todo religioso, tejido con los hilos de un incesto que no llega a materializarse, de una desnudez que no llega a ocurrir.

Es la instauración de ese sentimiento de culpa cristiano la que observa con no poca dureza el sociólogo y crítico Agustín Cueva, quien tituló a su pequeño ensayo sobre *Cumandá* "Un *mea culpa* sin

Cuerpos exhumados

eco". Es importante señalar que se trata de un texto incluido en el más apasionado de sus libros, el canónico y a la vez canonizador *Entre la ira y la esperanza* (1967), al que me referí en la introducción de este estudio. El caso es que para Cueva, *Cumandá* es un intento frustrado de la conciencia feudal ecuatoriana por reconciliarse consigo misma "según el esquema católico" (104). La frustración de estos golpes de pecho se debería, según este crítico, a que, si los acontecimientos sociales están predestinados según voluntad divina, la tranquilidad obtenida luego del *mea culpa* diluiría "toda responsabilidad social [...] convirtiendo teóricamente a la historia en simple itinerario de la fatalidad, cuyo curso no puede ser desviado por el hombre" (105). Sin embargo, a pesar del fracaso del acto de contrición, su ejecución serviría para procurar que se restablezca "el equilibrio sicológico de la clase feudal" para que, aunque nada cambie, "su conciencia se bauti[ce] día a día" (105).

Pero Cueva va incluso más allá: para él, las características evasivas de la escritura, tanto como la configuración del ambiente idílico y, especialmente, la personalidad de Carlos y su cercanía con la poesía es la estrategia que tiene el autor para lograr ese equilibrio sicológico de la conciencia feudal. En otras palabras, con *Cumandá*, Mera realiza el acto de contrición por todos los daños causados a los indígenas, pero ya que todos esos daños forman parte de un determinismo religioso, el *mea culpa* termina por alejarse de la realidad, que no puede cambiarse, para transformarse en un mecanismo de purificación de la conciencia hegemónica. Por eso, el amor entre Cumandá y Carlos es para Cueva un espacio de purificación de las malas conductas feudales que se habían alejado del cristianismo. No se trata de una pasión basada en lo erótico, como nos hacen creer, sino de un amor tan idealizado que incluso puede darse entre dos que en realidad son hermanos porque los cuerpos, como sustrato de la materia, están ausentes y no necesitan pecar. Es un amor que se parece más al que está presente en el paraíso dantesco ante la presencia de Beatriz que al que siente Calisto por Melibea o incluso, al de Chactas por Atala: por eso, como bien destaca Cueva, Carlos le reclama a su padre no comprender su pasión y confundirla con la del común de los amantes, porque hace "descender mi pensamiento de la región de los ángeles al fango de la materia" (108).

Al plantear esta relación dicotómica entre la materia —que corresponde a los instintos, a la carne y, entonces, al dominio de lo salvaje, o sea, a los indios— y las pasiones —que es la poesía y su relación con el intelecto de la raza blanca y su capacidad de sublimarse—, Cueva le adjudica al lirismo de Mera la culpa de su estancamiento en el devenir histórico de la literatura ecuatoriana. Pareciera, entonces, que Cueva estuviera intercediendo por una recuperación del deseo, de la imagen, de la carne, como plantea Didi-Huberman. Pero el crítico ecuatoriano no está abogando por la necesidad de reconocer la materialidad de la palabra y su poder de (re)presentación, sino por la validación de los orígenes de una nueva ideología —la del materialismo histórico— en la configuración del canon nacional. Esto, a pesar de que críticos como Iván Carvajal no consideren que un libro como *Entre la ira y la esperanza* forme parte del período de la obra de Cueva más marcado por el materialismo histórico —es decir, hacia mediados de la década de 1970—. Pienso, sin embargo, que es importante asumir aquellos elementos del materialismo histórico que ese libro adelanta, pues encierra muchas de las preocupaciones que luego Cueva alineará con las tesis de su obra posterior.

Por lo tanto, en su crítica no menciona a la joven Cumandá excepto en la primera página, haciéndose eco de la opinión de Valera sobre la poca credibilidad del personaje al que, recordémoslo, no se le cree ante todo su cuerpo: ni su belleza, ni su higiene, ni sus movimientos son verosímiles. Todo aquello que tenga que ver con el papel evasivo del relato —y en ese sentido, Cumandá sería el resultado de esa evasión llevada a su máxima expresión— es para Cueva absolutamente prescindible. ¿Por qué no prescindir entonces de toda la novela, anularla, sacarla definitivamente del canon? Porque Mera, a pesar del fracaso de su acto de contrición, no ha recurrido a la lírica para escribir su texto, sino a la novela, que para Cueva es el género que logra describir una situación socialmente conflictiva. Por lo tanto, a pesar de la evasión concentrada en el cuerpo de Cumandá, "la pequeña raíz en la realidad

Cuerpos exhumados

que Mera ha echado" hace de la novela un "documento privilegiado para la mejor comprensión del itinerario de la conciencia feudal ecuatoriana". Se trata, entonces, de una novela condenada a morir tan pronto la clase feudal perezca porque, "literariamente hablando, *Cumandá* es una tentativa sin mañana" (113). Dicho de otro modo, es como si Cueva tuviera la intención de despojar a la novela de todo su ropaje religioso, idealista y evasivo para recuperar la carne, la materia que yace bajo ese pomposo vestuario, pero cuando está a punto de reconocer los cuerpos y el deseo que los muestra, vuelve a cubrirlos con una o más ideologías de nueva data: por un lado, la originada en lo que ya da visos de sus futuras convicciones materialistas, que espera sean aplicadas a las consideraciones literarias; por otro lado, un tanto más remota, una noción estética del texto que, al estar ausente o no cumplir con todos los requisitos, no garantiza la permanencia del relato en la historia literaria nacional. Lo que me interesa destacar es que ambas consideraciones confluyen en una sola: en la necesidad de certificar o no un texto para legitimar una cultura nacional. Literariamente, *Cumandá* no merece estar dentro del canon. En tanto documento de denuncia histórica, tampoco es merecedor. Sin embargo, esa pequeña raíz que Mera ha echado en la realidad, según afirma Cueva, que es la que deja en evidencia ciertos resquicios de compromiso social, es suficiente para que la novela se sostenga, así sea con las uñas, del altar canonizador. De nuevo, el cuerpo de Cumandá vuelve a ser cubierto con los ropajes de las damas de la Velada Libertaria, ropajes que solamente cambian de color —podríamos decir, de bandera—, pero siguen pareciéndose a los de la virgen nacional.

Cuando Didi-Huberman propone otro modo de mirar el desnudo de la Venus de Botticelli, afirma que las lecturas tradicionales de esa pintura, desde la frialdad del concepto estético y la mirada analítica, han tratado de impedir la emoción y el deseo ante esa imagen (*Venus rajada* 38), despejando o aislando de ella aquello de horror que subyace a su historia.[20] De ese modo, la desnudez de la Venus no está ligada solamente al pudor, sino también al horror. El pensador francés sugiere entonces que ese desplazamiento del horror implica, por un lado, una acción de cautela sobre el cuerpo desnudo, que hace que la desnudez no sea percibida como carne, sino como concepto, lo que a su vez provoca un incesante acto de vestir el cuerpo o, con más precisión, un modo de vestir el cuerpo con el desnudo (48). Por otro lado, el desplazamiento del horror podría explicarse como el peligro de mirarlo todo, y en ese sentido lo que se ve del cuerpo es la superficie que tiene forma gracias a lo que hay en su interior, lo que equivale a decir que la desnudez implica apertura, rompimiento, despedazamiento. ¿Qué es entonces aquello despedazado que forma parte de la estructura morfológica del cuerpo ágil, de piel blanca, de habilidades varoniles y, sin embargo, de armonía y delicadeza femeninas, de Cumandá? Si el personaje de Mera, como una especie de venus, camina por la selva con paso idílico a la vez que inverosímil, por sobre rocas o entre ríos, con una casi desnudez que viste al cuerpo con "ropajes ideológicos", ¿en dónde yace el horror que nos llevaría a imaginar su cuerpo desollado?

A lo largo de veinte capítulos, este relato del siglo XIX exhibe las habilidades pictóricas atribuidas a la pluma de Juan León Mera. Ya en 1886, el español Pedro Antonio de Alarcón afirmaba en una carta dirigida al autor que en sus páginas "Los indios se *palpan*" y que Mera es un "enorme poeta [cuya] obra es una *fotografía* de maravillosos cuadros, y quedará, como todo lo de *aprés nature*, como un Humboldt artístico" (en Mera viii, 1891, énfasis añadido). De esa manera, entre la descripción de los paisajes y los cuerpos que se "palpan" y el lirismo de los diálogos elaborados por el "enorme poeta", el idilio precautela la armonía del relato, a pesar del trágico final. No cabe un rompimiento de esa monumentalidad selvática que se alza ante los ojos, como en el cuadro de Troya. Incluso al final, esa monumentalidad se mantiene con la

---

[20] Se refiere a la narración del mito clásico del que el cuadro nace. Se trata de la castración de Urano, presente en la *Teogonía* de Hesíodo. Dicha castración originó la espuma del mar de la que surge Afrodita. En el cuadro de Boticelli, detrás del desnudo, puede percibirse la espuma (Didi-Huberman, *Venus rajada* 59).

Cuerpos exhumados

descripción de los funerales de Cumandá y de su cadáver perpetuamente bello y solemne, que se contrapone al cadáver de Rosaura en la novela *La Emancipada* o al de la india Cunshi en *Huasipungo*, como veremos más adelante.

Es en esa superficie lisa y aparentemente regular del relato sobre la que han caminado las distintas ideologías encargadas de juzgar esta novela fundacional, ideologías que han condenado a este monumento literario al olvido y la frialdad al que se someten los objetos museográficos de un pasado que hay que superar. Hay, sin embargo, un momento de la narración, un capítulo, en el que la memoria juega un papel fundamental, un instante de conmoción que no permite que el pasado quede relegado. En ese momento, el ambiente idealizado se detiene y aquello romántico asume su postura de crónica histórica: se trata del capítulo VI titulado "Años antes", es decir, un retroceso en el relato, una mirada hacia el pasado, como sucede en *A la Costa*. En este apartado, el narrador omnisciente invita tácitamente al lector a seguir los recuerdos de Fray Domingo de Orozco, el sacerdote misionero padre de Carlos: lo que este hombre recuerda son los conflictos entre blancos e indios, que serán los responsables de hacer que la historia dé un giro hacia el final de la novela. Este es el capítulo en el que el pasado de Carlos y su familia es revelado y a partir del cual el lector puede empezar a intuir el misterio en torno a Cumandá que se descubre en los últimos capítulos.

Ahora bien, es necesario abrir aquí un breve paréntesis: cuando Agustín Cueva habla en su ensayo de una "pequeña raíz echada en la realidad", la que haría que *Cumandá* constituyera al menos un importante documento social de la época, coloca entre paréntesis un capítulo, como para dar señas exactas de la existencia de esa pequeña raíz: capítulo IV. He pensado que tal vez se trate de un error mecanográfico: ¿IV o VI? Si no se tratara de un error, el capítulo señalado por Cueva sería curiosamente aquél que bajo el título "Junto a las palmeras" impulsa el cuadro de Troya. La paradoja no deja de ser reveladora: si la edición del texto de Cueva no comete error, Cueva señalaría como esa "pequeña

107

raíz echada en la realidad" el capítulo que encierra el diálogo más idílico de la obra.

Prefiero darle a Cueva el beneficio de la duda: si hay un capítulo que expone una realidad social que al crítico podría interesarle en pos de inscribir la obra en el devenir de un canon fijado gracias al método del materialismo histórico que él mismo delineará años después, ese sería precisamente el capítulo VI. Porque para Cueva, la literatura debía mostrar "como en la realidad, la trama infraestructural de la sociedad, con sus mecanismos básicos de explotación y opresión, al descubierto como una *llaga viva*" (*Antología* 160, énfasis añadido). En el capítulo de *Cumandá* al que hago alusión, el principal acto de rememoración al que el lector es convidado a lo largo del relato es uno que refiere un hecho concreto, no tan lejano en el tiempo de la novela, pero que muy poco aparece hoy en la historia nacional: me refiero a la sublevación indígena de Guamote y Columbe, en la provincia de Chimborazo, ocurrida en el año de 1803. Como comenta el historiador Segundo Moreno, en el que tal vez es el estudio más completo sobre las sublevaciones indígenas a lo largo de la historia de la Real Audiencia de Quito, este, que representa uno de los últimos levantamientos indígenas antes de la Independencia, tuvo origen en la oposición al cobro obligatorio del diezmo. Para dar noticia del hecho histórico, Moreno hace un recuento de los hechos desde sus orígenes hasta sus consecuencias –especialmente, el ajusticiamiento de los indígenas que lideraron la sublevación–, a partir de relatos que fueron recogidos en documentos de declaraciones de 32 testigos de los hechos. A lo largo de extensas citas de esas declaraciones, se revelan los nombres de varios cabecillas indígenas que, sin embargo, ya casi no resuenan en los inventarios de la historia oficial de la nación ecuatoriana.

Por su parte, en la obra de Juan León Mera se relata el modo fatídico en el que Don José Domingo de Orozco perdió a su familia, excepto a su hijo Carlos, tragedia provocada por la ira de los indios que, hartos de los maltratos y castigos perpetrados por él y otros blancos, incendiaron sus casas y con ellas, a sus familias. En la novela, no se dice nada del diezmo y las aduanas que propiciaron esos levantamientos. El primer momento de horror se narra cuando Orozco trata de apagar la hoguera para poder buscar los cadáveres de su esposa e hijos. Entre escombros y cenizas, "sacan un tronco humano negro y deforme, medio envuelto en retazos de tela que el fuego no había quemado del todo. Ese desfigurado cadáver fue la virtuosa Carmen. Orozco se echa desesperado sobre él, le ajusta su corazón y queda sin sentido" (87). Luego, la descripción del horror vuelve sobre el acto de desentierro de "los restos de los infelices niños. [...] Julia, como la más tierna, ha sido devorada sin duda completamente por las llamas, y no ha quedado reliquia ninguna de su cuerpecito..." (87).

Más tarde sabremos que Julia, la única mujer entre los hijos de Orozco y la menor de todos, no había muerto en la hoguera y que fue la indígena que la amamantaba la que la salvó de ser quemada, se la llevó a la selva y la crió con el nombre de Cumandá. Mientras tanto, el capítulo del recuerdo se encarga de exponer un clima de venganza que podría resumirse diciendo que, si bien los indios tenían razón de sublevarse, aunque no se detallen sus motivos, la crueldad de sus actos y, ante todo, su desconocimiento de Dios, los muestra a ellos como los verdaderos salvajes, capaces de quemar a una familia casi completa. La estrategia del narrador es muy sencilla: aunque reconoce que los blancos merecían la ira de la que estaban siendo objeto y por eso refiere de modo general actos violentos de ellos hacia los indios, la violencia que realmente detalla el narrador —se podría decir, la que "pinta", como el episodio de la hoguera que acabo de citar— es la que los indios llevan a cabo en contra de los blancos, de modo que el efecto de conmoción y de horror que ayuda a ratificar el salvajismo de los unos también hace ver a los otros como civilizados que solamente se han alejado de la fe llevados por los vicios del poder. Por lo tanto, Orozco, como símbolo del hombre blanco que ha desobedecido los principios de caridad cristianos, debe hacer un *mea culpa* que se concreta después de la catástrofe, cuando decide convertirse en sacerdote dominico.

Mera no inventa la totalidad de esta historia: según los documentos citados por Segundo Moreno, la familia Orozco existió en realidad. Incluso, los castigos a los que todos sus miembros fueron sometidos de acuerdo con los relatos históricos tienen cierta resonancia en la novela. Y este no es el único dato verídico que Mera usa en su ficción, como veremos. Mientras tanto, lo que vale destacar es que además de todos esos elementos históricos, también la estrategia narrativa trata de ser fiel a la realidad: en las declaraciones incluidas por Segundo Moreno, los testimonios coinciden en señalar al indio como el autor de "horrorosos espectáculos" (*Sublevaciones* 254), los mismos que son detallados minuciosamente por los testigos en un ejercicio que podría ser acusado de exponer un morbo excesivo y que, sin embargo, no deja de mostrarse como la manera en la que esa época —inicios del siglo XIX— pudo presentar imágenes que hoy, ante una conmoción similar, serían inmediatamente retransmitidas por televisión y redes sociales. Así se lee el relato de la persecución a una de las autoridades del pueblo:

> [...] le colgaron en el campanario pendiente de la atadura de las manos, trayendo mechones de paja encendidas, le iban quemando lentamente por las partes verendas sin interrumpir los continuos azotes, y de ver que más de seis horas que se le había azotado no moría le atravesaron una lanza por la espalda y otra por el costado con que rindió la vida. (Moreno 256)

Asimismo, tal como en la novela, cuando se trata de narrar las agresiones perpetradas por las autoridades blancas con la complicidad de algunos indígenas, los testimonios hacen ver los castigos de las respectivas sentencias como actos civilizados que, dentro de la ley, logran mitigar la semejanza que guardan con las acciones de la sublevación, calificadas de "horrorosos espectáculos".

Ahora bien: de entre los indios sublevados incluidos por Mera en el capítulo VI de su novela, hay dos personajes que son nombrados y a los que se les responsabiliza de ser los líderes de las resistencias indígenas. Uno de ellos es el joven Tubón, que tenía motivos personales para vengarse de Orozco, por el daño y los castigos perpetrados por este a los padres del indio, venganza que, entre otras cosas, tiene visos de una tentativa de resistencia histórica. Luego sabremos que Tubón, considerado muerto en la horca, había logrado escapar hacia la selva para convertirse en Tongana, el padre adoptivo de Cumandá

Cuerpos exhumados

y, tal vez, el personaje de mayor riqueza literaria de la obra. La otra líder mencionada en la novela es la india Lorenza Huamanay, quien es descrita como "la terrible conspiradora, nombre famoso en las tradiciones de nuestros pueblos" (90). A esa mujer, el narrador le atribuye un sentido tal de superstición y de crueldad que casi justifica su trágico destino en la horca. Dice de ella:

> La feroz Huamanay, supersticiosa cuanto feroz, había sacado los ojos a un español y guardándolos en el cinto, creyendo tener en ellos un poderoso talismán; pero viéndose al pie del patíbulo, se los tiró con despecho a la cara del alguacil que mandaba la ejecución, diciéndole: "¡Tómalos! Pensé con esos ojos librarme de la muerte, y de nada me han servido". (91)

Lo que no dice Mera es cómo pensaba Lorenza usar esos ojos para salvarse de la muerte. Tampoco dice que Lorenza Huamanay es Lorenza Avemañay Tacuri, la cabecilla indígena nacida en Sanancahuán, provincia del Chimborazo, conocida como "el demonio indígena". A sus 56 años, fue descuartizada, arrastrada por las calles de Riobamba y luego ahorcada, debido a los sucesos de la sublevación de 1803 en Guamote y Colombe. Junto a otras mujeres como Baltazara Chiuza, Lorenza Peña y Jacinta Juárez, Lorenza Avemañay Tacuri es un personaje poco conocido de la historia nacional, aunque vagamente reivindicado por ciertos sectores indígenas. Segundo Moreno asegura que en sublevaciones anteriores a la de Guamote no estuvieron ausentes las mujeres y afirma que ellas: "celebraron su triunfo con *ferocidad* y en medio de una embriaguez general *extrajeron los ojos de los cadáveres para comérselos o guardarlos como talismanes*" y continúa: "Lorenza Avemañay perduró en la memoria de los indios, quienes casi medio siglo después todavía celebraban sus hazañas" (256, énfasis añadido). Como señala a pie de página Diego Araujo en la edición de la colección Antares en la que me he basado, Juan León Mera seguramente tuvo noticias de las sublevaciones gracias a su amigo Pedro Fermín Cevallos, historiador que recogió estos episodios preindependentistas. Sin embargo, llama la atención que cuando aparece en el relato el nombre de Lorenza Huamanay, este pasa desapercibido para Araujo y no merece una referencia a pie de página para aclarar la ficcionalización de dicho personaje histórico. Al parecer, Lorenza pasa desapercibida para el editor y crítico tanto como ha pasado desapercibida para la Historia oficial.

Ahora bien: aunque Mera la incluya como un personaje en su novela, logra presentarla de tal manera que el cuerpo histórico de Lorenza, destrozado, torturado, y los motivos reales de sus luchas, también son pasados por alto. Mera refiere que fue castigada a morir en la horca, y poco más. Sin embargo, los testimonios de la época comentan que siete fueron los cabecillas condenados a la pena capital, entre ellos Lorenza Avemañay. Según el relato testimonial, la ejecución de los condenados debía suceder del siguiente modo:

> [D]eberán salir arrastrados a la cola de una bestia de albarda hasta el sitio del Suplicio, donde colgados pierdan naturalmente la vida, y se mantendrán en él las horas acostumbradas, y bajados que sean, serán descuartizados, y cortadas sus cabezas, las que con sus quartos serán colocadas en diferentes sitios públicos para que sirvan de escarmiento, y dure la memoria del castigo ejecutado en ellos. (278)

Moreno relata luego que según los testimonios:

> Los cadáveres de los 7 ajusticiados, después de haber permanecido más de tres horas en el suplicio, fueron bajados, descuartizados y repartidos sus cabezas y miembros, para que se fijaran en los pueblos del Corregimiento. Los torsos se entregaron a los priores de San Francisco y Santo Domingo, para que sus comunidades religiosas les dieran sepultura eclesiástica. (279)

Además del de Lorenza Avemañay, entre los nombres de los ejecutados figuran los de Francisco Curillo, Mariano Gualpa, Lorenza Peña y Jacinta Juárez. Estos y otros nombres son los que aparecen y desaparecen de la historia como pequeñas ráfagas de instantes que se resisten al olvido definitivo. Con su pluma, tal vez sin presentirlo, Mera también previene ese olvido.

Lo que también me interesa señalar es cómo en el lenguaje de la ley, de las declaraciones y documentos citados por Moreno, se logra

Cuerpos exhumados

mitigar el horror llevado a cabo sobre esos cuerpos. Cuando los testigos "recuerdan" los hechos violentos perpetrados por los indígenas, las imágenes del horror estallan. Sin embargo, los mismos horrores bajo el mandato de la ley, cubren también estos cuerpos de una ideología que los demoniza. Lorenza Avemañay es por eso "el demonio indígena". El acto de comerse los ojos del enemigo, que el narrador de la novela prefiere no mencionar pero que los testigos de los hechos sí rememoran, se encarga de hacer que la ley evidencie la necesidad de llevar a cabo el bárbaro ajusticiamiento.

¿Qué implicaciones puede tener recordar estos cuerpos desmembrados ahora y recordar el modo en el que yacen bajo los escombros del capítulo que explica los orígenes de la bella Cumandá? Como había ya mencionado en la introducción de este estudio, no se trata solamente de exhumar cuerpos para que ante su presencia nos quedemos pasmados y retrocedamos de nuevo hacia una nueva etapa de indiferencia. Se trata, decía, de poner en tensión el miedo y la esperanza (ecfrástica), para hacer una pausa en el devenir del discurso y reconocer aquello que esa imagen es capaz de reivindicar desde su materialidad en contacto con nuestras emociones y nuestros modos de percepción. "En lo sucesivo —dirá Didi-Huberman— es en la serie de semejantes *desmembramientos* donde hemos de comprender el nacimiento de Venus, esa especie de catástrofe productora de belleza [...]" (*Venus rajada* 60, énfasis en el original). De modo que más allá del papel fundacional de la novela o de sus cuestionados logros estilísticos, lo que nos corresponde es profanar el monumento literario, retirar los ropajes, desenterrar de entre ellos esos cuerpos olvidados, castigados, colgados y arrastrados, y sostener la mirada ante el idilio, hasta descubrir el horror detrás de su figura pacificadora.

Cuerpos violados

Para Emilia, Gaby, Karina, María José, Marina, Marta, Rosa Elvira, Valentina, Vanessa y todas aquellas cuyos cuerpos violentados no dejarán de estallar.

El de Lorenza Avemañay es un cuerpo subexpuesto. Cumandá copa todos los espacios y no permite que ese cuerpo histórico se vea a primera vista. Permanece a oscuras y a la espera. Pero hay otros cuerpos que, a pesar de no continuar en la oscuridad, tampoco son vistos de frente. Se trata de cuerpos más protagónicos que se encuentran sobrexpuestos, lo cual, como ha sugerido Didi-Huberman, tampoco permite que puedan ser vistos directamente debido al exceso de luz y de ideología que cae sobre ellos. En este apartado, trataré de poner uno junto al otro, en esta tentativa de montaje, cuerpos que aparecen en obras literarias distintas, a los que les une un destino común: el de la agresión sexual. Profundizaré sobre todo en una de esas obras y luego referiré las demás citando y describiendo ciertos momentos que me conmueven y frente a los que propongo sostener la mirada, con el fin de procurarles una lectura que los saque del olvido.

Al revisar un canon como el ecuatoriano yendo detrás de imágenes de cuerpos cuya fugacidad aún se alcanza a presentir, es inevitable hallar estos cuerpos agredidos y preguntar específicamente por qué la violación sexual constituye uno de los temas más recurrentes de esa corporalidad narrada. Que al menos estas cuatro novelas que quiero destacar[21]

---

[21] No son las únicas. Otros cuerpos agredidos sexualmente aparecen, por ejemplo, en la *Égloga Trágica* (1909) de Gonzalo Zaldumbide o en *Las cruces sobre el agua* (1946) de Joaquín

hayan sido catalogadas en algún momento como obras "precursoras" u "obras cumbre" de la narrativa ecuatoriana, no puede sino sugerir que la otra cara de esa labor de monumentalización está constituida por fragmentos frecuentemente subestimados que de todos modos la ponen en tensión. La violación sexual, esa realización tan brutal de la materia, puede tener la capacidad de hacer que la lectura se detenga incómoda y que, de todas formas, haya que voltear la mirada bajo la condición de tener que referir el acto tan solo en tanto anécdota. En esta búsqueda de cuerpos despedazados que subyacen a la morfología de una "venus nacional", los cuerpos de Mariana, de María Victoria, de la Cunshi y de Manuela no pueden sino ayudarnos a comprender cómo la crítica modela un tipo de lectura que, al estar sometida por el pudor, termina por esconder el horror. En otras palabras, nos encontramos frente a imágenes de cuerpos que desaparecen bajo un enredado constructo discursivo en el que intervienen tanto prejuicios religiosos y sociales como preconceptos estéticos y pedagógicos, elaboración ya señalada por Kate Millet, quien en su clásico libro de 1969, *Sexual Politics*, hacía referencia al patriarcado como régimen político. Es dicho constructo patriarcal, heteronormativo, el que opera y se perpetúa en pos de la espiritualización de una materia que no puede ser mancillada con ningún tipo de inmoralidad, impureza o indecencia.

Ante el fracaso de *Cumandá* como novela precursora de una literatura indigenista y de realismo social, la crítica ha señalado otra novela que no por casualidad está ubicada históricamente en la frontera entre modernismo y realismo: se trata de *Plata y bronce* (1927), del escritor otavaleño Fernando Chaves. La mayor parte de la crítica ha coincidido en que esta novela logra consolidar la temática indigenista a partir de la delimitación de los personajes arquetípicos de esa corriente literaria:

Gallegos Lara. Sin embargo, quiero señalar estas cuatro por el rol fundacional que tienen en la historia de la literatura ecuatoriana.

Cuerpos exhumados

[...] el patrón blanco, o grande, señor feudal de vidas y haciendas; los mayordomos y capataces, generalmente mestizos, que cumplen y hacen cumplir la voluntad del amo; la autoridad policial mestiza puesta al servicio del poder del terrateniente; el cura o párroco, que apuntala el binomio de poder patrón-autoridad desde su privilegiada posición que le permite controlar las conciencias; finalmente, en la base de la pirámide social, y a la par como elemento antagónico, provocador del conflicto, el indio: víctima del abuso ancestral, siervo y parte del paisaje. (Proaño Arandi, *Historia* 140-141)

El rol precursor de esta novela quedará fijado gracias al espaldarazo de Benjamín Carrión en la segunda edición de la misma, realizada por la Casa de la Cultura Ecuatoriana en 1954, época de ímpetu esencialmente canonizador. La edición incluye un comentario en la solapa en el que Carrión, con su acostumbrada generosidad crítica, señala la obra como "un hito inicial" afirmando además que "[d]e allí arranca la novela contemporánea ecuatoriana con personajes indios". Y continúa, en tono determinante: "Y es justo, por lo mismo, que las nuevas promociones, las que llegaron a los logros magníficos del año treinta y siguientes, fijen la fecha de aparición de los relatos de Chaves, como punto de partida para recordaciones jubilares". Una vez más, nos encontramos ante un nuevo punto de partida que fija las raíces de la novela realista de los años treinta y que tiene el poder de mostrar un camino de lectura. No obstante, en su primera edición (que Benjamín Carrión tilda de "bastante mala gráficamente"), la novela ya estaba precedida por un prólogo bajo la firma también canónica de Isaac J. Barrera quien, desde opiniones más formalistas y desde su trinchera conservadora, se había encargado de legitimar el relato reconociendo "la adjetivación discreta y elegante, [que] hace de la prosa de este autor algo que en el escribir sobresale de lo común [...]" (*Plata* 14, 1927). Pero Barrera, a pesar de halagar los aspectos formales de la obra, contrariamente a lo que harán otros críticos, tampoco deja de reparar en ciertos detalles. Para el autor de *Historia de la Literatura Ecuatoriana* hay algunos elementos narrativos que pecan de falta de verosimilitud: "No vamos a examinar detenidamente la trama de la novela *Plata y bronce* –advierte en el prólogo– en la que se podría poner el reparo de que no da toda la *convicción de realidad* que es preciso exigir en esta clase de obras" (17, énfasis añadido). Y luego, para argumentar su afirmación, se pregunta si un indio es capaz de defender el honor ofendido de una hija o de una esposa de la manera como sucede en la novela y se pregunta también cuál sería el concepto de honor para un indio (17).

Por su parte, en la *Historia de las Literaturas del Ecuador* (vol 5, 2002), Francisco Proaño Arandi habla de una falta de correspondencia entre la temática y el lenguaje "todavía modernista" (141) que le impediría a esta novela ser realmente una precursora del indigenismo, resultando en una idealización –como en *Cumandá*– que traicionará los principios del realismo que tanto anhelaban autores de tendencia más bien materialista, como Ángel Felicísimo Rojas y Agustín Cueva. Este último crítico anotó a pie de página en *Entre la ira y la esperanza*:

> Lo que hace de *Plata y bronce* una novela finalmente fracasada, es esa indecisión del autor en todos los planos. Su lenguaje se sitúa entre el castizo de (Gonzalo) Zaldumbide y el ecuatoriano de (Jorge) Icaza, y el señor Chaves no llega a asumir el habla popular que sigue literariamente segregada, en letra negrita. Los personajes indios son todavía "lirios del campo", de modo que la denuncia pierde fuerza pues *uno se pregunta si un sistema que produce tan bellos ejemplares entre los explotados puede ser tan cruel como se lo pinta*. [...] (*Entre la ira* 64, énfasis y paréntesis añadidos)

Me gustaría reparar por un momento en aquello de la opinión de Cueva que he resaltado: "uno se pregunta –dice el crítico– si un sistema que produce tan bellos ejemplares entre los explotados puede ser tan cruel como se lo pinta". En este comentario, Cueva está hablando específicamente de Manuela, la indígena que protagoniza la novela junto al hacendado Raúl de Cobadonga. Por supuesto, la frase podría conllevar cierto sarcasmo, pero leída de forma literal, no es posible dejar pasar por alto que Cueva está afirmando que la crueldad se justifica o es verosímil cuando acontece sobre "ejemplares" que carecen de belleza. O, dicho de otro modo: la crueldad y la violencia ejercida sobre Manuela se mitiga o pierde peso en el relato debido a su

Cuerpos exhumados

belleza y que de ser ella menos bella, como tal vez lo sería una mujer indígena no idealizada según los parámetros estéticos hegemónicos, la violencia sí sería verosímil. A Isaac Barrera, en cambio, no le molesta esa característica: para él, Manuela es el elemento mejor tratado de la novela (*Plata* 17, 1927). Entre un punto de vista y el otro, lo que persiste es un encubrimiento del cuerpo violentado: la Manuela que le gusta a Barrera, como elemento acertado del relato, es tan provocativa que es difícil pensar que algo distinto a una violación pueda esperarle en algún momento. La Manuela de Cueva, en cambio, es inverosímil, de modo que no es necesario detenerse siquiera a pensar en el momento mismo de la agresión.

Una vez más acontece desde la crítica aquello que ya había podido verse en *Cumandá*: la ansiedad por fijar el canon y hallar obras que ayuden a tensar el hilo de esa teleología —Cueva cerrará su comentario diciendo que, sin embargo, hay que recordar que se trata de una obra precursora—, no ha permitido que se perciba la perpetuación de imaginarios que aún parecen estar muy lejos de ser cuestionados. La crítica se centra en elementos formales que muchas veces considera insuficientes, pero los justifica en tanto la obra cumple un rol fundacional. Por lo tanto, la nación continúa siendo la vestimenta ideológica que oculta los cuerpos que son la materialidad sobre la que recae esa violencia histórica. No se trata, como reclama Cueva, de una segregación en el lenguaje, de una discriminación del habla indígena: se trata de los mecanismos de encubrimiento que luego son legitimados por un tipo de lectura crítica que no se atreve a mirar más que de reojo las violencias más brutales sobre las que se erige el monumento literario nacional.

En la obra de Chaves, el acto de violación se anuncia desde las primeras páginas. Debido a su belleza, que es descrita y constantemente reiterada a lo largo de los primeros capítulos, Manuela es presentada como un cuerpo que no puede sino estar sentenciado a ser poseído. Aquello que Isaac J. Barrera percibe como un logro narrativo capaz de dar forma a "la humilde y bella flor de nuestros campos" (17) y que a Cueva, en cambio, le parece inverosímil, es precisamente la primera capa con la que se cubre el cuerpo violentado de la protagonista, sobrexponiéndolo en todo momento. En el detalle de su apariencia, el narrador pareciera desnudarla para presentarla como objeto provocativo para el patrón y, sin embargo, lo que hace es cubrirla con los ropajes ideológicos de un exotismo estereotipante:

> Bella silueta la de la longa.
> Alta y fina, de prietas carnes morenas, ceñíase el talle mórbido con numerosas vueltas de la faja multicolor; cubría sus puros flancos de bronce con la camisa nívea de lienzo, que asomaba por la abertura vertical del anaco de bayeta azul oscuro, que descendía dejando al descubierto el nacimiento de la pantorrilla firme y bien formada. El busto erguido, poderoso, ostentaba el florecer pujante de las ocres magnolias de los senos, aprisionados por el buche de la camisa, bordado con hilo rojo. Sobre los hombros se ufanaba la listada fachalina que ondeaba al viento frío de la serranía, revelando los brazos redondos y macizos. En el pecho túrgido y abovedado y las muñecas tostadas, esplendían hileras de coral falso y de vidrios polícromos. (24)

Pareciera que, entre el lenguaje modernista y el lenguaje realista, dubitación de la que la novela es acusada, el uno se encargara de vestir a Manuela y el otro de dejar descubierta alguna parte de su cuerpo para convocar las miradas, crédulas o no. Porque para prohibir el sexo, como lo pensó ya Foucault, lo que hay que hacer es mostrarlo todo el tiempo. Es esta la Manuela que merodeará por los primeros capítulos de la obra hasta el momento de la violación: una Manuela de cuerpo provocativo que no se oculta en el relato, sino que es más bien descrita en detalle desde el inicio, para que su cuerpo incite lo que después deberá censurarse. Luego de eso, su belleza quedará sobrentendida pero ya no será necesario recurrir a ella reiteradamente, porque el deseo del patrón ya habrá sido consumado y con su saciedad se habrá consumado también el deseo del lector. Sin embargo, hacia el final del relato, incluso muerta y en estado de putrefacción y abrazada de manera obsesiva al cadáver de su profanador, Manuela no dejará de ser bella: como Cumandá, será idealizada como la virgen exótica que, aunque fue mancillada, recupera la pureza cuando jura amor eterno al hombre que la ha poseído violentamente. Ante esa imagen idílica, que es la imagen que termina por encubrir la violación, todo se suspende y todos callan (310). Entonces, el acto de amor parece ocultar el de la violencia que aparentemente provocó el crimen de venganza contra el patrón blanco por parte del padre de Manuela y de su exnovio. En lo que tal vez constituya la descripción más intensa y conmovedora de la novela, se narra la forma en la que Manuela descubre el cadáver fermentado, de rostro destrozado y monstruoso de Raúl y el modo en el que ella le propicia un beso eterno que le permitirá huir hacia la felicidad mientras permanece "suspendida del cuello del patrón, besándole *glotonamente* [...], enlazada, *sorbiendo* los labios de Raúl, no fríos como al principio, sino ardientes, calinos, vivos como en aquella noche *desventurada y dichosa*" (300, énfasis añadido). Pienso que es necesario imaginar estos dos cuerpos, detenerse en ellos: el de Manuela, aún hermoso, besando con ansias los labios monstruosos de un cadáver putrefacto y desfigurado por el crimen, que era el cuerpo del hombre que la violó y que luego perdió el interés en ella. Esa imagen monstruosa de un hombre constantemente descrito como bello e irresistible solamente podrá compararse con la apariencia monstruosa que se le atribuye al protagonista en el momento de la violación.

¿Qué hay detrás de esta escena perturbadora? De todos modos, no son simplemente la belleza de Manuela ni la tétrica imagen de ese amor idílico las únicas estrategias de encubrimiento de la violencia. Existen otros elementos que despistan la atención de su cuerpo agredido en "aquella noche desventurada y dichosa". Por un lado, se trata del modo reiterado en el que el narrador configura a los indígenas, incluida Manuela, como seres incapaces de razonar, llevados siempre a actuar por un instinto de animalidad. El personaje que más carga con esta prefiguración es Gregorio, el padre de Manuela, cuyo rostro es constantemente deshumanizado y animalizado, para dejar en evidencia el poder irracional de sus actos al momento de cometer el crimen contra el patrón. Esta idea será llevada a tal extremo que el acto de venganza irá más allá del ultraje a Manuela, insinuando en varias ocasiones que se trata más bien de una venganza histórica por parte del indio hacia el blanco hacendado, opresor de todos los tiempos. De hecho, tan poco importa lo que sucedió aquella noche, que cuando se devela la silueta de quien observó el abuso sexual a través de una ventana, se habla de una figura con "los ojos y la risa del Gregorio" (201). ¿Por qué reiría el padre mientras observa la violación perpetrada en contra de su hija, sin hacer nada para detenerla? La figura de Gregorio sonriente es una figura macabra, diabólica, inhumana, que parece hallar en la agresión hacia su hija el móvil perfecto para una venganza milenaria. Es por eso que finalmente confiesa su crimen con total frialdad.

La condición bárbara con la que son detallados los indígenas se extiende incluso al mismo momento de la violación: el estado etílico de Raúl hace que él sea descrito, según mencioné anteriormente, como un hombre feo y deformado, en oposición a la imagen del joven altivo, hermoso, rubio y caprichoso de las primeras páginas: "Babeante, trémulo, la respiración rota, perdida la vista en lejanas concupiscencias, Raúl estaba horrible" (134). Pero esa deformación no afectará al personaje en lo absoluto: más bien operará como un mecanismo que promueve su renovación espiritual. A quien sí le afectará es a Manuela: ella, víctima de los instintos del hombre poderoso y ebrio, lo mira en ese estado de bestialidad y siente por primera vez el amor que luego la llevará a la muerte:

> Huyéndole, odiándole, eludiendo sus embestidas, volviéndose trofeo para los deseos febriles de Raúl, la india fue lentamente, progresivamente admirándole. Era el blanco hermoso y subyugador. La otra raza, la dominadora que se le aproximaba *en un gesto brutal, lascivo, pero bello.* (129, énfasis añadido)

La narración se lleva a cabo de tal manera que casi podría decirse que Manuela, como mujer indígena, no logra sentirse atraída por otro cuerpo que no sea el de la violencia y la barbarie. Luego, la imagen de amor idílico de la muerte de Manuela, a la que el narrador describirá como "bestezuela incomprensiva [que] se quedó muerta… besándole para siempre…" (301), perpetuará esa configuración de barbarie, así

Cuerpos exhumados

como las sugerencias de escenas antropofágicas y necrofílicas, en las que Manuela besa "glotonamente" y succiona los labios del muerto. Otra de las estrategias utilizadas por el narrador para reducir el efecto de la agresión y continuar encubriendo ese cuerpo violentado es la transformación que sufre el personaje de Raúl. De un "niño" rico y caprichoso que posee a todas las indias según se le antoja pasa, después del abuso, a mostrarse como un ser reflexivo, intelectual, que aunque ya no ama a Manuela, se sensibiliza ante la realidad de sus obreros indígenas y sueña con tiempos más justos para todos. Esta aura de bondad logra hacer de la agresión sexual casi una ceremonia de punición y un acto de contrición en sí mismo –para él, no para Manuela– luego de los cuales el hombre blanco podrá encontrar el buen camino y morir no como un agresor, sino como un héroe piadoso. De ese modo, una novela como *Plata y bronce* termina por exponer la violación como forma privilegiada y naturalizada del poder.

Sin embargo, hay un personaje que se encarga de encubrir aún más el acto de violación: se trata de Celina, la joven maestra que llega al pueblo con ideales liberales de transformación y progreso. Celina, bella mujer mestiza, es invitada a la hacienda de Raúl la noche de la violación. El primo de Raúl, Hugo, creyéndola fácil de conquistar, trata de abusar de ella. Sin embargo, Celina tiene el poder de la razón –y de la raza– de su lado, y maquina un modo de escapar. De esa manera, Manuela aparece como la mujer débil que termina sometiéndose casi de modo natural debido a sus orígenes, mientras Celina se convierte en una especie de heroína que mantiene su dignidad con entereza. Por eso es ella el personaje cuyas palabras cierran la novela en tono de moralina, prometiéndose a sí misma luchar por construir días mejores para la nación, en los que no se mantengan los vicios y maldades de la tradición. Entonces, en las últimas páginas, una nueva imagen de mujer –la de una Celina reflexiva más parecida a una estatua libertaria, a una Marianne revolucionaria que lleva una antorcha en la mano– absuelve a todos, blancos e indios, de sus crímenes y culpas, con la mirada puesta en un futuro prometedor: "Celina avanzó, avanzó siempre. Fatigada y herida. Con la proa del alma hacia la luz naciente.

Insomne y valerosa. [...] Los que iban a la luz clamaban justicia y claridad para los del andar resignado y esclavo" (316). Valdría decir en este punto que Celina podría configurar un personaje femenino con una potencia singular —una potencia que, como lo veo, está presente en el personaje central de la novela *La Emancipada*, como veremos más adelante. Sin embargo, su valor se ve debilitado debido a que lo que ella proclama está delimitado por los intereses de la nación, de modo que el personaje adquiere poder —el poder de quienes se adhieren al discurso homogeneizador de la nación— al tiempo que pierde potencia: Celina es, entonces, una mujer que posa para la fotografía de una velada libertaria, para que sus ropajes ideológicos lo cubren todo, incluso el cuerpo violado de Manuela.

¿En dónde queda finalmente la mujer indígena?, ¿en el último beso caníbal que, a pesar del amor idílico, perpetúa su barbarie? ¿Qué pasa con las marcas y moretones en sus muñecas y con sus labios cerrados en el momento de la violación?, ¿qué sucede con las lágrimas que derrama desde el inicio de la novela porque teme que el patrón la someta?, ¿se recuerda comúnmente que la temática de esta obra gira en torno a un acto de violación?:

> Desesperado el patrón por la terca negativa y excitado hasta la demencia por el licor, se ensañó contra la longa.
> Luchó con ella salvajemente. A brazo partido, en un cuerpo a cuerpo desdoroso y cobarde. Con ímpetu bestial de hombre culto reconquistado por el instinto todopoderoso.
> Golpeó a la india y su abrazo formidable dobló el torso erecto y apoyó en el suelo con un brusco ademán victorioso, el cuerpo bello.
> [...]
> La india quedó vencida, aniquilada.
> El rostro exangüe, cruzado por las greñas del pelo azulejo y desordenado, recordaba el de una muerta. (136)

La mujer indígena, quiero sugerir, queda en estas imágenes. Hay algo de este sometimiento que no logra aniquilarla ni vencerla: algo de su cuerpo aún respira. Llora. Hay un soplo de vida, una imagen de dolor latiendo aún por debajo de la idea del cuerpo idealizado. En

Cuerpos exhumados

contraposición a la de Celina, es esa la imagen potente que debemos exhumar.

También *Los Sangurimas* (1934), la pequeña novela de José de la Cuadra considerada una de las obras cumbre del realismo social ecuatoriano, gira en torno a un acto de violación. Todo el relato que va describiendo poco a poco a los miembros de la particular familia montubia sufre un giro drástico luego del crimen. La edición de la Colección Antares que incluye esta novela, entre otros trabajos del autor, lleva en su portada varias ilustraciones que hacen referencia a situaciones o personajes de algunas de las historias recogidas en esa edición. Dos de ellas hacen referencia a la novela en cuestión: el rostro de ojos azules de Nicasio Sangurima, el protagonista de la obra, y la figura de un hombre que mira con asombro algo que se distingue en la esquina inferior izquierda del recuadro: se alcanza a ver un par de piernas de mujer, tendidas sobre el suelo, y una cruz hecha con palos que también sale de ese borde de la imagen, acompañada por la presencia de dos aves negras cercanas. Se trata de una imagen no siempre fácil de descifrar. Este elemento en la imagen de portada queda entonces relegado a un rincón, tanto como el cuerpo de María Victoria ha quedado relegado a un rincón de las interpretaciones de la obra, que comúnmente es vista como una saga familiar a la manera de los Buendía de *Cien años de soledad* y a la vez, como la obra que "lleva al culmen el retrato del pueblo montubio según lo viera José de la Cuadra en la década de 1930" (Landázuri, *El legado* 100).

La escena que esconde el dibujo de la portada hace referencia a la tercera parte de la novela, cuando se narra el hecho que provocará un radical giro en todo el relato: la violación de María Victoria por parte de los Tres Rugeles, sus primos. Sin embargo, el tema de la violación ya es mencionado con anterioridad en la novela. Por ejemplo, en la segunda parte, al contar la historia del Coronel Sangurima, el hijo consentido de Nicasio y padre de los Rugeles, se dice que durante sus revueltas vandálicas "él viola doncellas y luego [lo hacen] los otros 'montoneros', hasta matarlas o casi matarlas" (285). Luego, su padre habla de una relación incestuosa del Coronel con una muchacha muy bonita que sería su hija. La joven habría sido violada por su padre, en una situación que el viejo Nicasio Sangurima hace ver como connatural a la vida montubia: "¡Qué más da! Tenían que hacerle lo que les hacen a todas las mujeres... Que se lo haiga hecho Chancho Rengo... Bueno, pues, que se lo haiga hecho... [...] Le habrá gustado esa carne, pues... ¿Y?" (288). De esa manera, una vez más, la violación se transforma en una práctica común y legítima en un sistema patriarcal que es el reflejo de una comunidad más amplia que funciona bajo sus propias leyes. Cuando las tres Marías –María Victoria y sus hermanas, María Mercedes y María Julia– aparecen en la novela, son presentadas como mujeres "indudablemente atractivas" y se las configura como casi inalcanzables porque, además de estudiar en la ciudad, físicamente eran "Sangurimas puras, casi tan blancas como el abuelo" (294) y, además "sobre bonitas, las muchachas eran muy coquetas" (295). El ambiente de normalización de la agresión sexual como modo de instaurar las relaciones entre hombres y mujeres de esta comunidad parece mitigar el efecto de la violación de María Victoria. Uno de los Rugeles afirma sin recelo que "la mujer no es de naidien, sino del primero que la jala. Mismamente como la vaca alzada. Hay que cogerla como sea. A las buenas o a las malas" (297).

En el relato, a diferencia de lo que sucede con Manuela en *Plata y Bronce* y con la Cunshi en *Huasipungo*, y tal como pasa con Mariana en *A la Costa*, no se narra el acto de violación sino lo que sucede después, en donde la escena es descrita a partir de la mirada de un personaje que llega una vez consumado el acto. Los gallinazos son la señal del mal augurio. Mientras su padre y otras personas la buscan, la negra nube de gallinazos deja al descubierto "un cuerpo desnudo de mujer. Junto al cadáver estaban las ropas enlodadas, manchadas de sangre" (304). Y luego, la narración continúa aclarando lo que el dibujo de la portada no muestra. Cito *in extenso*:

Cuerpos exhumados

> A la muchacha le habían clavado en el sexo una rama puntona de palo-prieto, en cuya parte superior, para colmo de burla, habían atado un travesaño formando una cruz. La cruz de su tumba.
> Estaba ahí palpable la venganza de "los Rugeles".
> Seguramente Facundo, tras desflorar a la doncella, la entregó al apetito de sus hermanos.
> Quién sabe cómo moriría la muchacha.
> La hemorragia acaso. Quizá "los Rugeles" la estrangularon. No se podría saber eso.
> Entre la descomposición y los picotazos de las aves había desaparecido toda huella.
> Sólo quedaba ahí la sarcástica enseña de la cruz en el sexo podrido y miserable. (305)

De los actos de violación sexual perpetrados en la literatura ecuatoriana, este es sin duda el que nos brinda la imagen más cruda y descarnada de la agresión, en consonancia con una de las características de estilo más recurrentes de los escritores de esa generación. Sin embargo, esa imagen y ese instante no dejan de ser más que una anécdota en la consolidación del realismo social como el momento cumbre de la historia literaria ecuatoriana, y del montubio como uno de los personajes más contundentes de la construcción identitaria de la nación.

Los valores del canon literario que han señalado a *Los Sangurimas* como una de las obras cumbre del realismo social, dejan relegado ese cuerpo, como he dicho, en un rincón del encuadre de lo nacional. Como si el discurso canonizador operara igual que la descomposición de la carne y los picotazos de las aves sobre ella, pretendiendo borrar toda huella. Queda, sin embargo, "el sexo podrido y miserable" y la cruz ensañada en su interior, como imagen de un horror que se niega a desaparecer. La sarcástica tumba pareciera además señalar la paradójica relación, aún persistente, entre un cuerpo violentado y un orden social que desde la ley y la religión niega la vulnerabilidad de la materia. La cruz pareciera tratar de "espiritualizar" el acto de violación, y de incorporar los cuerpos violados al funcionamiento orgánico del relato nacional. Imagen dolorosa, esa tumba no es una que trate de cubrir la materialidad de la muerte para santificarla, sino de sobrexponerla para ocultarla, para que tengamos que retirar la mirada y desentendernos de ella.

Algunos años antes, décadas incluso, Mariana, la hermana de Salvador, el protagonista de *A la Costa*, se había entregado a Luciano. Él, que había estado cortejándola durante un tiempo, la poseyó para luego abandonarla. Ante la desilusión, Mariana se dedicó de manera exclusiva a la religión: atendió con obsesiva disciplina las labores eclesiásticas, para llevar a cabo los ejercicios espirituales que su guía, el padre Justiniano, le encomendaba. Mariana, que es prefigurada desde el inicio del relato como una joven mujer histérica y ardiente, influenciada por la sangre de raza negra que corre por sus venas, se enamora del cura, al que oye predicar más de una vez sobre el don de la castidad. Un día, con la ayuda de una vieja beata, ella misma promueve una reunión con el cura en la pequeña habitación en la que vive la beata, para confesarle su amor. Pero la vieja y el sacerdote confabulan para que la pareja pueda quedar sola y Mariana no pueda escapar:

> [...] Si la beata hubiera podido ver el rostro de la huérfana, hubiera leído en él la cólera, la vergüenza, el despecho y también un poquillo de satisfacción o más bien orgullo. El infame fraile turbado, pálido, no sabía decir una palabra.
> A los ojos de lince de la vieja no se le escapó un solo detalle: la silla volcada, las mantas de la cama en el suelo y por allí tirado un pedazo del cordón de Mariana. Comprendió entonces que la muchacha había luchado desesperada, pero que al fin la fatiga, la vergüenza, la excitación de los sentidos despertados por manos hábiles y la enfermedad misma, habían terminado por vencerla y entregarla a la lascivia del fraile.
> Cobarde, pero no arrepentido, abandonó el cuartucho que olía a estupro, sin dirigir una palabra a Mariana y sí algunas a media voz a la vieja que le acompañó hasta la calle. (146-147)

Como con Manuela en *Plata y bronce*, el narrador trata de desviar la responsabilidad del violador dándole a la relación sexual forzada

Cuerpos exhumados

cierto tinte de erotismo y de sumisión voluntaria por parte de la víctima, sumisión que tiene una estrecha relación con los orígenes raciales del personaje. Así como se trata de dejar en claro que Manuela flaquea ante la imagen monstruosa de su patrón, también se afirma que es evidente que Mariana siente un "poquillo de satisfacción" porque su cuerpo está predestinado para aquello: "El tipo físico anunciaba un *temperamento ardiente*, porque era morena de ojos negros, labios abultados, pelo negro y ensortijado, tipo exacto de la cuarterona como si en los antepasados de su familia hubiera circulado la sangre africana" (50, énfasis añadido). Tal vez por eso, Mariana será exiliada del relato luego de esta escena. Solamente se hará referencia una vez más a la fatalidad de su destino: "Para ella, para la hija del doctor Ramírez, sólo se abría un camino: el de la mujer pública que pasa de los brazos del primer amante, a los de cualquier desconocido que tiene dinero para pagarla" (148).

Todo esto acontece, como decía, en la primera parte de *A la Costa*, la novela de Luis A. Martínez publicada en 1904 que ha sido instaurada como otro hito fundacional: el de la novela precursora de la modernidad literaria ecuatoriana. En la última escena en la que Mariana aparece, ella huye de la casa de la beata en total silencio, esquivando las calles más concurridas. Desde ese momento, su cuerpo antes sobrexpuesto camina a la orilla del relato y a oscuras, sin que su presencia modifique en algo el desarrollo de la historia.

Rita Segato ha explicado que la figura del violador es la que introduce la mayor perplejidad "cuando constatamos, en sus enunciados, la extraña contradicción entre moralidad y legalidad" (138). Esa contradicción puede leerse en *A la Costa*, justamente en un personaje tan ambivalente como el del cura. Segato explica que muchos de los violadores tienden a revelarse:

> [...] como los más moralistas de los hombres. En sus relatos, la violación emerge como un acto disciplinador y vengador contra una mujer genéricamente abordada. Un acto que se ampara en el mandato de punir y retirarle su vitalidad a una mujer percibida como desacatando y abandonando la posición a ella destinada en el sistema de estatus de la moral tradicional. (138)

En la violación a Mariana por parte del cura, esa punición es obvia: ella debe ser castigada, porque ya se ha entregado voluntariamente a Luciano, un hombre por el cual luego ha sido rechazada. De manera que la violación por parte de su guía espiritual adquiere un significado distinto al del crimen o la agresión: es el precio que ella debe pagar por haber abandonado el rol que le correspondía. De ese modo, en la novela que inaugura la modernidad literaria ecuatoriana, la violación se vuelve orgánica, en tanto instrumento de regulación de los comportamientos femeninos que se perciben atentatorios de la moral.

También María Victoria es 'castigada' en *Los Sangurimas* por haber estudiado en la ciudad, por haber coqueteado con sus primos, por haberse negado a ser esposa de alguno de ellos. La última imagen que queda de ella es la del peso punzante de la cruz enterrada en su sexo. La última imagen de Mariana, en cambio, es la del cuerpo encorvado, avergonzado, escondido, que trata de esquivar la mirada de todos: también en su sexo ha sido enterrada una cruz que la priva de su vitalidad y que la condena al olvido.

Una de las escenas más citadas de la novela cumbre del indigenismo ecuatoriano, *Huasipungo* (1934), refiere el llanto y la lamentación de Andrés Chiliquinga y otros indígenas ante la muerte de la Cunshi, la esposa de Andrés. Algunos autores como el mismo Agustín Cueva han calificado la escena del "*chasquibay*",[22] como el momento más poético de la novela de Jorge Icaza. Durante el llanto, las quejas por la ausencia de la Cunshi expresan el sufrimiento de Andrés, pero es a la vez una voz colectiva la que reitera una y otra vez el dolor ante la tragedia: "Ay Cunshi sha / Ay bonitica sha / Monte tan oscuro, oscura está / Rio tan shorando está / Cuandu hambre tan cun quien para shorar / Cuando dolor tan cun quien para quejar / Cuandu trabajo tan cun quien para sudar [...]" (219). Este lamento, que aparece casi versificado, logra detener por un rato el ritmo de la narración y conmover al lector

---

[22] "Conjunto de lamentaciones de los deudos ante el cadáver del difunto" (*Huasipungo* 220).

Cuerpos exhumados

para que sea también parte del rito funerario. Ante la muerte, como sucede también en *Plata y bronce*, es necesario que todo calle y llore, que todo se detenga.

¿Ante qué llora Andrés Chiliquinga? El cuerpo de la Cunshi, al momento, no ha sido depositado en un ataúd. Luego sabremos que Andrés no podrá pagar siquiera el féretro para poder guardarlo. Mientras tanto, los restos de la Cunshi yacen en la choza familiar, en un estado de suciedad y putrefacción que el lamento poético tiene la virtud de eludir, al menos durante un instante. Cuando el lamento termina, la putrefacción vuelve a presentarse con descripciones que nos ayudan a imaginar "el cuerpo rígido y maloliente de la Cunshi" (221). El final del sollozo determina esa vuelta sobre el cuerpo: "El chasquibay, a los tres días, se consumió de podrido —la fetidez del cadáver, los malos olores de los borrachos, la ronquera, el cansancio— [...]" (220), todo vuelve a su cauce, todo continúa en movimiento después de esa pausa poética. Incluso el cuerpo de la Cunshi continúa su proceso de descomposición, que hace que Andrés desespere ante la imposibilidad de proveerle de una sepultura digna.

Cuando Andrés se percata de la muerte de la Cunshi, ya han pasado algunas horas desde que ambos se intoxicaron con un trozo de carne podrida que robaron por la desesperación del hambre. Andrés piensa que ella tal vez está dormida, debilitada por el dolor. Pero cuando trata de despertarla, observa que la Cunshi no se mueve ni respira. Sin embargo, ese cuerpo rígido, que será el objeto sobre el cual Andrés derramará las poéticas lágrimas, ya había sido referido algunas páginas atrás. La Cunshi, que es llevada a la casa de don Alfonso para dar de amamantar al hijo del patrón, es tomada una noche por asalto. La escena de la violación a la Cunshi por parte de Alfonso cumple, además, el rol de documentar una práctica común en las relaciones patrón-indígenas: eso que se llamó "el derecho de pernada" y que hacía pensar a los hacendados que podían ejercer poder sobre todo lo que estuviera dentro de sus territorios, igual que sucede con Raúl y Manuela en *Plata y bronce*. Dice el narrador de *Huasipungo*: "[...] ¿acaso no estaba acostumbrado desde muchacho a comprobar que todas las indias servicias de las haciendas eran atropelladas, violadas y desfloradas así no más por los patrones? Él era un patrón grande, su mercé. Era dueño de todo; de la india también" (118).

Sin embargo, a diferencia de lo que sucede con Manuela o con María Victoria, e incluso con Mariana, la Cunshi no es presentada como una mujer provocativa. El patrón incluso llega a sentir asco de su cuerpo, asco que, sin embargo, no lo detiene. La Cunshi, aunque trata de defenderse, pronto entiende que no podrá librarse y opta por otro mecanismo de defensa: el de inmovilizarse, el de poner su cuerpo en un estado tal de rigidez e indiferencia que, finalmente, terminará por molestar al patrón, aunque no logrará hacer que el acto de violación no se consume:

> [...] la india Cunshi, quizá arrastrada por el mal consejo de un impulso instintivo, trató de evadir, de salvarse. Todo le fue inútil. Las manos grandes e imperiosas del hombre la estrujaban cruelmente, le aplastaban con rara violencia de súplica. *Inmovilizada, perdida, dejó hacer. Quizá cerró los ojos y cayó en una rigidez de muerte.* Era... Era el amo, que todo lo puede en la comarca. ¿Gritar? ¿Para ser oída de quién? ¿Del indio Andrés, su marido? "¡Oh! Pobre cojo manavali", pensó Cunshi con ternura que le humedeció los ojos. (119, énfasis añadido)

La india Cunshi deja hacer, se deja morir, cae en un estado de rigidez de muerte. Por eso, el momento de violencia recrudece aún más cuando el patrón le dice: "Muévete, india bruta". Y, cuando finalmente, una vez que se aleja del cuerpo de la india, Alfonso Pereira comenta: "Son unas bestias. No le hacen gozar a uno como es debido. Se quedan como vacas. Está visto... Es una raza inferior" (119). Pareciera, entonces, que es sobre ese cuerpo rígido sobre el que Andrés derrama su conmovedor lamento, como si ante el hambre, el dolor y la violencia, el cuerpo de la Cunshi no tuviera alternativa, excepto la de la muerte, para resistir.

Cuerpos exhumados

Hay una pulsión de muerte atada a estas imágenes de la violación. Dicha pulsión pone en jaque el erotismo atribuido al cuerpo femenino que deberá representar no solamente la vida, sino la vida de la nación. El Tánatos desarticula, contrariamente al Eros, que une. Luego de la agresión, Manuela parece una muerta. María Victoria es asesinada. Mariana es vencida. La Cunshi queda rígida. ¿No es tal vez ante esa fugaz imagen de lo inanimado –incluso en el caso de María Victoria, cuyo cuerpo muerto no se ve de frente y ha entrado en un estado de putrefacción del que aún brota vida, como veremos en el próximo apartado de la mano de Bataille– no es ante ese sosiego, pienso entonces, que debemos detener la lectura, sostener la mirada?

Si nos detenemos en estas escenas de cuerpos murientes, ¿cómo imaginamos el llanto de Manuela, el terror de María Victoria, la indignación de Mariana, las lágrimas de la Cunshi, en fin, la rigidez de todas y de otras al "dejar hacer"? ¿Somos capaces de permitir que nos conmueva aquella quietud de muerte que el narrador ha optado por apenas sugerir? Al parecer, hemos dejado pasar por alto estos cuerpos y estos episodios violentos sin reparar en su persistencia. El cuerpo femenino en el momento de la violación también ha sido idealizado hasta incluso ser erotizado: su imagen erótica forma parte de una práctica en la que el dominio y la agresión marcan la pauta. Sin embargo, hay un momento de estos relatos en el que, como en otros relatos de violaciones dentro y fuera de la ficción, se vislumbra brevemente esta "actitud muriente" que tiene una potencia plástica muy difícil de sobrellevar. Quiero decir: un momento fugaz en el que el cuerpo deja de ser el objeto de la violencia y tiene agencia al "dejar hacer". Es precisamente ahí, cuando imaginamos el cuerpo de aquellas que han dejado hacer –es decir, cuando lo imaginamos fuera de su estatus de pasividad– cuando podemos sentir el deseo de acoger su horror, de sostener éticamente la mirada, aunque en un primer momento la experiencia sensorialmente intensa sea insoportable e incomprensible.

Volviendo con Segato, lo que sucede tal vez es que no hemos visto ningún tipo de gravedad en estas agresiones. Si la violación "sólo se convierte en un delito en el sentido estricto del término con el advenimiento de la modernidad [porque antes fue] un acto regulado por las relaciones sociales, cuya aparición se asocia a determinadas circunstancias del orden social" (27), es posible que pasar por alto estas escenas o naturalizarlas sea una demostración de las paradojas que se develan en una comunidad que lucha por ser reconocida como moderna. En otras palabras, los relatos de violaciones en esta literatura que trata de consolidar un imaginario nacional dejarían al descubierto las contradicciones de una sociedad que procura dejar de imaginar apenas una nación en ciernes.

Sin embargo, al mismo tiempo, si la nación se alza en torno a una idea de comunidad entrelazada por ciertos imaginarios que la hermanan, estas violaciones no adquirirían el peso de delitos porque suceden dentro de algo así como una gran familia "ecuatoriana": cuando Segato acuña el concepto de "violación cruenta" (21), se refiere a aquella que sucede de manera anónima y es perpetrada por personas desconocidas. Solamente así se establece una idea de "crimen" que la sociedad está dispuesta a castigar. En los relatos que he recogido en este apartado, ningún violador es anónimo o desconocido. Todos forman parte del círculo familiar o cercano de las mujeres violadas y todos cumplen un rol de poder en la consolidación del orden social señalado por el estado nacional. De manera que su estatus de "familiaridad" los transforma no en criminales, sino en hombres capaces de ejercer un poder de punición históricamente establecido y legitimado.

De manera que la lectura que hagamos de ese horror ahora tendrá la capacidad de recuperar esos cuerpos del olvido. Algo de esos cuerpos nos convoca a mirarlos hoy, a reconocer su materia en la fugacidad de su quietud absoluta, de su "dejar hacer" doloroso. La pregunta que estoy tentada a hacer sería: ¿cómo contaríamos la historia de la literatura nacional, luego de exhumar estos cuerpos que se inmovilizan para detener, al menos por un instante, el devenir de la nación?

Cuerpos profanados[23]

> La Emancipada [...] es un relato nada desdeñable, una moralidad que poco tiene de novela.
>
> Bruno Sáenz Andrade,
> *Historia de las literaturas del Ecuador*

El epígrafe que antecede está determinado por un juicio de valor. Juicio contradictorio, por cierto, que traigo a colación porque logra condensar las opiniones en torno a este relato de 1863, considerado hoy en día como la primera novela ecuatoriana. ¿Cómo es posible que un relato que nada tiene de novela sea tomado en cuenta, sin embargo, como la obra inaugural de toda una tradición? ¿Cómo se puede no desestimar el relato, no menospreciarlo y, sin embargo, afirmar que más que de una novela se trata de una "moralidad"? El crítico y poeta Bruno Sáenz, a quien le fue encomendada la labor de referir la literatura de la República durante el período 1830-1895 para la *Historia de las literaturas del Ecuador*, se encarga de plasmar esta contradicción: confirma sus logros narrativos y psicológicos y la riqueza del diálogo epistolar; incluso afirma que "[E]s encomiable la intención feminista y antiautoritaria". Sin embargo, asevera enfáticamente: "falta, únicamente, la novela" (Sáenz 84).

---

[23] Una primera versión de esta parte de mi investigación apareció en la *Revista La Palabra* 29, de la Universidasd Pedagógica y Tecnológica de Colombia, en 2016, con el título "Profanar cuerpos / profanar naciones. Acerca de *La emancipada* como novela fundacional de la literatura ecuatoriana".

La emancipada, obra del lojano Miguel Riofrío publicada en el periódico *La Unión* en la segunda mitad del siglo XIX, fue redescubierta por la crítica en la década de 1950, casi cien años después de su aparición. Su primera publicación del siglo XX data de 1974. Hasta ese entonces, *Cumandá* ocupaba el lugar de la obra precursora de la novelística ecuatoriana. Sáenz, que a pesar de sus reparos inicia su recuento histórico con una referencia a *La emancipada*, alega sin embargo la superioridad de la obra de Mera: "*Cumandá* –señala Sáenz– sigue siendo, a la espera de una no imposible pero acaso improbable exhumación, el punto de partida para el estudio del género" (84). En otras palabras, Sáenz tiene una intención muy específica y paradójica, al tiempo que deslegitima el valor literario del trabajo de Riofrío y protege el lugar inaugural de la novela de Mera: esto es, pretende reservar, por si acaso, el lugar honorable de la obra precursora para aquella que pueda certificar en el calendario de la nación su edad de nacimiento y, en consecuencia, la madurez de un proyecto literario nacional.

Ahora bien: lo que pretende Sáenz es hacerse eco de una tradición crítica que durante las últimas décadas del siglo XX se encargó de fijar la obra de Riofrío como "la primera novela ecuatoriana", a pesar de los reparos de tipo estético. Sáenz se une a las impresiones de críticos como Hernán Rodríguez Castelo, Antonio Sacoto y Alejandro Carrión, en cuyos argumentos no se rescatan virtudes formales de la novela, por lo que también puede notarse cierto velo más bien dubitativo en cuanto al establecimiento de ese lugar histórico privilegiado. Por ejemplo, hacia 1983, luego de hacer un recorrido por las fechas de publicación de algunas novelas fundacionales latinoamericanas (*El periquillo sarniento*, de 1816; *El matadero*, de 1837, etc.), Antonio Sacoto afirma que el descubrimiento de *La emancipada* "llena un vacío literario en el Ecuador", criterio que le adjudica a la posibilidad de decir "que también tenemos nuestra novela representativa de este período y que nuestra incursión en la novela hispanoamericana no es tan rancia y tardía como nos habíamos imaginado con *Cumandá* [..]" (8, 1983). Porque como he dicho, la premura no es por leer la novela, sino por

Cuerpos exhumados

comprobar su fecha de nacimiento, incluso si para eso, de nuevo paradójicamente, hay que deslegitimar estéticamente a *Cumandá*. Por eso, cuando ya en el año 2000 Bruno Sáenz aboga por una "no imposible pero improbable exhumación" (ciertamente, una "exhumación" distinta a la aquí propuesta), está declarando no sin cierta desesperanza que es necesario que aparezca una novela literariamente mejor a *Cumandá* y a *La emancipada*, que a la vez cumpla con el requisito fundamental de haber *nacido antes* que ambas. Espera, para decirlo de algún otro modo, que esa exhumación recupere un mejor producto literario, más verosímil, mejor formado en términos de una tradición estética hegemónica. Mientras tanto, el mensaje entre líneas es que la historia de la literatura ecuatoriana debe conformarse con lo que hay.

Las marcas del cuerpo de Rosaura, la protagonista de *La emancipada*, son marcas de un cuerpo que asedia. Desde el inicio de la novela, la descripción de sus gestos, de sus facciones, de su ropa, nos permite tener a Rosaura ante nuestros ojos. Por eso es muy fácil enamorarse de Rosaura, como se enamora uno de los grandes ojos de Emma Bovary, los ojos que Charles Bovary descubre al inicio de la novela de Flaubert. Sin embargo, lo que vemos al final, lo que queda de Emma, es su cuerpo en un estado de descomposición que se alza por sobre las imágenes más dulces de quien ha optado por la muerte.

Sucede igual con Rosaura: hacia el final, se trata de un cuerpo en trozos que rompe con la imagen altiva, desafiante y heroica del resto del relato, trayendo sin embargo la imagen de lo aún vivo, de lo amenazante. Como sugiere Georges Bataille, solamente cuando la descomposición de la carne se ha consumado, y ya no es posible que emane vida de ese cuerpo, ese cuerpo deja de producir asco. Dice Bataille: "Los huesos blanqueados ya no abandonan a los supervivientes a la amenaza viscosa y pegajosa que no puede sino provocar asco. Esos huesos ponen fin al emparejamiento fundamental entre la muerte y esa descomposición de la que brota una vida profusa". Así, los huesos blanqueados de los que habla Bataille logran apaciguar el asco e introducen "una primera apariencia decente –solemne y soportable– de la muerte" (*El erotismo* 60). Luego, una vez dada esa solemnidad, la muerte se transforma en vehículo para la inmortalidad: los cuerpos solemnes se eternizan, se narran, se idealizan, mientras los cuerpos del asco quedan relegados al olvido de la mirada y de la historia. Por eso, en contraposición a Rosaura, Cumandá no convoca al horror: su cadáver, solemne e idílico, se eterniza. Sin embargo, la Cunshi que en la violación imita la rigidez de la muerte, está en constante estado de putrefacción: no es un cuerpo idílico y, por lo tanto, no logra convertirse en "materia espiritualizada".

¿Por qué sentimos asco? Martha Nussbaum explica que se trata de una emoción asociada con la vergüenza y la atención que esta pone en las insuficiencias corporales que amenazan al sujeto ante la idea de contagio. Afirma esta autora:

> [...] también reaccionamos con asco ante los despojos y las cosas corruptas, es decir, ante lo que, según esta misma imagen, nos haría mortales y corruptos si lo comiéramos. De este modo, el asco conjura tanto la animalidad en general como esa mortalidad de nuestra condición animal que tanta aversión nos causa. (237)

El asco es, entonces, una emoción que define los límites del cuerpo, que se vincula con nuestro temor a morir, "con nuestra vulnerabilidad a la descomposición" (237). Volviendo con Bataille, los huesos blanqueados construyen héroes que ansiamos exhumar y admirar, que queremos fijar para legitimar la inmortalidad del cuerpo de la nación. Los cuerpos descompuestos, en cambio, detonan el miedo al contagio, a la convivencia, a la afectación como posibilidades de la conmoción.

Rosaura es la polémica joven mujer que luego de rebelarse ante su padre y ante la institución matrimonial, huye el día de su boda hacia la ciudad y, tras la espera frustrada del hombre al que ama, dedica su vida a los placeres y a la prostitución. De un modo vertiginoso, el personaje va mutando hasta llegar al suicidio como su única salvación. El relato de su muerte, más allá de los motivos esbozados a lo largo

Cuerpos exhumados

de la corta novela, se circunscribe especialmente a la descripción de la podredumbre de sus órganos corporales, exhibidos mediante el acto de la disección llevado a cabo por un médico y un estudiante de medicina, en presencia también de algún abogado. Luego, la narración dará pistas de cómo ocurrieron los hechos, mediante la puesta en escena de un intercambio epistolar entre Rosaura y Eduardo, su antiguo amor, por quien ella decidió en vano emanciparse. Ya en esas cartas –o, más bien, debido a ellas–, Rosaura insinuará su intención de quitarse la vida. Estamos entonces ante una primera tensión: el cuerpo desmembrado y putrefacto de Rosaura, que es diseccionado antes de que el abogado lea las cartas, es disimulado, ocultado si se quiere, por el relato del intercambio epistolar. Con la lectura de esos documentos, se cuenta, se teje una historia que cubre y viste de sentido la imagen aterradora del cuerpo en jirones. Si tras su emancipación Rosaura había decidido desvestir su cuerpo, las cartas vuelven a cubrirlo.

Este último capítulo de la novela es relatado exclusivamente desde la mirada del estudiante de medicina, personaje que aparece solamente en este momento del relato y a quien le es dada la orden de diseccionar el cuerpo de la mujer, para después mantenerse, frente al cuerpo destrozado, escuchando la lectura de las cartas por parte del abogado. ¿Por qué si las cartas son las que detallan con exactitud los motivos de la muerte, las autoridades deciden primero abrir el cuerpo, descomponerlo, desollarlo, vaciarlo? Pareciera un desatino del autor, un elemento para remarcar lo trágico del relato. Pero podría ser más bien leído como una validación de la jerarquía de la palabra sobre el cuerpo, que es el poder de la verdad sobre la realidad. La palabra y su fuerza estética es, en realidad, la que tiene el poder de decir lo que pasó, de darle un sentido, un concepto. La relación de los motivos revelados en los escritos entre Eduardo y Rosaura le parece al estudiante "más terrible que la presencia del cadáver" por lo que trata de huir del lugar en el que se da la disección, para "buscar un aire más respirable", pese a lo cual encuentra, a su salida, "el espectáculo de los peones que estaban recogiendo en el ataúd trozos de carne humana engangrenada" (Riofrío 41, 2009). Aquí se condensa la tensión: el cuerpo destrozado es impactante, pero el relato epistolar es aún más terrible o, quizás, es lo suficientemente poderoso para hacer retirar los ojos sobre lo putrefacto y provocar un estado de inmunidad. Los asistentes –excepto uno– parecen entonces ser incapaces de reaccionar ante el cuerpo desmembrado porque el discurso los atrapa, los inmuniza del contagio, tanto como la crítica es capaz de censurar o negar la materialidad de la novela porque está atrapada en el imperativo de la escritura fundadora, de la consolidación de una historia admirable, solemne y sana para la literatura nacional.

No pretendo, sin embargo, delinear esa materialidad criticada como un asunto estético, basado en elementos de orden puramente lingüísticos, aunque esa sea la materialidad que a la crítica le preocupa. Al referir la materialidad, en cambio, trato de pensar en eso a lo que la imagen nos remite y no en la idea que a partir de la imagen podríamos querer construir. O como afirma Gisella Catanzaro refiriéndose al diálogo benjaminiano en la propuesta de Benedict Anderson:

> [...] en lugar de pretender exorcizar esas imágenes, de lo que se trata es de *leerlas*, de *leerlas a contrapelo*; lo cual significa, para Anderson, historizar esas representaciones sociales de modo tal que se vuelvan comprensibles como parte [...] de un proceso social de producción basado en relaciones de explotación, signado por las asimetrías de poder y por la lucha de clases. (Catanzaro 39)

O lo que dicho de otro modo nos lleva a pensar en la reacción ante esas imágenes como efecto de esa "lectura a contrapelo", reacción que nos plantea detenernos para mirar y dejarnos afectar por aquello que vemos, a partir de la información que tenemos con respecto al contexto en el que la obra se desarrolla.

Es en ese sentido que el estudiante de medicina representa un personaje clave. Aunque el relato epistolar ha logrado afectarlo más que el cuerpo desmembrado que tiene en frente, huye de él –del relato– y vuelve accidentalmente sobre el cuerpo, sobre "los trozos de carne humana engangrenada". Las imágenes que se desprenden de este momento, que constituye además las últimas líneas de la pequeña novela, se perpetúan a tal punto que en el apartado titulado "Apéndice",

Cuerpos exhumados

el narrador señala que "[E]l estudiante *no ha perdido de vista* lo horrible del espectáculo que tuvo *delante de sus ojos* y ha apuntado sus recuerdos veinte y dos años después de los sucesos" (43, énfasis añadido). De ese modo, la memoria del joven médico, como la del doctor Ramírez en *A la Costa* o la de Fray Domingo de Orozco en *Cumandá*, es el dispositivo que permite que el horror persista y que los cuerpos salgan a flote. A partir de la reacción del joven médico, se puede presumir que en el relato de la imagen del cuerpo en estado de putrefacción y en completa desfiguración, no solamente se refiere el *leimotiv* que hace de esta novela un texto al que se debe volver una y otra vez, sino que además en ese movimiento de lectura perpetua, se señala la incapacidad de ese cuerpo profanado de llegar a ser "solemne y soportable" –y digo este *llegar a ser* en un sentido estrictamente hegeliano– porque la narración de los hechos muchos años después instituye la idea de una reactualización permanente de su estado de descomposición, un estado del que aún brota la vida y que, en consecuencia, volviendo con Bataille y con Nussbaum, continúa produciendo asco.

Estamos, entonces, ante una novela en la que la materialidad del cuerpo, la persistencia de su figuración a partir de la palabra que nos conduce a la imagen, se alza por sobre la misma narración en pequeños instantes relampagueantes, a medida que esos detalles logran transformarse, transfigurarse; desde las primeras páginas, la figura de Rosaura copa la imaginación de quien lee. Cito *in extenso*:

> En la joven, su altura, flexibilidad y gentileza se ostentaban como el bambú de las orillas de su río: su tez fina, fresca y delicada la hacía semejante a la estación en que los campos reverdecen; la ceja negra, y las pupilas y los cabellos de un castaño oscuro le daban cierta gracia que le era propia y privativa: su mirar franco y despejado, una ondulación que mostraba el labio inferior como desdeñando al superior y el atrevido perfil de su nariz, daban a su rostro una expresión de firmeza inconmovible. No había una perfecta consonancia en sus facciones; por eso el conjunto tenía no sé qué de extraordinario; la limpieza de su frente y la morbidez de sus mejillas que se encendían con la emoción, parecían signos de candor: la barba perfectamente arqueada imprimía en todo su rostro cierto aire de voluptuosidad: una contracción casi imperceptible en el entrecejo

> mostraba haber reprimido de tiempo atrás alguna pasión violenta: el cuello levemente agobiado le daba una actitud dudosa entre la timidez y la modestia: de modo que ningún fisónomo habría podido adivinar su carácter moral y fisiológico con bastante precisión. (Riofrío 102)

La apariencia de Rosaura está fijada desde el inicio de la novela con un signo de misterio. Al mismo tiempo que percibimos la intención de describir a una mujer hermosa, de idealizar su figura, ciertas huellas físicas que impiden que no haya "una perfecta consonancia en sus facciones", hacen que esa imagen se vuelva imprecisa y contradictoria, diversa y desarticulada. Es una imagen que lucha consigo misma, que logra transformarse a sí misma incesantemente, entre las huellas sosegadas como la del "mirar franco y despejado" y las marcas de alteración como aquella del "entrecejo [que] mostraba haber reprimido de tiempo atrás alguna pasión". Y, entonces, se trata de una imagen que transforma los límites del contexto en el que está siendo descrita.

Esa transformación sucede en un juego de encubrimiento/descubrimiento con el elemento anecdótico de la narración: el relato, que hila una historia, se detiene en los momentos en los que el cuerpo es descrito. El tiempo de la narración se inmoviliza y entonces podemos volver a ver a Rosaura, o bien ataviada con su amenazante vestido de novia, o bien con su atuendo de heroína indómita. Luego, así como sucede al final de la novela, pareciera que el relato quisiera cubrir ese cuerpo, como alguien que recoge la capa que resbala innumerables veces de los hombros de un cuerpo sorprendente al que hay que mantener oculto. Sin embargo, cada vez que la tela se desliza y nos permite ver, ese cuerpo ya no es el mismo, ha cambiado: vemos relampaguear una imagen que constituye al relato poniéndolo en crisis, revelando las tensiones de su marcha y de su relación.

El intercambio epistolar leído al final de la novela por el abogado es, como dije, el último intento narrativo por encubrir ese cuerpo. La mirada del joven médico, sin embargo, deberá enfrentarse a la imagen del cuerpo que marca la tensión de toda la novela: una imagen desarticulada, aterradora y lúgubre que acosa, que persiste.

Cuerpos exhumados

Hay un pequeño párrafo[24] que, a manera de advertencia, da inicio a la novela de Riofrío. En ese párrafo, el narrador señala:

> Nada inventamos: lo que vamos a referir es estrictamente histórico: en las copias al natural hemos procurado *suavizar algún tanto lo grotesco para que se lea con menor repugnancia*. Daremos rapidez a la narración deteniéndonos muy poco en descripciones, retratos y reflexiones. (99, énfasis añadido)

La brevedad del relato, entonces, pareciera estar justificada por el afán de apurar la anécdota para que la imagen no aparezca demasiado, al menos no lo suficiente para afectar al lector y que este no sienta repugnancia. Sin embargo, basta con los pequeños instantes en los que la imagen fulgura para llamar la atención de la mirada, para conmover y llevar al lector a enamorarse de Rosaura y luego, a sentir repulsión ante su cuerpo destrozado.

En este caso particular, parto de una primera pregunta: si la muerte llega a tener una apariencia decente ante la que se deja de sentir asco, como sugiere Bataille, ¿cómo se entiende que la imposibilidad de este cuerpo, femenino por cierto, que no logra llegar a ese estado de "apariencia solemne y soportable", posibilite paradójicamente la consolidación de un *corpus* literario, es decir, la instauración del momento fundacional de una historia literaria que pretende ser, como toda historia nacional, orgánica, funcional y totalizadora? Como dije inicialmente, la instauración de este texto como documento fundacional determina esa tensión. A pesar de las lecturas más bien *positivas* del texto –en las que prima una interpretación optimista en torno al personaje de Rosaura como el de la mujer que se resiste a ser sometida por las leyes y determinaciones de una nación eminentemente patriarcal y religiosa desde un discurso más bien plural– el lugar fundacional que el relato ocupa hoy en el canon ecuatoriano pone en crisis el acto liberador de este sujeto femenino. Fernando Balseca señala apropiadamente que

---

[24] El párrafo que refiero no aparece en algunas ediciones de la novela. No ha sido incluido, por ejemplo, en la edición de la Universidad de Cuenca, de 1983, así como en la de Editorial El Conejo, de 1984 ni en la de la Campaña Nacional Eugenio Espejo, del año 2003. La edición citada de 1984, cuidada y comentada por Miguel Donoso Pareja, tampoco incluye el Apéndice.

> [L]o que en verdad emancipa Rosaura –*a pesar de morir en el relato*– es la posibilidad de hablar desde una posición diferente de la norma; devela, además, la capacidad por la cual en este nuevo registro novelesco los personajes hablan a pesar de que sus autores, de antemano, quieren condenarlos al silencio. (Balseca 148, énfasis añadido)

Y es cierto: Rosaura muere "en el relato". El asunto es: ¿muere ella en el relato de lo nacional, en el relato historiográfico de la literatura que responde al proyecto de consolidación de la nación ecuatoriana? Si la imagen que permanece de ella es esa imagen terrible y asquerosa que el joven aspirante a médico no puede olvidar, ¿es posible que lo nacional logre instaurarse sobre un cuerpo que no puede morir del todo y, en consecuencia, que no puede solemnizarse, que no puede alzarse erguido, que no logra convertirse en "materia espiritualizada"?

Volvamos por un momento a lo dicho por Balseca: hay, en efecto, un acto de resistencia en el que la palabra por medio de la cual Rosaura reconoce su vulnerabilidad se niega a desaparecer. Tanto se resiste a desaparecer que, al aceptar casarse con don Anselmo, el hombre elegido por su padre, y al aceptar que sea el padre y no ella quien escriba en su nombre la carta que le comunicará de su decisión a Eduardo, al momento de ser llamada para firmar, Rosaura, sin saber lo que su padre había escrito y aprovechando una breve ausencia del mismo, pone en el respaldo de la hoja un mensaje corto para Eduardo en el que le comunica sus verdaderas intenciones: "Han ocurrido cosas que me han despechado y he resuelto dar una campanada. Te juro que no seré de don Anselmo, vete a la ciudad antes del 6" (17). Como bien afirma Fernando Nina, hay un acto performativo en esa escritura clandestina, que para este crítico se puede interpretar como

> [D]ejar atrás lo *pre-escrito* (...) y *re-inscribir*/realizar de esa manera un nuevo texto, un texto válido, un comienzo sobre la *page blanche*. Pero simultáneamente parece encontrarse en ese mecanismo de *re-escritura* también la razón del mal-entendido/de la *mala lectura* de Eduardo: el mensaje *al revés* de la página/carta resulta también en una *lectura al revés*. ("La letra" 13, énfasis en el original)

Cuerpos exhumados

Es claro que, al reverso de la escritura que reclama un acto de resistencia, aún permanece la escritura hegemónica: el acto fundacional –el de la escritura "al revés", que para Nina funciona como metáfora de la escritura más allá de Europa, es decir, la escritura desde la periferia– se malinterpreta debido a la presencia inevitable de lo pre-escrito, la presencia de la palabra hegemónica. ¿Cómo se puede interpretar, entonces, ese "te juro que no seré de don Anselmo" que Rosaura escribe como un rugido definitivo? Si Rosaura dice finalmente el sí frente el altar es porque esa aceptación la libera del padre. Entonces, ¿qué es lo que logra fijar esa voluntad de no ser poseída, a pesar de haber dado su *palabra*? Se trata del cuerpo, de su cuerpo, porque más allá de la palabra, el acto de resistencia se materializa en otra performatividad: Rosaura opta por exponer su cuerpo, por aparecer, por darle figura, poniendo de relieve su libertad, para transformar en materia su voluntad de resistencia. En ese sentido, prostituirse, visto comúnmente como la total perversión del personaje y como el sino de una muerte espantosa y trágica, en una lectura que no acentúe la narrativa histórica de la literatura nacional –y, por lo tanto, la narrativa monumental de la misma– se transforma en la encarnación de esa resistencia que inicia con la carta malentendida. Dicho de otro modo: ante la pérdida de la palabra que no logra ser comprendida por su(s) interlocutor(es), que revela la imposibilidad de ejercer poder sobre lo dicho, la única alternativa de resistencia es la del cuerpo, vinculado a la palabra como estrategia. Por lo tanto, si en un primer momento Rosaura decide prostituirse y en un segundo momento se expone a la muerte, es porque se niega a ser parte orgánica de algo mayor, porque se niega a ser un cuerpo que *hace* sentido para ser más bien un cuerpo que *hace* acontecimiento, recordando a Nancy (17). Rosaura se desnuda hasta el desollamiento total. Exige ser vista hasta la conmoción para dejar en evidencia toda la violencia de la que ha sido objeto.

Supongamos ahora que en una lógica más bien lineal, de causa y efecto, cada acto de resistencia de Rosaura responde a una circunstancia particular de coerción. La escritura al reverso de la carta escrita por el padre, a la que Nina pone especial atención, se da en respuesta a la actitud paternal despótica que le ha impuesto el matrimonio con un hombre que no es el que ella ama. ¿A qué responde el acto de prostitución, a qué el del suicidio, ambos delimitados por la materialidad del cuerpo? El último es claramente motivado por el intercambio epistolar con Eduardo. Ahora Rosaura puede escribirle libremente, sin ese sentido de encubrimiento de la primera carta. Sin embargo, nada queda del todo claro. Se podría interpretar entonces que en esas cartas se pone de manifiesto la psicología del personaje, que demuestra su arrepentimiento por el "estilo de vida" que ha estado llevando y, en consecuencia, interpretar la novela entera como un triunfo de la moral por sobre ciertas virtudes políticas. Pero hay un detalle que pone de relieve que ese arrepentimiento es también el producto de la opresión. Rosaura aclara en más de una oportunidad que ella estaba "gozando" sus triunfos y que solamente la llegada de la primera carta de Eduardo le provoca avergonzarse de ellos. Afirma que si no fuera por él y el recuerdo de su madre –a quien él evoca constantemente– los remordimientos "no vendrían [...] a taladrarme las entrañas" (36). Lo mismo que la lleva a decir de modo contundente que "más daño me han hecho mis benefactores que mis tiranos" (37). En otras palabras: el suicidio, como lo fue antes la huida y en un segundo momento la prostitución, es la única forma de resistirse al poder del discurso religioso-paternal y a la posibilidad de la visita de Eduardo, ahora en su papel de sacerdote que pretende salvarla. En la intención de Eduardo podríamos descubrir la voluntad de redimirse a sí mismo y, a la vez, el deseo de volver a hacer que Rosaura sea orgánica para el proyecto nacional. Según comenta Flor María Rodríguez Arenas, en su segunda carta Eduardo "[r]econfirma su sentido de superioridad para con ella, expresándolo ya no sólo con el tono de sus palabras y en el tipo de mensajes que emiten, sino también al tratarla condescendientemente con la denominación 'hija mía'." (lv). Así, esta mujer vuelve a resistirse al padre, a la religión, al poder que instituye el lugar del cuerpo femenino en el orden institucional del proyecto nacional.

Ahora bien, ¿a qué se resiste Rosaura al optar por la prostitución? Tanto Rodríguez Arenas como Balseca señalan la necesidad de

Cuerpos exhumados

supervivencia en una sociedad que deja desprotegidas a las mujeres que no tienen padre ni esposo. Desde un punto de vista particularmente económico, Rosaura pasaría a formar parte de una estructura de dominación de la sociedad patriarcal en la que la mujer debe convertir su cuerpo en mercancía. Sin embargo, la misma narración presenta una fractura entre el momento en el que ella ha logrado huir de su padre y el instante en el que se narra su vida de "perversión". Entre ambos capítulos, el relato se vuelve mucho más vertiginoso –como quería el autor para evitar causar repugnancia– y no hay detalles sobre algún tipo de necesidad económica que lleve a Rosaura a optar por ese estilo de vida antes de probar otras opciones. Lo que sí hay, en cambio, es la descripción de la imagen de Rosaura como una amazona, como una mujer enigmática que, desde el inicio de la novela, no solo instaura el misterio en torno al personaje, sino una apariencia que, como la de los huesos blanqueados y libres de descomposición, puede describirse como *solemne* y soportable. Hay momentos en los que la misma narración hace de su cuerpo un monumento imponente con el que el lector se siente reconciliado. Se trata de una imagen prefabricada, al estilo de una Manuela Sáenz: la de la heroína, la de la mujer valiente, la de la defensora de los oprimidos, como es descrita el día en el que deja a don Anselmo en el altar:

> Llegó Rosaura en su alazán. [...] Estaba encantadora: sobre su vestido blanco de bodas se había echado una capita grana: su espesa cabellera en dos crenchas flotaba sobre la capa: su sombrerito de jipijapa sostenido por dos cintas blancas sentaba perfectamente en ese rostro encarnado por el calor y animado por la emoción. [...] (24)

La imagen de la amazona es la imagen del monumento nacional. En ella logran reconciliarse las opiniones de "los bandos encarnizados" que, ya sea que simpaticen con Rosaura o juzguen sus actos respaldando un castigo, admiran la belleza de esa figura enigmática. La imagen idílica de Rosaura, a pesar de aquellos detalles que imposibilitan su "perfecta consonancia", es la del cuerpo que la nación aprueba y trata de fecundar. Es la imagen erecta, de superioridad, a imagen y semejanza de lo masculino que, como bien describe Gisella Catanzaro, "no se define en el prosaico mundo de los cuerpos caducos sino en el de los legados inmortales, donde la vida se muestra robusta tras la aparente caducidad" (125).

No obstante, a pesar del entusiasmo del narrador por delinearla y sostenerla, esta no es la imagen que acecha. Esa imagen se esfuma ante la aparición del cuerpo pervertido y luego desfigurado. La imagen del asedio –la que persigue al joven médico incluso varios años después de los sucesos– se contrapone a la noción de lo sublime. Quien se atrevió a verla a pesar del asco pudo rescatarla del olvido, supo darle una parcela de memoria. En ese sentido, vale preguntar entonces si la muerte de Rosaura puede ser interpretada únicamente como un castigo. Ante los constantes exilios que el personaje experimenta –desde su autoexilio del sistema patriarcal hasta su suicidio– su cuerpo es el único lugar en el que esta resistencia femenina se forja. Es ese el lugar en el que algo acontece. En el cuerpo-lugar de Rosaura, la patria se desmorona. Incluso la muerte, que pudo reivindicar su imagen otrora solemne, se resiste a ese cuerpo-sentido del que habla Nancy: la desfiguración, la desmembración, el horror de su estado de descomposición se alzan de modo perturbador para negar la pertenencia a un proyecto armónico y unificador que homogeniza y oculta. La prostitución, como antesala a su suicidio, y luego la putrefacción del cuerpo de Rosaura, son a la vez profanación de la nación y dignidad de lo imposible, performatividad del cuerpo que resiste.

Pero la aparición de ese cuerpo no sería posible sin la mirada del joven médico. A diferencia de los otros espectadores (el médico maestro, el abogado, el centinela, entre otros), el joven aún no ha acostumbrado su mirada hasta hacerla indolente, inmune. Pero tampoco se trata de una mirada absolutamente desprejuiciada: en ella se devela toda tensión, en ella estalla toda contradicción. La mirada del joven médico, en un primer momento, se equipara a la del crítico-historiador: hay en ella el deseo de seguir viendo en Rosaura la imagen de "su póstuma hermosura", la del cuerpo femenino que, según su criterio: "debía ser, durante la vida, un incógnito misterio, radiante de gracias y de hechizos,

Cuerpos exhumados

y que al morir, estos secretos que tienen tanto de divino para las almas juveniles, no podían ir a hundirse en el sepulcro sin que antes tocasen las campanas sus fúnebres clamores [...]" (34). Asimismo, el crítico anhela ver en el relato algo "nada desdeñable" que pueda inaugurar una tradición y a la vez ser aclamado "con fúnebres clamores". En otras palabras, hay en la mirada del aprendiz, como en la del crítico, el deseo de no profanar el cuerpo ideal de la nación, de mirar su desnudez apenas de reojo, tratando de superar el impacto.

De todos modos, los ojos del joven médico ya han visto la profanación y le permitieron constatar la inviabilidad de ese cuerpo; comprobó que, en su memoria, la imagen de ese cuerpo resistiéndose a desaparecer podía ocupar un lugar. En ese sentido, el joven médico "se compromete" con la imagen de Rosaura. Afirma Didi-Huberman que no se trata solamente de un afán de exposición del cuerpo *otro* en el relato, es decir, de un comprometer la imagen del otro, sino de un "comprometerse" con él, de un desplazarse hacia ese cuerpo (Didi-Huberman, *Pueblos* 196) y mirarlo para comprender "el lugar en el que esa imagen arde" (28). Esto supone, por lo tanto, que la labor del lector del presente es la de volver la mirada a pesar del asco o, incluso, asumiendo el contagio como afectación ética.

Si *La Emancipada* es considerada la primera novela ecuatoriana es porque en la construcción de esa historia monumental que transcurre hacia lo siempre posible, se necesita la piedra fundamental que sostenga un monumento cuya lógica temporal legitime su correspondencia a un espíritu universal en tanto compruebe su antigüedad, su no-haber-llegado-tan-tarde. Ante el inconformismo por el romanticismo de *Cumandá*, por el cuerpo idealizado pero inverosímil de la mujer salvaje, solamente un documento anterior puede asegurar esa cronología en favor del proyecto nacional. Pero el cuerpo de Rosaura en estado de putrefacción está destinado a acechar a cada nuevo lector: el cuerpo desmembrado de Rosaura es la estructura morfológica, la desnudez profunda del cuerpo idílico de Cumandá, tanto como lo es el cuerpo torturado y arrastrado de Lorenza Avemañay. Aunque poco tenga ese lector que decir sobre él, o aun cuando le adjudique solamente el sentido del castigo, la mirada que sostenga se percatará de esa imagen que impulsará la memoria y hará que sea preciso imaginar para comprobar que la historia continúa enterrando muchos cuerpos que aún se resisten a desaparecer.

Señorita enfermiza
(Intervalo)

Casi tres décadas antes de la publicación del cuento *Un hombre muerto a puntapiés* (1927), escrito por el lojano Pablo Palacio, aparece en la escena literaria ecuatoriana otro personaje apellidado Ramírez cuyo cuerpo homoerótico aún permanece sepultado. En el texto de Palacio, es el cuerpo de Octavio Ramírez, el personaje víctima de violencia homofóbica que hoy en día es considerado, aunque aún de manera ambigua, la piedra fundacional de una narrativa que se atreve a exponer la diferencia sexual. Así lo erige Raúl Serrano en el prólogo de su antología *Cuerpo adentro. Historias desde el closet* (2013) el mismo que, a decir de Diego Falconí Trávez, ubica al relato palaciano como "clásico [...] de la literatura ecuatoriana desde una perspectiva sexo-genérica, siendo, por tanto, canonizado desde una nueva matriz de su vanguardismo" ("El canon literario" 200). A pesar de ello y de la necesidad señalada por Serrano de reconocer una literatura que encare "otras realidades supuestamente mínimas o tácitas" (12), lo que sucede con el cuento de Palacio es que al tratar de instituir de nuevo un momento fundacional –en este caso en específico, el de la literatura que por primera vez propone un personaje homosexual–, otro cuerpo homoerótico queda oculto bajo los escombros provocados por los esfuerzos canonizadores.

Diego Falconí Trávez ha hecho un trabajo clave para entender las paradojas desde las que la crítica asume el tema de género y, en especial, la teoría *queer* para delimitar un nuevo canon. Su investigación ha problematizado esta configuración de manera múltiple y compleja.

Lo que a mí me interesa en este intervalo es, simplemente, exhumar un cuerpo hasta ahora olvidado, relegado al papel protagónico de la novela *A la Costa* (1904), de Luis A. Martínez, considerada por más de un crítico literario como la novela que da origen a la modernidad literaria nacional.[25] Me gustaría, específicamente, señalar cuáles son las imágenes canónicas, o incluso oficiales, que nos han impulsado a entender esta novela de un modo particular —esto es, cómo se entiende una novela que inaugura la historia de una nación desde el relato del paisaje y de los inicios de una economía liberal— imágenes bajo las que están ocultos varios cuerpos, como el de Mariana, violada por su guía espiritual, o el de su hermano, Salvador, a quien el narrador caracteriza como "una señorita enfermiza".

Dicho de otro modo, lo que quiero en estas pocas páginas es continuar desde mi método con la propuesta de Diego Falconí Trávez. En su trabajo, él observa:

> [e]l género, como amplia categoría analítica, con principios, conceptos y alcances no ha sido incorporado del todo en la academia ecuatoriana y andina. Quizá por miedo al *afeminamiento* de las posturas teóricas en un espacio tradicional como es la Universidad, donde la autoridad se construye a base de [sic] demostraciones de poder que no denoten signos de vulnerabilidad. ("El canon literario" 208)

---

[25] En el recuento histórico de la narrativa ecuatoriana parece haber consenso con respecto al papel de *A la Costa* como el texto inaugural de la modernidad literaria. Comparten esta noción pensadores tan icónicos en el contexto ecuatoriano como el escritor de la Generación del 30, Enrique Gil Gilbert quien, en el prólogo a la segunda edición de la novela publicada en 1946, la calificó como "la primera novela ecuatoriana" (en Martínez 29). Asimismo, el sociólogo y crítico Agustín Cueva afirmó en repetidas ocasiones que "la verdadera literatura ecuatoriana nació con el realismo de Luis A. Martínez" (*Entre la ira y la esperanza* 122); del mismo modo, el creador del concepto de "la pequeña gran nación", Benjamín Carrión, aseguró que *A la Costa* "inaugura en nuestra historia literaria, la época del gran relato humano con paisajes y hombres nacionales" (en Martínez 29). Ya en los últimos años, la propuesta de Santiago Cevallos en su ensayo "Hacia los confines" (*La cuadra del círculo 123*, 2006) también toma en cuenta la novela de Martínez como el momento inicial de un segmento epocal en el que la literatura ecuatoriana se asume como mapa y territorio de una nación.

Cuerpos exhumados

Me gustaría entonces exhumar el cuerpo afeminado de lo que pareciera ser un texto imposible de vulnerar, o incluso un texto ante el que no es posible conmoverse, lo que implicaría no solamente afeminar la postura teórica desde la que recupero ese cuerpo, sino afeminar el lugar paradigmático que el texto mismo mantiene dentro del canon. Veamos: esta obra ha sido catalogada como la precursora del realismo social de los años 30, según se afirma en el volumen de la *Historia de las Literaturas del Ecuador* que se concentra en revisar el período de la República, que va de 1895 a 1925. Que se le dedique todo un capítulo a esta novela –pues los demás obedecen más bien a criterios de división por géneros literarios– habla de la importancia que se le adjudica en el contexto de un cambio de paradigma escritural. Como afirma el crítico Diego Araujo, de entre las novelas de esa época, solamente en *A la Costa* pueden hallarse muestras claras de una "nueva tendencia" (121). Este parteaguas ficcional que pretende dejar atrás una historia literaria hasta el momento gobernada por el romanticismo exótico de *Cumandá* (1879), intenta superar el pensamiento religioso y conservador con el que el Romanticismo estaba emparentado. Pero a la vez, la única novela de Martínez se instaura como la narración que, al mismo tiempo que refiere la Revolución Liberal de 1895 y, por lo tanto, el inicio de una nación que empieza a modernizarse, también consigue dar por superado el gran romance nacional y establecer definitivamente la dicotomía colonia/república, en un claro movimiento evolutivo. El poder que la novela tiene con respecto a delinear los conflictos políticos y económicos de la época ha sido fijado como su mayor valor. A su autor se le atribuye la voluntad de desterrar un pasado histórico, religioso y cultural cuya validez solamente se justifica en tanto puede acumular datos que explican el camino recorrido y superado y el camino aún por recorrer por parte de la nueva nación. En otras palabras, *A la Costa* encaja de manera orgánica en el relato histórico de la joven nación ecuatoriana.

Por eso, en su "Lectura de *A la Costa*", Agustín Cueva afirma que la "expresión (simbólica) de lo social" se lleva a cabo a través de lo físico ("Lectura" 115, paréntesis en el original). De hecho, Cueva apunta muchas de las descripciones "estéticas" (refiriéndose a las características físicas de los personajes) como circunstancias íntimamente ligadas al destino novelesco. Asimismo, señala cómo Martínez logra marcar la evolución del conservadurismo hacia el liberalismo en su novela, "sin mostrárnoslo como un desarrollo interno y conflictivo (cambio de mentalidad), sino como una serie de decisiones súbitas" ("Lectura" 113, paréntesis en el original). Hay un antes conservador y un después liberal que hacen de la misma novela una rescritura de la historia nacional. En el medio de esas dos secciones están la guerra, la catástrofe y la destrucción. Y aunque Cueva señala muchas de estas circunstancias como contradicciones del texto en tanto no logran fijar claramente un conflicto de clases sociales, al final de su ensayo toma la precaución de decir que "la obra de Martínez representa un verdadero salto cualitativo, en la medida en que salva la distancia que tradicionalmente ha mediado entre nuestra vida y nuestra literatura" (119) y afirma que, al plantear esta novela "problemas más profundos de índole religiosa, política o social [...] nuestra relatística adquiere *espesor*" (120, mi énfasis).

Por supuesto, Cueva está pensando en un espesor distinto al que sugiere, como hemos visto, Gisela Catanzaro. A mí, de todos modos, me interesa indicar que es notorio que en la segunda parte de la novela se prefigure para el protagonista un "cuerpo verosímil", un cuerpo varonil que no tenía en la primera parte del relato: se trata de un cuerpo que, luego del sufrimiento y del trabajo forzado, se hace finalmente acreedor de ciertos atributos dignos del proyecto nacional: un cuerpo que en el momento más feliz y más breve de la novela llega a verse "fuerte y enérgico" (250). Un cuerpo que, en la primera parte, no puede ser calificado de "masculino". Su ambigüedad, que se justifica en la herencia de los ideales conservadores del padre y en el apego hacia la religión católica que cultivaba la madre, también se alza sobre razones más "naturales" para el fracaso: la impureza de sangre venida de la madre, caracterizada como "cuarterona", y la debilidad de carácter e hipocondría del padre, causadas por su imposibilidad de olvidar. Por lo tanto, ese cuerpo racializado y patologizado, en permanente conflicto, se presenta como imagen contradictoria. Es descrito en la primera

Cuerpos exhumados

parte de la novela como el de un joven "de índole mansa y pasiva" cuyas "fuerzas físicas [estaban] atrofiadas por la falta de ejercicio y de aire" y que "apenas se esbozaban en un cuerpo delgado y débil y en un rostro pálido con grandes ojos azules dulcísimos, sombreados por cabellos finos color de oro" (50). Y después, para verificar su debilidad no viril / de sangre impura, el cuerpo de Salvador será contrastado con el de su amigo Luciano Pérez, desde su primera aparición en el relato:

> El uno era la fuerza y la energía, el otro la debilidad y el temor; el provinciano parecía por su estatura y esbeltez un boxeador yankee, y el quiteño rubio, pálido y débil, *una señorita enfermiza*; Luciano era un huracán, Ramírez un céfiro; el gigante estaba destinado a vencer en todas las luchas de la vida, el chico a perecer en el primer combate. (60, mi énfasis)

Las diferencias morales, evidentes entre ambos personajes, se alzan con base en sus diferencias físicas. No hay ninguna alusión a los orígenes raciales de Luciano: se trata del individuo de clase media, en cuyas fuertes y trabajadoras manos puede la patria confiar su futuro. Por eso, porque se trata de un cuerpo idealizado, lo único que se necesita decir de él es la fuerza y la energía, la estatura y la esbeltez del boxeador *yankee*, es decir, atributos que no caen en la contradicción sino en la imagen irreprochable del cuerpo con sentido. De resto, el detalle, el corte, la herida solamente aparecen en el cuerpo de Salvador:

> Luciano vio en Salvador un ser débil, inofensivo, bueno; admiró en ese *cuerpo raquítico* un alma limpia de la roña, del disimulo y de la envidia, que se debatía solitaria, *presa de mil desconocidos deseos y ansiosa de otra más fuerte en quien confiarse*, y Luciano amó a Salvador con el cariño del hermano mayor al menor, con el del fuerte y seguro de sus fuerzas al débil; [...] Salvador vio en Luciano, al hombre gigante *dominador de la materia y de la voluntad*, futuro conquistador de la gloria acaso, y *le admiró, le temió luego, y después amóle con entusiasmo*. (61, énfasis añadido)

Salvador amó a Luciano con entusiasmo. ¿Qué se ha dicho de ese amor a lo largo de todos estos años? Nada, en tanto la catástrofe ocasionada por la guerra permite que el cuerpo de Salvador inicie, en la segunda parte, una transformación hacia lo masculino, transformación que Cueva, acertadamente, ve como inverosímil ("Lectura" 116). Sin embargo, no es un cuerpo que nos resulte del todo extraño, sobre todo cuando se coloca frente al de Luciano: la amistad entre ambos, como la de Aquiles y Patroclo, es una amistad que permite enmascarar el homoerotismo o, si se quiere, tapar las fisuras que esa transformación implica. Falconí Trávez señala al respecto que "bajo la mirada científica e ideológica del XIX, el homoerotismo (sobre todo el propio) no podía develarse públicamente [exacerbando aquello que Adrianne Rich denominó] heterosexualidad obligatoria" ("El canon literario" 206). ¿Cuál será el cuerpo homodeseante que un personaje tan ambiguamente configurado como el de Salvador estaba tratando de ocultar detrás de esa amistad de "heterosexualidad obligatoria"?

En la segunda parte de la novela, el cuerpo de Salvador aparece menos detallado, excepto por sus características raciales que lo configuran como un ser humano superior frente a los obreros negros y zambos de la hacienda costeña en la que deberá trabajar para sortear en algo la mala racha que sufrió en la capital a partir de la muerte de su padre. Sin embargo, a pesar de la supuesta superioridad racial de sus ojos azules y su cabello rubio, el de Salvador será un cuerpo predestinado a la enfermedad y, como se anuncia desde las primeras páginas de la novela, condenado a una muerte temprana. Hay algo que no permite que ese cuerpo masculino que se pretende erigir en esa segunda parte termine por consolidarse. Sin embargo, no es esa imagen la que está en el centro del relato, sino la del paisaje rural y de la hacienda cacaotera, paisaje que por momentos es descrito con exaltación, pero a la vez visto como amenaza. En la descripción de ese paisaje, un paisajista como Luis A. Martínez, pintor además de escritor, compone una idea de nación que oculta las contradicciones de esos cuerpos cuya materia no logra espiritualizarse.

Cuerpos exhumados

No deja de llamar la atención que este personaje de erotismo ambiguo que es Salvador Ramírez aparezca cuando la novela se desenvuelve en el espacio urbano: en la primera parte, en Quito, cuando Salvador conoce a Luciano, y en la segunda parte, en Guayaquil, cuando Salvador es trasladado ya enfermo hacia esa ciudad para morir. Cuando Salvador permanece en el espacio rural, esa ambigüedad no se percibe. Hay, por supuesto, una relación de esta configuración con una necesidad de fijar una literatura capaz de señalar el camino de una nación que debía acoger lo que Ericka Beckman ha denominado "el ensueño de la exportación" que, como mencioné en páginas anteriores, hace una lectura del canon literario latinoamericano desde la economía política, para plantear un afán de los textos literarios por proveer visiones maravillosas de la riqueza nacional y regional incluso antes de que ellas se hubieran materializado (*Capital Fictions*). Así, puede decirse que Luis A. Martínez se encargó de "pintar", sobre todo en la segunda parte de la novela, los espacios aptos para que en ellos se desarrollara todo el movimiento de las actividades exportadoras que darían lugar al esperado desenvolvimiento de una economía liberal. En los primeros capítulos de la segunda parte, durante el viaje que Salvador realiza de la sierra a la costa, el suelo costeño es mostrado como "tierra de promisión, rodeada de un cinturón de bosques azulinos, casi diáfanos, silenciosos a esa hora, inacabables bosques que esperan la acometida del hacha para caer dejando su puesto al plátano o al cacao, el rey inamovible de la agricultura costeña" (Martínez 177). La exaltación de la naturaleza y sus bienes es llamativa, y se asemeja a la descripción que hace Martí de Guatemala o Andrés Bello en su *Silva a la agricultura de la zona tórrida* (1826). De hecho, los versos del venezolano son referidos por Martínez para introducir la descripción del lugar. Cito *in extenso*:

> La rica agricultura de la zona tórrida cantada por Bello, estaba allí. El sombrío cacaotal de troncos tortuosos y alineados simétricamente, mostraba a los ojos admirados de Salvador calles oscuras que terminaban en una lontananza azulina y vaporosa. Los cañadulzales del ingenio 'San Pablo' alegraban con el claro tinte del follaje, la inmensa llanura, grisácea a esa hora, al fin de la cual se divisaban las negras chimeneas de

la fábrica escupiendo al cielo torrentes de humo negro. El plátano, ese orgullo de los vegetales, en apretadas hileras, sombreaba con sus inmensas hojas desgarradas por el soplo de las brisas nocturnas, grandes y nuevas plantaciones de cacao o café. Junto a las pintorescas y casi aéreas cabañas, el mango de copa redonda, compacta y policroma, el árbol del pan, de hojas maravillosas y siempre verdes, las humildes plantas de piña con enormes frutas, los frondosos y rastreros bosquetes de los yucales, y más lejos las praderas de janeiro color verde mar, manteniendo innúmeras reses de pelajes claros que sestean a la sombra de grandes árboles, que son otros tantos islotes en ese océano de hierbas. (177)

Como se ve, Martínez parece querer hacer un catálogo de los productos que la fecunda tierra de la costa ecuatoriana está en capacidad de ofrecer al mundo. Dentro de los lineamientos económicos de un modelo liberal apenas establecido en el país, la descripción de Martínez se puede leer como un afán de promoción de esos productos y de la vitalidad y amplitud del suelo ecuatoriano. En ese sentido, Salvador se constituye en el personaje que además de testificar dicha riqueza, debe transformar su cuerpo hacia una masculinidad idealizada, un tipo de materia espiritualizada capaz de poner a producir esas tierras.

Hago referencia a este afán de delineación de la literatura en tanto "catálogo de bienes naturales", porque me gustaría sugerir que en un espacio en el que se idealiza el cuerpo destinado a la producción y comercialización de esos bienes no hay lugar para cuerpos no verosímiles. En cambio, la ciudad sí se perfila como ese espacio. Tanto como si dijéramos que, si Salvador no hubiese optado por salir de Quito para ir a trabajar la tierra de la costa ecuatoriana, su cuerpo de "señorita enfermiza" habría sido asesinado años después, tal vez a puntapiés, por haberse rendido a sus deseos homoeróticos en cualquier callejón. Aquella violencia, que estalla en la escritura palaciana treinta años después, solamente puede ocurrir en una literatura que se asume enteramente urbana y ya no encuentra en lo rural un espacio sobre el que narrar.

Cuando Salvador enferma, hacia el final de la novela, es llevado a Guayaquil. Solamente la debilidad ocasionada por la enfermedad es la que traerá de regreso a Luciano. Mientras Salvador es el personaje

Cuerpos exhumados

del "cuerpo verosímil", es decir, del cuerpo macho, fuerte y enérgico que logra incluso vencer un par de enfermedades, además de casarse y fecundar a su esposa, Luciano no es necesario en el relato. Su estatus de cuerpo heterosexual, macho y autosuficiente, oculta al cuerpo verdaderamente deseado. Sin embargo, cuando su cuerpo vuelve a ser víctima de la debilidad, Luciano aparece, fuerte y elegante, para protegerlo, para "dominar la materia y la voluntad". ¿A qué materia se refiere el narrador?, ¿a qué voluntad?, ¿se trata solamente del dominio económico y del dominio sobre las pasiones religiosas que se critican en Salvador y su familia al inicio de la novela, o se trata del dominio del cuerpo y la voluntad del propio Salvador, que aparecen como incontrolables, como contradictorios, tanto como la materia y la voluntad de Octavio Ramírez, el hombre muerto a puntapiés casi treinta años después?

La relación erótica entre Luciano y Mariana, la hermana de Salvador, nos distrae en la primera parte del texto como una relación heterosexual que acaba por afianzar la razón del macho frente a la incontrolable histeria de una hembra que no podría tener otro destino que el de la violación y la prostitución. No obstante, la relación de amor que perdura hasta las últimas páginas es la de los dos hombres. Enmascarada detrás del topos de la amistad masculina, esta relación se idealiza y puede ser así leída porque existe ya un código, construido por otros cuerpos que los han antecedido en la tradición literaria occidental, código que permite que ese amor fraterno sea socialmente aceptado. Sin embargo, tanto como Carlos llega tarde y no puede salvar a Cumandá de la muerte en la novela de Juan León Mera, o como Efraín logra arribar finalmente a la hacienda paterna para encontrar a María ya muerta en el texto del colombiano Jorge Isaacs, la expectativa del rencuentro de ambos amigos se realiza solamente al final, cuando Luciano apenas logra volver de su viaje a Europa para escuchar en el lecho de muerte las últimas palabras de Salvador: "Luciano.... mi Luciano.... has venido... me muero viéndote" (262). Y ante tal invocación, en una escena de expiración en la que la figura de la esposa de Salvador queda totalmente relegada, Luciano reacciona conmovido: "Luciano, arrodillado en el suelo abrazó a su amigo moribundo y sin poder contener un dolor inmenso, estalló en sollozos..." (262).

Luciano también se debilita, se desenmascara, a pesar de que la inminencia de la muerte esconde el abrazo erotizado. Las lágrimas, como signo de lo no varonil, volverán a aparecer en *Un hombre muerto a puntapiés* solamente en tanto deseo, cuando el narrador infiere que Ramírez pudo haber sentido la necesidad irrefrenable de volcarse a los brazos del primer hombre que encontrara en su camino y "lloriquear, quejarse lastimeramente, hablarle de sus torturas" (Palacio 12).

¿Puede conmovernos este abrazo hasta que seamos capaces de mirar una vulnerabilidad entre dos cuerpos que, a la vez, puede hacer vulnerable nuestra idea de nación? Hacer esa lectura, que implica imaginar dos cuerpos homodeseantes, podría ser criticado como una sobreinterpretación del texto. Sin embargo, yo diría más bien que mirar este abrazo desde el deseo sería, si se quiere, desarticular la historia de la literatura tal y como está escrita, reconociendo algo del "espesor" que no logra asentarse en un paisaje de ensueño, sino en una materialidad que se agrieta, se contradice y se transforma a lo largo de esas páginas.

Desarticulaciones

Otros cuerpos

> *Sólo el dulce amor de la Patria podrá excusarme la nota de temerario, en dar un embrión mal formado de Historia [...]*
> Juan de Velasco, *Historia del Reino de Quito*

> *Mi espalda, mi atrás, es, si nadie se opone, mi pecho de ella.*
> Pablo Palacio, *La doble y única mujer*

> *Genuine destruction of structure can only be the work of some other of structure, some other of language —the return of the dis/dys-articulated.*
> James Berger, *The Disarticulate*

Hay cuerpos que nos retan a pensar en otros modos de relación. Esa fue la propuesta de la que partió el proyecto *La dupla*,[26] de las artistas Paulina León y María Dolores Ortiz, desde la idea de "encarnar" a las hermanas siamesas Leo y Lu. Ambas artistas traslaparon sus cuerpos de modo artificial para performar "una tercera movilidad" y la posibilidad de pensar "en otras formas de habitarnos, de manera compartida, cooperativa y múltiple, como un acto de resistencia frente a la normalización y frente al individualismo".[27] Mientras pensaba en

---

[26] El proyecto artístico de Paulina León y María Dolores Ortiz surgió en el año 2005. Ambas artistas crearon este personaje doble y lo asumieron como un proyecto de vida. En el año 2016 llevaron a cabo varias actividades con motivo de la celebración de los 10 años de este personaje.

[27] Del artículo publicado en la revista virtual *La Barra Espaciadora*, 12 dic. 2016.

cómo "articular" este capítulo, las dos artistas me extendieron una invitación generosa para celebrar el décimo aniversario de su proyecto y pensar, junto a otras voces, si el cuerpo siamés debería considerarse un individuo, dos individuos u otra categoría. Así, cuando me dispuse a escribir una corta reflexión en torno a esta "tercera movilidad", me coloqué frente a la imagen del cuerpo transgresor, frente a la imagen del monstruo, y me percaté de más de una dificultad: esos cuerpos no solamente nos retan a pensar en otros modos de relación sino en otros modos de articulación del discurso. Entonces mis palabras se enredaron, se torcieron, se "desarticularon".

La puesta en escena que las artistas llevaron a cabo incluyó imágenes de las siamesas Leo y Lu —las mismas artistas— unidas desde la cadera y compartiendo una de sus piernas. Para desestabilizar el pensamiento y la imagen en torno a un cuerpo único, ceñido a las demandas del antropomorfismo, las artistas elaboraron su particular vestuario, un trío de zapatos, ropa interior peculiar, objetos cotidianos duplicados o extendidos; crearon una escenografía de los espacios íntimos de las siamesas: la cama, el espejo del baño, la disposición de los cepillos de dientes, las sillas. Reunieron, además, una colección de objetos varios que refieren esta duplicidad de cuerpos, desde las piezas bicéfalas de cerámica prehispánica de la cultura Valdivia, hasta fotografías y textos que narran historias de siameses entre los que no faltó el cuento de Pablo Palacio, "La doble y única mujer" (1927). Hicieron además una referencia a la infancia de sus personajes: vestidos primorosos tejidos a mano, para un cuerpo de "uno que es dos, dos que son uno" (Michel Foucault, *Los anormales* 72). Y en la fiesta de aniversario, tampoco faltaron los bocadillos de pan con formas bicéfalas, tan bicéfalas como la vela del pastel. Hubo, en definitiva, una suerte de celebración duplicada por unos cuerpos que a la vez que nos ponen a pensar en otros modos de relación, también nos impulsan a actuar distinto, a decir distinto (Figs. 3 y 4).

Cuerpos exhumados

Figs. 3 y 4: Las hermanas Leo y Lu en su habitación y sus zapatos siameses. Proyecto *La Dupla*. Imágenes cortesía de las artistas Paulina León y María Dolores Ortiz.

Como dije, frente a todas estas imágenes me dispuse a buscar las palabras que me ayudaran a pensar en estos cuerpos, en estas individualidades compartidas. Escribí: "los cuerpos siameses ponen en crisis esa noción de esencialidad, desahucian la idea del individuo canónico planteada por la bioética, perturban lo único, quiebran el sentido del sujeto". Y luego, al tratar de nombrar el cuerpo que es dos que son uno, me pregunté:

> ¿Vale hablar entonces de "el cuerpo siamés" o valdría mejor decir "los cuerpos siameses"? Trampa del lenguaje, sabemos de qué hablamos cuando nos referimos a "hermanos siameses" (término que empezó a ser utilizado en el siglo XIX), pero cuando imaginamos su corporalidad, no sabemos si hablar en plural o en singular: ¿se trata de dos cuerpos o de solamente uno?, cuando vemos sus cabezas y oímos sus voces ¿son dos hermanas?, ¿qué sucede cuando vemos el cuerpo del que brota el cuerpo del otro? ¿presenciamos un solo cuerpo monstruoso, aberrante? (*Dos cerebros*)[28]

A cada paso de la escritura, me encontré con esta incapacidad de "decir" este cuerpo, incluso a sabiendas de la imposibilidad de "decir" cualquier cuerpo en su totalidad. Pero el cuerpo del monstruo nos pone en el límite más que ningún otro: no hay otro modo que el de desarticular el lenguaje, aunque al hacerlo vayamos en círculos, acosados por el silencio. El cuerpo que pone en crisis al cuerpo nos enfrenta a la posibilidad de decir lo múltiple y, a la vez, a la eventualidad de no poder decir nada. Sus definiciones escapan a la lengua.

Quiero iniciar este capítulo desde esta reflexión. Si bien la imagen del monstruo condensa todo lo que propongo a lo largo de esta investigación –esto es, que las imágenes de los cuerpos que aparecen a lo largo de la literatura ecuatoriana tienen la capacidad de problematizar ese canon literario– lo que también hace es, como ya sugerí, llevar la imposibilidad de decir el cuerpo a un lugar en el que incluso el cuerpo utópico parece replegarse. Dicho de otro modo: si los restos de cuerpos, sus fragmentos, salen a la luz de la escritura como única herramienta para poder construir por contraste el cuerpo idóneo y viable, las

---

[28] El texto de mi autoría que incluye este fragmento forma parte del libro *Cuerpo siamés*, de Paulina León y María Dolores Ortiz (Quito: Editorial Turbina, Colección Sobrevuelos, 2017).

Cuerpos exhumados

imágenes de los cuerpos monstruosos ponen en crisis incluso esa inversión de sentido, ese giro utilitario hacia la idealización. La imagen del cuerpo monstruoso, su incomprensible mixtura, sus extremidades duplicadas, sus cabezas con cuernos, puede incluso provocar el silencio. Sin embargo, de ella provienen todas las excepciones, todos los *cuerpos otros*.

Las preguntas de las que parto son: ¿qué es lo que provoca la presencia de estos otros cuerpos en un canon como el de la literatura ecuatoriana? ¿Qué podría provocar su presencia en esa historia literaria? y, en consecuencia, ¿cómo logra articularse esa historia en torno a estos cuerpos que desarticulan? En este capítulo, aventuraré la siguiente afirmación: los cuerpos anormales, monstruosos, aberrantes desarticulan el canon literario. Lo ponen en crisis y, por momentos, enredan su construcción o hasta lo silencian. Desarticulan incluso el discurso desde el cual el canon es definido. Lo dislocan en tanto el canon es un *corpus* que puede quebrarse, en tanto desarman su linealidad orgánica y unívoca —como hacen las imágenes de todos los cuerpos—, pero también desarticulan el lenguaje, en tanto lo enfrentan con el silencio o con la imposibilidad de enunciar el discurso nacional que rehúye la imagen de lo monstruoso luego de que ha sido vista.

Esta labor entraña varias dificultades. Si mi premisa es que el monstruo es un cuerpo inexplicable que por lo tanto desarticula cualquier discurso, es necesario señalar que el solo hecho de hablar de la existencia del monstruo como una materialidad que puede ser definida como "cuerpo" implica una paradoja, sobre todo si consideramos que lo que entendemos como cuerpo es, finalmente, una construcción moderna que depende de las definiciones de más de una disciplina –la biología, la antropología, la medicina, la estética, etc.– y cuya imagen unívoca refiere generalmente al *Hombre de Vitruvio* de Da Vinci. Por lo tanto, usar el concepto "cuerpo" para nombrar el espesor de lo monstruoso nos coloca ya frente a un primer problema de articulación del sentido.

Bajo el entendimiento de esta primera dificultad, cabe decir que la imposibilidad de explicar el cuerpo del monstruo, de usar la razón para enfrentarse a su materialidad, no implica que aquello "monstruo" no sirva para explicar absolutamente nada más de lo que permanece fuera de él. Como dije ya, el cuerpo del monstruo es aquel del que brotan todas las excepciones que contrarían o entorpecen aquello que llamamos "cuerpo". Cuando Michel Foucault reflexiona sobre lo que él denomina "el monstruo humano", lo fija como una noción esencialmente jurídica, "porque lo que define al monstruo –señala– es el hecho de que, en su existencia misma y su forma, no sólo es violación de las leyes de la sociedad, sino también de las leyes de la naturaleza. Es, en un doble registro, infracción a las leyes en su misma existencia" (*Los anormales* 61).[29] Esta primera noción, que Foucault usa como punto de partida, ayuda a pensar en el monstruo como en una existencia que viola toda ley y, en ese sentido, estarían consideradas también las leyes que determinan al cuerpo, al lenguaje y todo discurso con afán regulador, como el discurso sobre el cual se funda el Estado nacional.

Si el monstruo es "la infracción llevada a su punto máximo" (Foucault 62), ¿cómo puede la ley responder a dicha falta? Precisamente, dice este autor, la existencia transgresora del monstruo no origina una respuesta legal. "Puede decirse que lo que constituye la fuerza y la capacidad de inquietud del monstruo es que, a la vez que viola la ley, la deja sin voz" (62). En todo caso, la reacción que suscite dicha violación se lleva a cabo fuera de la ley, pero no en su interior ni desde ella, como veremos. Por el momento, lo que es importante destacar es que, en tanto sea considerada como infractora esencial de la ley natural, la figura del monstruo es entonces lo contranatura y por lo tanto, es aquella imagen en la que irán a parar las imágenes todas que contradigan el modelo de cuerpo que se trata de fijar, incluyendo las

---

[29] Aquí habría que hacer una distinción: cuando Foucault refiere las leyes de la naturaleza, se debe considerar la idea de "derecho natural" postulada sobre todo por los herederos socráticos para ir más allá de la distinción entre naturaleza y sociedad. Hay un fuerte contenido religioso guiado por Tomás de Aquino a partir de Aristóteles en esa idea de "ley natural". Foucault, claramente, dirige su elaboración filosófica a pensar críticamente la naturaleza como un espacio en el que ya hay un ordenamiento predeterminado. Lo otro sería asumir la naturaleza como el espacio en el que la ley se ausenta por definición o se le opone, como, de algún modo, lo interpreta Gisela Catanzaro al hablar de la nación y su condición de criticidad entre razón y naturaleza, en donde la naturaleza acoge la barbarie que se debe civilizar y ordenar.

Cuerpos exhumados

imágenes de mujeres, de indígenas, de negros. Pensemos también en la idea del "buen salvaje" y la del "buen monstruo". Hay, sin duda, una clara relación entre ambas, como explica Rafael Ángel Herra (57). Es ahí donde radica la inteligibilidad de todas las formas de anomalía: detrás de cada anormalidad, habrá un monstruo que la explique, señala Foucault. Sin embargo, desde la figura del monstruo, podemos explicar todo aquello que percibimos como monstruoso, pero ante su figura no podemos decir nada más. Si se quiere, incluso podemos sugerir que se trata de una figura que carece de utilidad. Siguiendo con Foucault:

> La propiedad del monstruo consiste precisamente en afirmarse como tal, explicar en sí mismo todas las desviaciones que pueden derivar de él, *pero ser en sí mismo ininteligible*. Por consiguiente, lo que vamos a encontrar en el fondo de los análisis de la anomalía es la inteligibilidad tautológica, el principio de explicación que no remite más que a sí mismo. (62-63, énfasis añadido)

De ese modo, de la imagen del monstruo se derivan "todas las desviaciones" y entonces pueden ser explicadas en sí mismas pero, paradójicamente, al ser explicadas en sí mismas, no pueden ser explicadas fuera de sí. Para ser útil, por ejemplo, para el proyecto nacional, esa imagen deberá ser explicada desde afuera, desde algún discurso que además trate de apaciguarla. Y esto sucede básicamente porque la mirada, al enfrentarse a esa imagen que trata de aprehender –acción que implica deseo, una atracción sobre esa imagen que la mirada pretende dominar– es al mismo tiempo rechazada por algo que ella desestabiliza. Como explica Georges Didi-Huberman refiriéndose a la "dialéctica del monstruo" en Aby Warburg, "[E]s ante todo por ser visualmente intensa por lo que la 'situación' figurada en el ataque parece abocada a la 'incomprensibilidad'" (*La imagen* 268). Ante el monstruo, entonces, no restaría más sino mirar fijamente y callar. El monstruo es lo inexplicable.

¿Qué peligros correría una literatura definida por lo nacional que quisiera, entonces, explicar al monstruo, darle una categoría, interpretar su presencia?, podríamos incluso preguntar: ¿qué leyes violaría esa

169

literatura al tratar de explicar al monstruo? ¿o es que acaso se trata solamente de una presencia que se ignora, que se entierra, ya que ha sido condenada a no ser comprendida? A riesgo de apresurarme, estoy tentada a decir que corre, al menos, el peligro de la contradicción, el de estar condenada siempre a volver sobre sí misma y sobre sus miedos. Sin embargo, la pregunta también debe tomar en cuenta que hubo alguien que escribió al monstruo, alguien que lo configuró y que hay quienes lo imaginan. Si el monstruo es lo que sale de control, si es la total infracción, ¿qué significa que su imagen se filtre por el lenguaje, que aparezca en la historia y se fije en la memoria? Ya que he nombrado a Warburg, debo anunciar que no pretendo transformar este en un análisis desde la "psicología histórica de la expresión" que su historia del arte quiso delinear, como indica Didi-Huberman (257). Ese análisis responde a una elaboración que no deja de lado elementos del psicoanálisis que no son oportunos para mi propuesta. Sin embargo, la pertinencia del concepto "dialéctica del monstruo" se da en tanto puede ayudarnos a pensar, por un lado, en estas imágenes como en una confrontación, como en la crisis misma de los discursos que confluyen en ellas; y por otro lado, sirve para considerar esa idea del mismo Warburg con respecto a la imagen, no como "símbolo abstracto" sino como "síntoma concreto" (Didi-Huberman 257), lo que en definitiva le da sustento a la necesidad de hacer de la imagen una cuestión de conocimiento (crítica) y no de ilusión (ideología), que es la propuesta de Didi-Huberman que me interesa mantener en mi trabajo. En ese sentido, equiparo conocimiento a reconocimiento del espesor de la materialidad de los cuerpos, e ilusión a "espiritualización de la materia". En el ejercicio de exhumación que planteo está implícita la necesidad de permitir que esas imágenes actúen del modo más contradictorio y confrontativo posible desde su materialidad incómoda, y en ese sentido, su concreción determina un camino, quizá hermanado con la "esperanza ecfrástica" de Mitchell.

De todos modos, vale la pena aclarar que en esta aparente dicotomía basada en la relación "símbolo abstracto" / "síntoma concreto" no se plantea reinstalar la distinción condicionada entre lo real —en tanto concreto— y lo imaginario —en tanto simbólico. Si la idea es que la

Cuerpos exhumados

mirada de los cuerpos a partir de textos literarios implica un proceso de imaginación, hay que volver sobre la noción, planteada por Didi-Huberman a partir de Warburg, de que "imaginación" no implica "desrealización" (*Cuando las imágenes*). En esa medida, las imágenes como confrontación, como crisis, rompen con la aparente dicotomía para facilitar ese *conocimiento mediante imágenes* que Warburg quiso anunciar desde su propuesta iconológica.

Dicho esto, vuelvo sobre la pregunta: ¿qué significa que la imagen del monstruo se filtre por el lenguaje, que aparezca en la historia literaria y se fije en la memoria? Explicando a Warburg, Didi-Huberman afirma: "la lógica que hacen surgir (esas imágenes monstruosas) deja también que se desborde el caos que combaten: la belleza que inventan deja al mismo tiempo que asome el horror que rechazan; la libertad que promueven deja vivas las coerciones pulsionales que tratan de quebrar" (*La imagen* 259, paréntesis añadido). Así, si afirmamos que estas imágenes desarticulan un canon como el de la literatura ecuatoriana o cualquier otro, vale entonces pensar en cómo opera ese movimiento contradictorio cuya explicación puede no hacer más que remitir a sí misma, como ha dicho Foucault. Entre el deseo de explicar y hacer al monstruo y el miedo a enfrentarse con él, acontece esta imposibilidad de nombrarlo que muchas veces lo deja en el olvido. En la lectura, a la vez que su imagen quiebra la linealidad del discurso porque, además, ante lo inexplicable, la mirada no tiene en un primer momento otra alternativa que no sea la de detenerse a mirar, esa imagen se vuelve en sí misma inexplicable, por lo que es más fácil luego retirar la mirada y sepultar la imagen. Se trata, propongo, del miedo a constatar mediante la mirada la desarticulación del sentido, en este caso del sentido de lo nacional y de los otros sentidos que ese discurso acarrea.

Quiero empezar a desatar esta propuesta a partir de tres momentos de ese canon literario. Me refiero a tres momentos que "saltan a la vista" y sobre los cuales me gustaría reflexionar en torno a los problemas planteados a lo largo de este capítulo. El primero de ellos data del siglo XVIII y está escondido entre las páginas ya polémicas e incluso silenciadas de la "Historia Natural", que es como se titula el tomo I de la *Historia del Reino de Quito en la América Meridional* (1789) del otrora sacerdote jesuita Juan de Velasco (1727-1792). Esa primera parte de la obra del riobambeño ha sido fuertemente cuestionada y censurada incluso desde su primera edición, lo que fija, como pretendo desarrollar, una primera noción de desarticulación que está relacionada con la percepción de este texto como impreciso y de poco interés para el público (Pareja Diezcanseco, xlix). No es sino en los últimos años que se ha visto la necesidad de discutir esta primera parte que, desde una exposición de todo el contexto natural del Reino de Quito, cumple la función de "establecer las bases para una cultura que sería desarrollada más ampliamente en la *Historia Antigua*" (Barrera 308). De todos modos, lo que me interesa exhumar de esas páginas –que el exjesuita Velasco escribe no solamente desde el conocimiento de ciertos conceptos ilustrados sino también desde su "experiencia personal" con el objeto narrado, según afirma en el prólogo– es algo que va más allá de justificar la necesidad de rearticular la obra de Velasco. Se trata apenas de un corto inciso titulado "Monstruos", con el que Velasco cierra el capítulo sobre el Reino Animal y que le sirve de antesala para el capítulo sobre el Reino Racional. Veremos entonces cómo, en un texto ordenado según la tradición aristotélica, esas imágenes monstruosas que el jesuita afirma *haber visto* –circunstancia que insinúa una experiencia material previa– parecen establecer un quiebre entre su discurso racional-religioso y su "discurso criollo" (Barrera).

He incluido, en un segundo momento, una corta reflexión en torno a la capacidad desarticuladora del libro *Los que se van*, publicado en 1930 por tres de los escritores más importantes de la generación del realismo social ecuatoriano (Enrique Gil Gilbert, Joaquín Gallegos Lara, Demetrio Aguilera Malta). Este texto, considerado como un punto de quiebre que da origen a la denominada "edad de oro" de las letras ecuatorianas, señala la desarticulación en dos direcciones: por un lado, los cuerpos de personajes por momentos catalogados o sugeridos como monstruosos o al menos como "sub-humanos" (Ángel F. Rojas),

Cuerpos exhumados

que ponen en cuestión la idea de una narrativa que se alzaba para reivindicar al habitante montubio de la costa ecuatoriana; por otro lado, la insistente puesta en escena de un habla desarticulada, que ayuda a trocear o a fragmentar las imágenes de esos cuerpos.

El otro momento que quiero proponer data de 1927. Se trata del relato "La doble y única mujer" del escritor lojano Pablo Palacio (1906-1947) incluido en el libro de cuentos *Un hombre muerto a puntapiés*, cuyas páginas podrían constituir en sí mismas el bestiario del *corpus* de la literatura ecuatoriana. Por él desfilan cuerpos que desestabilizaron la escritura del realismo social de los años 30, que fueron acallados por décadas por una crítica a la que esa literatura no le pareció pertinente para el proyecto nacional y que, a partir de 1960, volvieron con fuerza y se conservaron en el imaginario literario ecuatoriano a partir de criterios que aún hoy justifican su monstruosidad y rareza recurriendo a argumentos como el de la polémica salud mental del autor. Por años, la presencia del homosexual, del antropófago, de las siamesas, del sifilítico, del suicida y de otros seres que pueblan las páginas palacianas ha sido objeto de críticas y análisis, no en pocos casos algo contradictorios. Palacio supo cómo crear imágenes que nos mantuvieran ocupados por un buen tiempo y que, constantemente, han sido estudiadas como metáforas a partir de cuyo desciframiento es posible entender las intenciones que el autor, en su locura, trató de disimular. Lo que propongo en estas páginas es que en "La doble y única mujer", las peculiaridades de las hermanas siamesas, de su cuerpo y de su habla desarticulada llevan hacia un lugar de crisis este afán por querer articular la obra palaciana con el *corpus* de la historia literaria ecuatoriana. Por lo tanto, cada intención de incluir la obra palaciana en el canon de la literatura ecuatoriana siempre conlleva un esfuerzo que "desacomoda los sentidos"[30] y que, por momentos, logra imposibilitar la articulación

---

[30] Cuando digo que la literatura de Palacio "desacomoda los sentidos", resuena el texto de Gilda Host titulado "Pablo Palacio y un largo, inmenso y razonado desarreglo de todos los sentidos" (En Palacio, *Obras Completas* 414, 2000). Sin embargo, hay aquí un juego de palabras: no se trata solamente de "desarreglar" o "desacomodar" los sentidos que se exponen frontalmente a la literatura palaciana –que, entre otras circunstancias, tenía

del discurso histórico en torno a la literatura nacional.

Tras la censura y las críticas, los cuerpos monstruosos de la obra de Velasco han permanecido subexpuestos. Los de Palacio, en cambio, se han mantenido bajo los reflectores de ciertas ansias por canonizar incluso lo raro, sobreponiendo lo abyecto hasta el punto de normalizar su lectura y de regular la percepción frente a su imagen desestabilizadora. En *Los que se van*, los cuerpos han quedado relegados a un esfuerzo de búsqueda de identidad nacional que se paraliza ante la violencia y, por momentos, ante el sinsentido. En todos los casos, la imagen requiere ser exhumada, al menos para tratar de comprender el modo en el que la crisis que ocasiona aún está vigente, estableciendo un quiebre en la linealidad del discurso histórico al que, a su vez, empujan constantemente hacia el abismo del silencio. Estos cuerpos desarticulan el *corpus*, rompen su temporalidad, pero también enredan el lenguaje y los saberes a partir de los cuales el *corpus* ha sido y sigue siendo fijado.

Para comprenderlo, es preciso que pensemos en la noción de desarticulación, para lo que considero adecuada la propuesta de James Berger quien, desde una posición crítica dentro de los estudios de la discapacidad, la presenta como una forma de ubicar la idea de la modernidad-como-totalidad en un lugar estrictamente político (9). Si bien la propuesta de este autor gira en torno a narraciones que incluyen personajes con discapacidades cognitivas que no hablan o que dicen cosas catalogadas como "sinsentido", mi interés en su planteamiento se centra sobre todo en la idea de desarticulación como aquello que ocurre cuando, a partir de ciertos personajes —diríamos más bien, de ciertas imágenes— la noción de conocimiento como totalidad se pone en crisis y trata, en constante confrontación, de hacer de algún modo explicable aquello ininteligible (54). De todas maneras, uno de los personajes que aparece en *Los que se van*, en el cuento de Enrique Gil Gilbert titulado "El malo", es configurado como un niño con discapacidad cognitiva, un ser "endemoniado" cuyas reflexiones llevan a la acción a una distorsión de la realidad.

---

como objetivo provocar asco–, sino también de desacomodar la capacidad de entender, de "darle sentido" a algo.

Cuerpos exhumados

En definitiva, si la historia de la literatura ecuatoriana pretende constituirse, además, como un modo de sistematizar un *corpus*, vale considerar que es posible que ante lo inexplicable esa historia recurra a distintas maneras de justificar –fuera de ciertos discursos como el histórico, el nacional o incluso el del purismo estético– eso que no puede asimilar. Lo que Berger señala, tal vez de modo utópico, es que una destrucción genuina de la estructura solamente puede ser llevada a cabo por alguien que está más allá de la estructura, más allá del lenguaje (57, mi traducción). Sin embargo, ya desde Derrida, a quien Berger cita constantemente, sabemos que para hacer posible la deconstrucción, es necesario compartir los mismos códigos. Estos otros cuerpos, diríamos entonces, destruyen esa estructura desde el interior mismo del propio sistema. Aunque estén más allá de la estructura y del lenguaje, los cuerpos monstruosos han brotado del mismo sistema que terminan desestabilizando. Es hacia allá precisamente a donde espero poder llevar esta reflexión.

Cuerpos inexplicables

En carta fechada el 15 de marzo de 1789, dirigida a Antonio Porlier, Ministro Secretario de Estado de la Corona Española, el exsacerdote riobambeño Juan de Velasco afirmaba que solamente el "dulce amor de la Patria" podría excusarlo de "dar *un embrión mal formado de Historia*, y en salir al campo contra gigantes en literatura, sin más armas que las verdades sin adorno, *pero de peso*, piedras, que como pequeño David pude hallar a la mano" (17, énfasis añadido). Luego continuaba:

> La desproporción que en mí conozco para tan arduo empeño, me obliga a implorar la protección de Vuestra Excelencia para que *embrión apologético* de Historia pueda salir segura a la pública luz, bajo su poderoso patrocinio.

Y hacia el final de la carta, después de una larga y redundante exposición de halagos hacia su protector, repetía:

> Su celo por la gloria de la Nación [...] sabrá también *dar alma al embrión informe de mi Historia*, haciendo que suplan mis compatriotas, con mejores luces, *los forzosos defectos de ella*. (17-19, énfasis añadidos)

Esa carta acompañaba los dos primeros tomos de su *Historia del Reino de Quito en la América Meridional*. Juan de Velasco buscaba así un padrino para su monstruo histórico, engendro con el cual pretendía defender a su nación de los argumentos de otros autores extranjeros que decían de América lo que no conocían, descalificando como defectuosas a sus gentes y a su naturaleza (Roig 182). Con el uso de la manida metáfora del engendro, a partir de la cual pretendió el riobambeño justificar de antemano los posibles errores de su *Historia*, su principal obra quedó configurada desde el inicio como un cuerpo malformado cuya existencia estaría inevitablemente marcada por la censura y la polémica.

Tiempo después de esa y otras cartas, en 1792, Velasco fallecía en Italia sin tener noticias sobre la publicación de su trabajo. El riobambeño, que debió abandonar América cuando la corona española ordenó la supresión de la Compañía de Jesús, murió sin sospechar siquiera que la Academia Española de Historia había juzgado su obra como "digna de la luz pública" (33), siempre y cuando su autor incorporara las correcciones que la Academia le imponía. En un largo listado de observaciones y advertencias, sobresale ante todo la solicitud de los censores de transformar la primera parte, conocida como "Historia Natural", en un apéndice del resto de la obra, modificando su título por el de "Repertorio o Manual de noticias y nombres vulgares pertenecientes a las producciones naturales del Reino de Quito" (46). Los censores juzgaron la "Historia Natural" como segmento carente de nombres y datos científicos, imperfecta e inexacta en las descripciones.

De esa anécdota se desprende el destino del texto de Velasco, que puede ser resumido como un conjunto de ediciones fragmentadas, modificadas o casi ilegibles, cuya parte más prescindible, aunque no siempre la más criticada,[31] ha sido ese primer tomo. En definitiva, y para enumerar solamente algunas publicaciones, la primera edición en español hecha en Ecuador data de 1841, igual de incompleta que las dos versiones posteriores, en francés y en italiano, en la misma década del siglo XIX. La primera edición completa, con base en un manuscrito que el sacerdote habría dejado en Italia, no vio la luz sino un siglo después, en 1941, dentro de la Biblioteca Ecuatoriana Mínima, bajo el cuidado del también jesuita Aurelio Espinosa Pólit. Luego de aquella, destaca la edición realizada por la Casa de la Cultura Ecuatoriana entre 1977 y 1979, que tomó en cuenta el manuscrito

---

[31] Hay que recordar que el historiador Federico González Suárez fue quien recuperó definitivamente la figura de Velasco hacia finales del siglo XIX, sin dejar de cuestionarla, y que el libro de la *Historia* que más criticó fue el II Tomo, que corresponde a la "Historia Antigua" del Reino de Quito.

Cuerpos exhumados

conservado por la Real Academia de Historia Española y lo comparó con el manuscrito de Italia, conservado desde el siglo XIX en Quito. Sin embargo, a pesar del trabajo de compilación de información que las ediciones de Espinosa Pólit y de la Casa de la Cultura procuraron no dejar por fuera –incluyendo mapas y cartas que constituyen importantes paratextos–, la obra continuó siendo cuestionada por varios críticos e historiadores, algunos de los cuales la consideraron documento de insuficientes herramientas históricas y mermado rigor científico, incluso bien avanzado el siglo XX. Por citar algunos, resalta la opinión del arqueólogo Jacinto Jijón y Caamaño, que en un estudio de 1918 afirmaba que la "Historia Natural" "contiene relatos ridículos, que evidencian la pueril credulidad del autor, que carecía de todo conocimiento de las ciencias naturales" (en Velasco xxxiii, 1981). Varios de estos argumentos son recogidos en el prólogo escrito por Alfredo Pareja Diezcanseco para la edición que Biblioteca Ayacucho publicó en Caracas en 1981. Pareja revisa la polémica, centrada ante todo en el contenido del primer tomo correspondiente a la "Historia Natural", e incluso parece justificar la existencia de esa primera parte de la *Historia*, sobre todo bajo criterios estéticos porque, según el crítico y escritor: "[...] no puede desdeñarse en esa obra la agilidad del estilo y la seductora manera de narrar, a veces, cosas inverosímiles, pero siempre interesantes para entender mejor las costumbres y la cultura de las distintas regiones del país" (xxxi). A pesar de ello y de manera paradójica, no deja de considerarlo un texto débil y por eso, opta por su total omisión para la edición de Biblioteca Ayacucho, reactualizando así la deformidad original del "engendro" de Velasco en las últimas décadas del siglo XX.

Los escasos datos que he citado conforman hoy en día una parte del interés que los estudios literarios han demostrado en torno a la obra de Velasco. En el comentario realizado por Arturo Andrés Roig que se incluye en el segundo volumen de la *Historia de las Literaturas del Ecuador*, se sugiere además que la anécdota en torno al texto constituye el núcleo de los juicios académicos emitidos hasta el momento. Roig observa también de manera acertada que tanto las críticas negativas como las valoraciones positivas de la obra han dependido de cada época y de las circunstancias del contexto. Refiere que se trata de una obra que parece haber sido escrita para los lectores del romanticismo ecuatoriano y no para los hispanistas, conservadores y positivistas de inicios del siglo XX, ni tampoco para sus contemporáneos ilustrados (181). Cabe entonces preguntar: ¿cómo leemos hoy la obra de Velasco y su particular historia? Porque, finalmente, se trata de una obra que, habiendo nacido deformada y a pesar de haberle sido adjudicado cierto valor fundacional, se presenta como esquiva, fragmentaria, fantasiosa, por momentos incomprensible si no se lee desde un pacto ficcional. Además, al mismo tiempo que es duramente criticada y manipulada, mantiene en tensión permanente a los estudiosos que en muchos casos terminan por ser condescendientes con la escritura velasquiana. Como sugiere Roig, parece haber cierta resistencia entre una expectativa frustrada de la obra como "historia científica" y su entusiasta acogida como "historia patriótica" (189), lo que sin duda revela el peso que tiene en la construcción del canon literario. Me gustaría incluso decir que tal enredo de voces opera como lo hacen el rumor y la sorpresa frente al engendro malformado, que en unos casos es tomado como un buen augurio y en otros como una mala premonición. Estos últimos, tal vez, habrían preferido ocultar el engendro.

Sin embargo, ante la urgencia por justificar la existencia de la nación narrando sus orígenes y la materialidad del territorio sobre el que debía alzarse y del contexto natural que debía abrazarla, no era posible prescindir –del todo– de un documento que en efecto se encargó de delinear "el gran cuadro histórico fundamental de la existencia del Reino de Quito como un cuerpo social, cuya identidad no puede negarse, dentro, por supuesto, de la unidad histórica que es América […]" (Pareja Diezcanseco xix). Como señala Francisca Barrera, la "Historia Natural" es un texto que sirve como base para los otros dos tomos, una base que pretendía dejar en claro aquello de "natural" que subyacía al territorio al que se circunscribía el Reino de Quito. Al respecto, Roig es aún más enfático al hablar de la obra completa como de "literatura nacional", proponiendo no solamente una intuición de la escritura hacia lo que vendrá en relación con la Independencia de las colonias

Cuerpos exhumados

españolas y la creación de los estados nacionales latinoamericanos, sino que además le adjudica una intención –una "direccionalidad", dice Roig– de prefigurar el espacio –el paisaje, específicamente– de una nueva nación. Es precisamente en este aspecto en el que Roig recalca la "valoración romántica" de la *Historia del Reino de Quito*.

Ahora bien, de la propuesta de Roig surgen dos circunstancias que quiero destacar. La primera tiene que ver con los elementos que justificarían las diferencias entre la valoración (romántica) de la *Historia* de Velasco y las críticas de sus detractores (hispanistas y conservadores). La segunda circunstancia, que se desprende de esta, se relaciona con la percepción de la obra velasquiana no como un texto histórico *in stricto sensu*, sino como un texto literario –como una "novela", específicamente–. Destaco estas circunstancias porque quiero apuntar que tal discusión refleja precisamente la reacción de indecisión frente al "engendro", al "monstruo" cuya figura inexplicable es solamente accesible a partir de la fragmentación –de la desarticulación– de los discursos. Por supuesto, esta discusión puede enmarcarse en los problemas sobre géneros y las fronteras entre disciplinas, pero con respecto a este texto existen particularidades que son las que espero poder enfatizar en lo que sigue, considerando aquella sugerencia de Ortega y Gasset que Roig destaca: que es la materia "la que por su propia fuerza crea la forma que necesita, la que puede inclusive llegar a ser única" (191), y no al revés. Tratando de llevarlo un poco más lejos, diré que esa "materia", por su propia fuerza, crea la forma que necesita, que en este caso no es otra que una forma que excede las normas, una forma monstruosa.

Si el otrora sacerdote fue calificado por más de uno como un fabricador de embustes, fue precisamente debido a aquellos contenidos que más de uno consideraron faltos de todo rigor científico a lo largo de toda la *Historia* pero, con mayor claridad, en el primer tomo. Como lo han mencionado varios autores, entre ellos Roig y Pareja Diezcanseco, su apego a las creencias de los habitantes autóctonos del Reino de Quito lo alejaron de cumplir con ciertos lineamientos científicos comunes a la época. A esas creencias habría que añadir además el apego hacia las explicaciones de tipo religioso. Los ejemplos son abundantes y vale la pena señalar que incluso los censores españoles ya repararon en ciertos contenidos, sugiriendo su supresión. Por citar uno, ellos llamaron la atención sobre cómo, al hablar del paso de algunos animales a América, "[Velasco] dice que si no pasaron por donde él supone, pasarían por los aires llevados de los ángeles o de los demonios" (En Velasco 40, 1977). En general, uno de los argumentos que más llama la atención es aquel que Velasco sostiene a lo largo de todo el catálogo, con respecto a la posibilidad de explicar ciertas especies de animales que no se habían visto en Europa como el producto de la mezcla no solamente entre dos especies distintas, sino entre especies de distintos reinos, es decir, entre plantas y animales. Roig refiere por ejemplo la idea de que el quinde (el pájaro conocido también como colibrí) resulte de la mezcla entre un pájaro y una flor. Y es entonces cuando Roig sugiere que Velasco no tenía tanto una intención de hacer una historia de la naturaleza, "como de presentarnos el modo cómo una determinada cultura había asumido su propio entorno" (183).

Francisca Barrera, en su artículo del año 2012, también desarrolla esta idea: esta autora propone incluso considerar la configuración de un pensar científico e histórico latinoamericano. Aunque, a diferencia de Roig, cuestiona atribuir una intención nacionalista a la obra de Velasco y de todos los jesuitas expulsos, sí señala enfáticamente que su uso posterior tuvo esa característica porque su obra manifestaba "un particular modo de ser y de sentir, considerado por algunos la primera expresión de una conciencia pre nacional" (300). Así, Barrera destaca la importancia que la experiencia tiene en la escritura de Velasco y en su entendimiento de la historia: el dar fe de haber *visto* los objetos que narraba le confería no solamente la autoridad para catalogarlos, sino que implicaba un modo diferente –Barrera propone que se trata de una "experiencia criolla"– de revelar su lugar de enunciación "más allá del sistema causa-efecto que desarrollaban los filósofos de la Ilustración" (304). Para Roig, esta "experiencia criolla" de la que habla Barrera se inscribiría en la diferenciación entre "significación" y "sentido",

Cuerpos exhumados

afirmando que un pájaro nacido de una flor no es significativo para la ciencia, pero "*cobra peso* si lo consideramos respecto de una determinada direccionalidad semántica" (183, énfasis añadido).

Ahora bien: ¿qué tipo de "sentido" tiene la descripción de monstruos en todo este catálogo que pretendía constituirse en una apología de los territorios americanos?, ¿hacia dónde –teleológicamente hablando, en esa *direccionalidad semántica* de la que habla Roig– apunta su simbolismo? La respuesta inmediata es: hacia la nación. Sin embargo, pensemos primero por un momento que el monstruo es la mezcla: como afirma Foucault, desde la Edad Media hasta el siglo XVIII, el monstruo es la mezcla de dos reinos, la mixtura de dos especies, de dos individuos, de dos sexos (68). Si en la base de este particular "modo criollo de decir" de Velasco está la noción de la mezcla para describir la naturaleza americana, bien podemos decir que ese contexto natural con el que se pretende abrazar la existencia del habitante americano es esencialmente monstruoso. ¿Qué tipo de monstruo surge de la unión entre el pájaro y la flor? Sin embargo, las críticas al texto pueden pretender que "explican" estas monstruosidades desde la fantasía, desde la ficción. Velasco se constituiría entonces en un desconocedor de la ley –porque ignora los principios científicos– que por lo tanto necesita recurrir a la imaginación. O, para decirlo de otro modo: Velasco habría engendrado un monstruo –que es la total infracción de la ley– al que la crítica solamente puede tratar de explicar fuera del signo, fuera de la Historia, porque dentro de ella, aunque ayude a fijar un punto de partida fundacional, el monstruo no tiene otro destino que el de la ininteligibilidad.

Lo que no se explica desde la ciencia, o desde la historia, se explica desde la literatura. Roig afirma que son precisamente las características de un "poder narrativo indiscutible" y de "innegable capacidad creadora" (191) los factores que le atribuyen un valor novelístico a la *Historia* de Velasco. Desde el aspecto estilístico han opinado autores como Isaac Barrera, Hernán Rodríguez Castelo y Benjamín Carrión. Este último incluso calificó a la *Historia* como "la primera novela ecuatoriana". Y por supuesto, también se incluyen críticos que usaron el término "novela" para descalificar al texto, como lo hizo Gonzalo

Zaldumbide al tildarlo como un "andamiaje de mentiras" (en Roig 190-191). En definitiva, para bien o para mal, la literatura explica al monstruo. Pero no olvidemos que, para "bien", es decir, para evitar su ocultamiento, el texto se asume no como "historia científica" sino como "historia patriótica". El mismo Roig lo dice: "[h]a sido, por tanto, el patriotismo el que despertó el sentimiento de estar ante una 'hermosa tradición', el que ha hecho leer la *Historia* con una 'grata placidez' y que ha hecho ver en sus páginas 'una sugestión encantadora'" (189). Lo único que le falta decir a Roig es que es debido a la "patria" que la literatura justifica la inclusión en el canon de este "andamiaje de mentiras". Puede sorprender entonces que hayamos llegado a un punto de tensión: el monstruo, que no se explica dentro de la ley científica e histórica, se explica fuera de ella, desde la literatura. Pero la literatura que trata de explicarlo responde a los intereses de la nación, de manera que el monstruo, de "sugestión encantadora", al entrar al terreno de la nación, vuelve a ser inservible, a ser inexplicable y se repliega. El texto monstruoso va y viene, de tiempo en tiempo, desarmando y poniendo en crisis toda certeza. Por eso, incluso esta "historia patriótica" termina por desarticularse: el lugar del monstruo es el lugar de la permanente inestabilidad.

Juan de Velasco dispuso su "Historia Natural" de forma evolutiva. Está compuesta por cinco libros que, luego de explicar las características del clima y de la geografía del Reino de Quito, se organizan según la noción aristotélica de los reinos: reino mineral, reino vegetal, reino animal y reino racional. En el último libro, el del reino racional, se encarga de hacer referencia y analizar las versiones a partir de las cuales se justificaría la relación de los habitantes americanos con el resto de la raza humana y, por lo tanto, su absoluta pertenencia a un reino racional único (europeo y cristiano, hay que decirlo). Pensando en los orígenes de estos habitantes, el cura refiere el Arca de Noé, el sistema antidiluviano, explica cómo pudieron haber pasado los primeros habitantes desde el Asia, busca explicaciones sobre la existencia de gigantes y amazonas

Cuerpos exhumados

a los que considera seres superiores, y analiza las características físicas de los "indianos", para rebatir a los autores que los han tachado de seres deformes e inferiores. De ese modo, los cuatro libros anteriores se transforman más bien en un catálogo de especies, imperfecto e inexacto según sus censores, inventario que constituiría la base sobre la cual se justificaría la existencia de ese reino racional y su perpetuidad.

El libro IV, que detalla a las especies del reino animal, incluye a cuadrúpedos, aves, reptiles, insectos, pejes y, por último, un par de páginas bajo el título "Monstruos". En esas pocas páginas, Velasco da cuenta de seres engendrados en circunstancias particulares y aclara que no se refiere a los seres marinos que, según explica, son llamados monstruos de manera inapropiada. Para Velasco, "[L]os monstruos propiamente tales se llaman aquellos que nacen con notable exceso o falta de alguno o aquellos miembros o con alguna otra diferencia grave, que no corresponde a la especie de que son individuos" (252). Luego de esa aclaración, procede a detallarlos, asegurando no solamente que esos son los monstruos de los que él ha tenido noticia, sino además aquellos que ha "visto" (252). Sostiene que la especie más propensa a la monstruosidad es la de los conejillos de indias (el animal andino conocido como "cuy"), que de tantas deformidades ya no causan novedad y afirma:

> He visto uno con dos cabezas pegadas a un mismo cuello, a otro con una cabeza y cuello y con todo lo demás doble, a otro con dos cuerpos hasta el vientre y desde allí no solo y otro con dos cuerpos enteros unidos solamente por la espalda. El verse con cuatro orejas y con uno o dos pies más como apéndices de los otros es mucho más común y el que salgan con seis, ocho o diez dedos en manos y pies es cosa que se ve diariamente, pues no hay cría donde no se encuentren algunos de esos. (252)

Continúa luego su descripción refiriendo los estanques de anguilas del sector de Tanlahua como puntos de suciedad que provocaban malformaciones en "casi todos los animales" que consumían esa agua, los que "iban naciendo tan monstruosos que eran del todo inservibles". Así, al dar cuenta de la materialidad monstruosa de sus cuerpos, Velasco

185

detalla: "[E]ra general en ovejas, vacas, caballos y demás animales, el que saliesen con dos cabezas o con más piernas, sin exceptuarse de esto ni los perros y gatos, *ni las indianas a cuyo cargo estaba aquella hacienda*" (253, énfasis añadido). Lo que observamos en esta cita es una referencia a las mujeres indígenas, a quienes llama "indianas" y coloca como parte del reino animal. No hace una diferenciación entre ellas y los animales excepto cuando habla del cuidado de las tierras, identificándolas sin embargo con las bestias en su monstruosidad.

No sucede lo mismo inmediatamente después cuando dice: "[E] n la especie humana he visto también algunos" (253). Esos de los que habla en esta ocasión ya no son referidos como "indianas", tampoco como "indianos". Se aleja del reino animal y de la referencia aborigen para hablar de estos nuevos monstruos humanos, acreditando de nuevo su existencia desde la experiencia: "[...] *conocí* un joven de cosa de 20 años, que no tenía otro nombre que el de *cuatro orejas*, porque nació con ellas". "*Conocí* otro hombre ya viejo, que habiendo nacido con dos órdenes de dientes y muelas, las conservó hasta la vejez [...]". "*Conocí* otro que tenía seis dedos en manos y pies y otro que tenía doble el dedo pulgar de la mano izquierda" (253, énfasis añadido). La animalidad de los monstruos parece mitigarse en la medida en la que la deformidad es menos acentuada y en la que la raza no es perceptible. Sin embargo, cuando la imagen logra poner en crisis las certezas antropomorfas, la animalidad del monstruo vuelve a entrar en juego: "*[a]sistí* una ocasión llamado de un Obispo a la consulta sobre si podía o debía ser bautizado un niño en el cual se veía tanto de bestia cuando de hombre, *sin ser fácil formarse un juicio prudente sobre la parte que prevalecía*" (253-254, énfasis añadido).

Como puede notarse, hay dos elementos que resaltan en este recuento de casos: el uno tiene que ver con su ininteligibilidad, con esa fluctuación entre la animalidad y la humanidad del monstruo que permite describir los cuerpos. Se trata de un movimiento de la percepción que no es en lo absoluto indiferente a la apariencia del monstruo, que al compararlo con el ideal antropomorfo hace un recuento de sus partes y las nombra, pero no logra decir nada más que no

Cuerpos exhumados   ௸

sea su pura materialidad anómala. Se podría decir incluso que la imagen del monstruo es de tal intensidad o, incluso, que tiene tal "espesor" que, en ese ir y venir contradictorio en el que la mirada alcanza a percibirlo, su intensidad provoca atracción a la vez que rechazo: es decir, aquello que Warburg quiso designar como "la dialéctica del monstruo", como lo explica Didi-Huberman (*La imagen*). Por lo tanto, aquel cuerpo que a la vez que atrae provoca repulsión, es dicho y no dicho, explicado e inexplicable. Se puede detallar el número de dedos –que al ser más de cinco en una mano denota la excepción de la ley– pero a la vez no puede decirse nada más, nada que explique para qué sirve una mano con tal o cual número de dedos, una mano que sale de la norma. Así, la reacción ante el niño que tiene "tanto de bestia cuanto de hombre" es la de la dificultad de poder "formar un juicio prudente" sobre lo que ese cuerpo significa: se explica en tanto monstruo y el monstruo no se explica. Insuperable tautología, no es posible darle un sentido. Sin embargo, ¡se ha dicho y se dice tanto sobre el monstruo!

El otro elemento que resalta tiene que ver, precisamente, con el peso, con la materialidad del monstruo. Por lo tanto, la narración testimonial –"conocí", "he visto", "asistí"–, no puede ser considerada solamente como el sello de una metodología empírica, como indica Francisca Barrera, sino como la huella que ese peso ha dejado en la memoria del que narra. Barrera afirma:

> Uno de los motivos por los cuales el jesuita no deseaba escribir la historia de Quito era su incapacidad para discernir entre lo fabuloso, lo cierto, dudoso y lo probable... es aquí entonces donde la experiencia americana incide directamente en el lugar de enunciación del sujeto. Desde esta perspectiva, Velasco se presentaba a sí mismo como un ser afectado por la experiencia criolla, testigo de hechos prodigiosos que sólo podían aclararse a partir de una visión del mundo más allá del sistema causa efecto que desarrollaban los filósofos de la Ilustración. (304)

¿Podían aclararse solamente a partir de una visión del mundo? ¿Acaso Velasco no responde a una larga tradición europea con respecto a aquello que debe ser considerado monstruoso? En todo caso, la "experiencia", aquí pensada como un modo de conocimiento que pone en crisis lo racional sin querer faltar a la verdad (Barrera 305), puede verse más bien no como el camino para crear un significado, sino como el detonante de una reacción –de atracción y rechazo– que solamente puede suceder ante aquello que se imagina porque tiene *cierto peso*. Por eso no me parece casual que Arturo Andrés Roig diga que el nacimiento del pájaro a partir de la flor no es significativo desde el punto de vista de la ciencia, pero que sin embargo "cobra peso" cuando distinguimos su "direccionalidad semántica" (183). Lo reitera cuando habla de la materia adquiriendo la forma que necesita, y recalca:

> [...] sin llegar a la afirmación de que la *Historia* de Juan de Velasco está más allá de todo género posible, nos parece que es necesario tener presente esa pujanza de la materia a la que únicamente podía el autor expresar de una manera y no de otra, mediante un acto de conformación específica. (192)

Recordemos además que el mismo Velasco había dicho que su malformada *Historia* estaba hecha de verdades "sin adorno, pero *de peso, piedras* [...]" (17, énfasis añadido). De ese modo, consideremos que si el monstruo infringe la ley que racionaliza esas verdades, ¿sería posible afirmar que está más allá de todo género posible, de toda idealización? Tal es así que el mismo autor se disculpa por su naturaleza monstruosa, como cuando el narrador declara que era imposible fijar un juicio con respecto al individuo mitad bestia y mitad hombre. Así, es dable afirmar que la crítica tampoco podría determinar un juicio con respecto a este texto, que no es literatura ni historia. Cualquier intento por establecer alguna categoría se verá inmediatamente impedido y terminará por recurrir a la desarticulación de los conceptos, a la disgregación de las características predeterminadas, como cuando se pone en cuestión y se tuerce la idea de rostro, cuando el rostro no tiene dos sino cuatro orejas, o la idea de pie cuando no tiene cinco sino tres dedos. A tal punto llega la desarticulación del lenguaje ecfrástico que al enfrentarse con el "individuo" menos clasificable, no logra decir de él más características y da a entender que cualquier definición es imposible, anula las certezas y confunde el juicio: ni bestia ni humano.

Cuerpos exhumados

La desarticulación del concepto, sin embargo, no es más que la desarticulación de la propia materia: la impresión –atracción/rechazo– que la materia provoca desarticula lo que de ella puede ser dicho, pero sucede porque la imagen que se percibe –aquella de la que el narrador dice "haber tenido noticia" o "haber conocido y visto"– es la imagen de la desarticulación del sentido: cuerpos multiplicados o divididos, cuyos detalles más ínfimos los dejan fuera de la ley. Llama la atención, por eso, que los censores no hayan hecho observaciones con respecto a este apartado. Probablemente, estaban familiarizados con ese tipo de cuerpos monstruosos que también abundaban en otros libros del viejo continente. Precisamente, se podría decir que de entre tantas "mentiras" o "embustes", estos no son cuerpos que se descrean o se nieguen, que se censuren o se deslegitimen. Sin embargo, son cuerpos de los que no se dice nada más, cuerpos inservibles, cuerpos que se cuelan entre los resquicios de una intencionalidad patriótica –en esa lógica de "direccionalidad semántica" de la que habla Roig– para desarticular su unidad.

Soy consciente de que propongo una relación análoga: la del texto como un cuerpo monstruoso. Por lo tanto, hablo indistintamente de los monstruos narrados y de la obra como un monstruo. Lo hago, sin embargo, no con el afán de mirar a los monstruos descritos por Velasco como metáforas de algo –por ejemplo, de la misma obra velasquiana–, sino como síntomas: el cuerpo narrado del monstruo provoca, tanto en la escritura como en la lectura, un quiebre que lleva al mismo texto a presentarse de manera desarticulada, es decir, a desintegrarse a pesar de los esfuerzos por darle un orden, una "forma". Es porque esos cuerpos son lo que son que ese pequeño apartado de la *Historia* de Velasco aparece ciertamente desarticulando un todo que pretendía mostrarse como orgánico, como útil: sobre los reinos mineral, vegetal y animal se debía alzar con entereza el origen de una raza. Sin embargo, el relato descriptivo de los monstruos es el instante que pone en crisis esa lógica y esa continuidad, que detiene el camino evolutivo de lo natural hacia lo racional. Es un abismo, un intervalo. Velasco lo sabe y por eso se disculpa por el engendro monstruoso, permite su modificación y aunque teme su censura, no pone reparos a esa posibilidad. La "Historia Natural" del Reino de Quito es, de hecho, como la niña con cuernos que aparece al final de su brevísimo bestiario: su cabeza, dice, permaneció siempre cubierta mientras se pudo. Cuando ya no fue posible encubrir los cuernos, le provocaron la muerte. Su desgracia, remata Velasco –la de la niña y, en esta analogía, la de la *Historia*–, "consistió en haber nacido en América donde no se usaban [...] las elevadas cofias que en Francia y en Italia" (254).

Recordemos que, así como estos monstruos aparecen justamente al final del reino animal, precisamente antes del libro dedicado al reino racional, creando un abismo entre ambos, en el relato de la literatura ecuatoriana la *Historia del Reino de Quito* aparece al final de la Colonia, pero no alcanza a estar incluida en el relato de la razón ilustrada del que Eugenio Espejo constituye su principal representante. Y en tanto se trata de un texto cuya materialidad está "malformada" desde sus orígenes, que quiebra el discurso de lo literario y de lo histórico y parece permanecer en constante amenaza de desaparición, no deja de desarticular el canon, de revelar la apariencia deformada detrás de la supuesta unidad.

Cuerpos incorregibles

— *¡Si yo no jui! Jue er diablo.*
— *¡Er diablo eres vos!*
Enrique Gil Gilbert, *El Malo*

Un libro con tres autores parece un cuerpo con tres cabezas. El epígrafe de *Los que se van*, escrito por los guayaquileños Joaquín Gallegos Lara, Enrique Gil Gilbert y Demetrio Aguilera Malta, publicado en 1930, reza: "[a]l frente: Este libro no es un haz de egoísmos. Tiene tres autores: no tiene tres partes. Es una sola cosa. / Pretende que unida sea la obra como fue unido el ensueño que la creó. Ha nacido de la marcha fraterna de nuestros tres espíritus. Nada más" (87). De ese modo, el origen del texto que ha sido considerado "el aldabonazo más importante del realismo" (Proaño Arandi, *Historia de* 144) es, curiosamente, un origen monstruoso. Entre esas tres cabezas hay una preocupación común en lo que se refiere al lenguaje y a la temática, que se materializan en veinticuatro cuentos de características muy similares, organizados de manera indistinta. El origen de *Los que se van* es, si se quiere, tricéfalo. Por supuesto, hay ciertos rasgos distintivos en el estilo de cada autor, pero a primera vista, el cuerpo narrativo refleja esa unidad que los autores quisieron dejar establecida desde el epígrafe. Ahora bien: sin querer establecer un falso problema —es decir, afirmar que esa declaración de unidad hace de este un síntoma de monstruosidad intencional por parte de los autores, cuyo significado hay que tratar de develar—, lo que pretendo es proponer una metáfora que nos ayude a ingresar en unas páginas pobladas de cuerpos que han sido vistos comúnmente como violentos, por momentos inexplicables, y como emisores de un lenguaje que, a fuerza de querer reflejar los acentos y modismos de la zona costeña ecuatoriana, en muchos casos podríamos tildar de casi incomprensible o, incluso, de lenguaje desarticulado.

¿Qué implicaciones tendría el haber sido juzgado como un libro premonitorio o iniciador de la llamada "época de oro" de la literatura ecuatoriana? Debido al subtítulo de la obra: *Cuentos del cholo y del montuvio*, y a cierto espíritu reivindicador que se infiere de un segundo epígrafe,[32] *Los que se van* ha sido constantemente instaurada como una obra fundacional. Sin embargo, también se ha señalado un sinnúmero de cualidades que negaría los requisitos necesarios para ser considerada un ejemplo de escritura comprometida con los oprimidos. Como observa Jorgenrique Adoum:

> Resulta curioso, por lo menos, que el libro con que se inicia un considerable período de una literatura confesa de "denuncia y protesta" [...] no denuncie nada y, por lo mismo, no proteste. Su preocupación no es la injusticia social, tema que iba a ser obsesivo en la narrativa de ese período: en esos cuentos del campo tropical y de las islas costeras no se sorprende a los personajes trabajando [...] ni se los ve actuar en función de su trabajo ni alienados por su trabajo. No hay un solo patrón o explotador de cualquier laya que fuera. [...] El tema central es la violencia del hombre o del destino, la lujuria, que también es violenta y, de modo muy secundario, la superstición. (en "Introducción", *Los que se van* 34)

De tal manera, este libro fundacional no es lo que se pretende que sea, aunque lo que es tampoco sea del todo claro. Se trata de un conjunto de relatos que se alzan sobre nociones ambiguas, entre su rol inaugural del realismo social, sus influencias vanguardistas y sus innegables rasgos costumbristas. Así, la escritura de esta obra, que puede ser calificada como de "transición", como propone Proaño Arandi, no deja de tener ciertos elementos que demarcan una tensión, una paradoja que la

---

[32] Dicho epígrafe, de autoría de una de las cabezas (la de Joaquín Gallegos Lara), dice: "Porque se va el montuvio. Los hombres ya no son los mismos. Ha cambiado el viejo corazón de la raza morena enemiga del blanco. / La victrola en el monte apaga el amorfino. Tal un aguaje largo los arrastra el destino. Los montuvios se van p'abajo der barranco" (87).

Cuerpos exhumados

prefigura como obra de peculiaridades que no le permiten ser explicada desde los parámetros de una u otra tradición. En medio de esa noción de rareza se han fijado algunos valores que parecen incuestionables: por un lado, la violencia de las historias, que ya he mencionado y que algunos críticos interesados en una función mimética de la literatura han catalogado como crudas y excesivas, responsables de una prefiguración poco "conveniente" del habitante montubio. ¿Poco "conveniente" para quién? ¿para la nación? Por otro lado, el uso de un lenguaje que casi de modo indiscutible ha sido señalado como un esfuerzo por recuperar el habla popular de los habitantes montubios y cholos. Al respecto, Adoum señala que se trató de un lenguaje "nuevo, descarado, insolente" que surgió "contra la forma académica y el colonialismo lingüístico", que representaría "lo que *Los que se van* aporta al nuevo relato" (36). En ese sentido, el cinismo y la novedad del lenguaje se transforman en valores que esa crítica favorable, más bien interesada en legitimar la obra como impulsadora del realismo social, prefiere resaltar. Lo hace, hay que decirlo, por sobre una materialidad que ese mismo lenguaje hacía ver como brutal. Adoum afirma que el libro fue "piedra de escándalo" y refiere la opinión de Ángel Felicísimo Rojas, que en su libro *La novela ecuatoriana* (1948) comenta que

> [...] se tildó a la literatura que hacían los autores del discutido libro, como el producto de un plan político, que buscaba producir el escándalo internacional, el desprestigio de *nuestro medio retrasado*, revelando imprudentemente *detalles vergonzosos* de la explotación del hombre campesino y describiendo a éste como a una especie de *subhombre* movido por la lujuria, los celos, el alcohol, y a ratos, por el instinto homicida. (185, énfasis añadido)

A partir de lo expuesto, quiero proponer que en estos relatos hay una materialidad que es problemática. No obstante, la percepción del lenguaje a partir de parámetros real-socialistas provoca que esa materialidad quede relegada o incluso que por momentos sea redimida. Lo que me interesa indicar es la persistencia del problema: así como en la *Historia Natural* de Juan de Velasco hay cierta imposibilidad de explicar la desmesura de unos cuerpos que se alzan tan extraños como problemáticos, en *Los que se van* la reivindicación del uso novedoso del habla popular operaría como un mecanismo de censura o de encubrimiento sobre esos cuerpos, que no pueden entenderse como "recuperación" o "reivindicación". Sin embargo, como quiero plantear finalmente, el habla se hace eco de la desarticulación que se desprende de esos cuerpos incorregibles. Lo hace precisamente cuando su novedad asume el rol de desarticular los sentidos y los discursos porque, cuando ciertas palabras son emitidas, siempre tratamos de imaginar "cómo es" el personaje que las emite.

A las lecturas más tradicionales de *Los que se van* se les puede hacer dos reparos puntuales: en primer lugar, que esa noción de "recuperación del habla popular" como una labor de salvación o reparación de un elemento identitario en riesgo de desaparición subestima los efectos que la novedad de ese discurso tiene sobre la lectura. No se trata solamente de un modo de habla peculiar adjudicado a un tipo de personas que ocupan el espacio de la otredad, sino a un lenguaje que pone en cuestión la unidad y la hegemonía del habla oficial. Podríamos decir entonces que se trata de una desarticulación del lenguaje que, como señala James Berger, es una crítica a la transparencia del significado, a la unicidad y a la idea del lenguaje perfecto (106). En esa medida, este lenguaje, que aparece como por fuera de las reglas, fuera del control ortográfico y sintáctico, puede ser catalogado como un lenguaje monstruoso. Sin embargo, no es un lenguaje que pueda aparecer alejado o diferenciado del sujeto que lo habla. Por lo tanto, un segundo reparo tendría que ver con que, al reivindicar la labor de recuperación de un habla popular, pero condenar la prefiguración violenta y cruda del habitante montubio, lo que se establece es una separación y la consiguiente idealización del lenguaje por sobre el modo –violento y problemático– en el que están representados esos personajes, representación que está determinada por su corporalidad.

Me gustaría aclarar que no busco fijar una correspondencia consecuente entre un sujeto que se ve y un sujeto que habla, para

Cuerpos exhumados

volver a fijar una noción de unidad basada en la dualidad cartesiana. Lo que sí propongo es considerar cómo el habla de estos personajes, en relatos como los que conforman este libro, es sintomática de un tipo de cuerpos que a lo largo de la obra se presentan como imperfectos, desproporcionados, agresivos, pasionales, incontrolables y, en varios casos, incluso animalizados, lo que pone en crisis la intención de explicarlos y hasta de corregirlos. Que esas imágenes de cuerpos, bajo el sino de la crudeza y de la brutalidad, no le sean convenientes al proyecto nacional, es otro asunto. Mi pregunta es que, si se trata de imágenes vergonzosas de esta especie de "subhombres", ¿cómo es posible desligarlos de su habla y ver en ella el elemento de autenticidad de una nueva literatura?

En la dinámica de una comprensión del monstruo dentro de lo que Foucault ha propuesto como un cambio de percepción a lo largo de los siglos, logrando una noción más cotidiana del monstruo, o lo que él llama "el monstruo trivializado" (63), el pensador francés plantea la idea del "individuo a corregir". Es posible que los personajes de este libro de relatos puedan incluirse dentro de esa consideración, en tanto es un fenómeno más frecuente que el fenómeno del monstruo. Como explica Foucault, se trata de un individuo "regular en su irregularidad". En esa medida, muchos de estos relatos presentan tipos de personajes que narran lo cotidiano y, a la vez, que no parecen estar tan lejanos de la regla y, por lo tanto, no son tan fáciles de identificar (63-64). Es por ese motivo que ante la tentación de asumirlos como personajes representativos de un grupo determinado de personas —en este caso, paradigmas del cholo y del montubio— lo que se percibe de ellos termina por poner en crisis esa posibilidad de instituirlos como imágenes universales de algo que no se considera ni bueno, ni normal, ni humano.

Pensemos por un momento en algunos personajes y en sus descripciones: en el cuento "El Guaraguao", de Joaquín Gallegos Lara, el protagonista está inicialmente descrito como *"una especie de hombre*. Huraño, solo"* (97, énfasis añadido), que solamente tiene una relación de familiaridad con un ave, el guaraguao, que lo acompañará hasta la muerte. O, en "El cholo de la atacosa", cuento de Demetrio Aguilera Malta, el protagonista es referido como un hombre: "[...] Prieto el cuerpo, los ojos brindadores, la carne elástica. Reía sobre las balandras y las playas. Diz que le daban ataques. Unos ataques raros y sugestivos. *En que pegaba a las mujeres y besaba a los hombres.* [...]" (109, énfasis añadido). Asimismo, en el cuento de Enrique Gil Gilbert, "Mardecido 'llanto'", el hombre a caballo es descrito desde la visión del caballo salvaje como "una especie de centauro" (198), un animal que tenía "la cabeza flexible, ancha, como si fuera de alas; el cuerpo recto y de un color raro. Estaba como clavado en el bruto" (199). Sin contar con que todos los cuerpos deseosos, lujuriosos, cuyo apetito sexual es frecuentemente comparado con instintos animales, se configuran como cuerpos incapaces de refrenarse, de corregirse, productos de la mezcla entre lo animal y lo humano, entre lo masculino y lo femenino, entre lo bueno y lo malo.

Así, lo monstruoso, de cierta forma pálida, un tanto trivializada, asoma en las páginas de un libro que funda la etapa más importante de la literatura ecuatoriana y que, en esa medida, termina por desestabilizar el canon. Por eso, son textos que, a pesar de haber sido inscritos en la tradición del realismo social, terminan por problematizarla. Pero al mismo tiempo, quiero también señalar que esa imposibilidad de rectificar o corregir estos cuerpos que son, finalmente, las imágenes que no logran incorporarse a la nación en tanto proyecto civilizador quedan relegadas detrás de la supuesta recuperación del habla popular.

¿Qué tipo de individuo habla como hablan los personajes de *Los que se van*? Me gustaría quedarme con uno de ellos: se trata de Leopoldo ("Leopordo", según la escritura plasmada en el relato) el personaje protagónico del cuento de Enrique Gil Gilbert que abre la publicación, titulado "El malo". Se trata de un niño cuyos comportamientos, lejanos a la norma, incorregibles, incontenibles, lo prefiguran como un ser endemoniado, por lo que la muerte de su tierno hermano, como punto central del relato, terminará por atribuírsele casi como una obviedad, aunque en ese momento la narración se torne inaprehensible, ininteligible. En medio de sus saltos de alegría inexplicables y movimientos corporales repetitivos, porque el suyo es un cuerpo que se desborda, mientras se pregunta por qué la gente le dice "el malo", se da cuenta, de repente, que un machete ha caído sobre el pequeño cuerpo del infante que sus padres dejaron a su cuidado. No se lo explica. Hasta el final del cuento sabe que todos afirmarán que fue él, pero siempre lo niega. Está asustado. Niega ser el hijo del diablo, como le acusan. No comprende lo sucedido.

En este cuento, la familia y la gente del pueblo juegan un papel preponderante: el padre y la madre se resignan a tener un hijo como él; los del pueblo lo tachan de malo, se alejan de él, inventan historias, lo aíslan y lo censuran. Cuando sucede la muerte del hermano, una mujer vieja lo juzga y recomienda avisarle de lo sucedido al político del pueblo. La madre piensa en las consecuencias de llamar a la policía. En definitiva, hay toda una organización social que gira en torno a este individuo incorregible, organización que, como señala Foucault, representa su marco de referencia.

> [...] la familia misma en el ejercicio de su poder interno o la gestión de su economía; o, a lo sumo, la familia en su relación con las instituciones que lindan con ella o la apoyan. El individuo a corregir va a aparecer en ese juego, ese conflicto, ese sistema de apoyo que hay entre la familia y la escuela, el taller, la calle, el barrio, la parroquia, la iglesia, la policía, etcétera. [...] (63)

De ese modo, este monstruo trivializado, este monstruo más común, aparece como un individuo puesto en medio de todo un aparato de corrección que nunca termina de rectificarlo. Ahí precisamente se consolida su condición de inexplicable, de imprevisible —porque todos sospechan que esta muerte es la antesala de las que podrían venir— es decir, su condición de ininteligible, como sugiere Foucault.

En el cuento de Gil Gilbert, este incorregible, este monstruo trivializado asume el habla del entorno, aunque nunca logre "decir" la verdad de lo que pasó, porque es el entorno y no su habla lo que determina esa "verdad": "¡Yo no jui! ¡Yo no jui! ¡Si yo no sé!" (93).

De esa manera, sin lograr él mismo controlar ese modo de hablar de todos, logra poner en evidencia la desarticulación de este lenguaje "recuperado". Y aún más: ese uso del lenguaje −torpe, incorregible, ininteligible− brota de un cuerpo que redunda aún más en esa idea de desarticulación. Un cuerpo que es apenas descrito casi al inicio del cuento y que, sin embargo, apenas en ese pequeño instante de aparición, logramos intuir para tratar de aprehender lo que vendrá:

> Y seguía meciendo. *El cuerpo medio torcido, más elevada una pierna que otra, sólo la más prolongada servía de palanca mecedora. En los labios un pedazo de nervio de res: el 'rompe camisa'.*
> Más sucio y andrajoso que un mendigo, hacía exclamar a su madre:
> −¡Si ya nuai vida con este demonio! ¡Vea: si nuace un ratito que lo hei vestío y ya anda como de un mes! (90, énfasis añadido)

Atenuada por los intentos de los otros de corregirlo, esa monstruosidad, no obstante, pone en crisis incluso la legitimidad de lo que los otros dicen: su habla, parecida a la de los otros, pero no la misma, emitida por un cuerpo salido de la norma, configura una imagen de regularidad en la irregularidad. Es un habla que no solamente cuestiona al sujeto que la emite, sino que opera como puente de identidad del monstruo con los otros. Sin embargo, el monstruo sigue siendo inexplicable, a menos que se recurra a un afuera de la ley −al diablo, en este caso, a la pura maldad− para tratar de articular su marco de referencia.

Cuerpos inverosímiles

> *¿Y este cuerpo inverosímil, estas dos cabezas, estas cuatro piernas, esta proliferación reventada de los labios? ¡Uf!*
>
> Pablo Palacio, *La doble y única mujer*

Como los monstruos de Velasco y los de *Los que se van*, e incluso en mayor medida, los personajes que aparecen a lo largo de la obra de Pablo Palacio (Loja, 1906-1947) ponen en crisis el canon. La diferencia —además de aquellas obvias que se deben a la época de cada autor y al tipo de escritura que desarrollan— es que los monstruos de Velasco, entre las numerosas páginas de tres tomos polémicos, han pasado casi desapercibidos, han quedado subexpuestos. Y los de *Los que se van* han sido incorporados sin cuestionamientos al canon, casi normalizados tras la aparente reivindicación de un habla autóctona. Los de Palacio, en cambio, han sido colocados uno por uno bajo la lupa curiosa de la crítica, especialmente de la que ha querido recuperar su obra a partir de la década de 1960. Sobre esos monstruos se ha regado la por momentos enceguecedora luz de la consolidación de la figura más subversiva y enigmática de la literatura ecuatoriana.

En este apartado, en el que me propongo abordar con mayor especificidad la monstruosidad del personaje protagónico del cuento titulado "La doble y única mujer", quiero tratar de agotar tres ideas que ya he adelantado en mi acercamiento a la obra de Velasco y al libro *Los que se van*. Primeramente, me gustaría insistir en la necesidad de mirar el cuerpo del monstruo como síntoma y, en consecuencia, como una puesta en crisis de lo que tiene sentido. En este caso, como una puesta en crisis del sentido de la nación. Para ello, me acercaré a la lectura del cuento realizada por Michael Handelsman quien, desde los estudios culturales y los de género, induce a hacer un análisis interpretativo de "La doble y única mujer" como metáfora feminista y homosexual —una "doble y única lectura", dice el autor— a partir de lo que podríamos denominar un proceso de "desmaterialización del cuerpo" o, recordando a Gisella Catanzaro, como la evolución de la materia hacia una "espiritualización" del cuerpo. Más allá de cuestionar el estudio de Handelsman, que busca una explicación simbólica para un cuerpo al que parece negársele su monstruosidad, espero poder sugerir que la imagen del cuerpo del monstruo reclama un esfuerzo de imaginación que sea capaz de no retirar la mirada, incluso —o ante todo— si ese esfuerzo implica poner en crisis el discurso de lo nacional u otro tipo de discursos pacificadores y reguladores.

A partir de esto, referiré la idea de que, así como los monstruos de Velasco son del todo inexplicables, los de Palacio, y en particular el monstruo de "La doble y única mujer", se hallan ante cierta complicidad de la crítica con el proyecto nacional frente a la posibilidad de ser integrados al relato de la historia literaria ecuatoriana. Sin embargo, siempre queda algún resquicio por el que esa pertenencia se ve puesta en duda, para lo cual, y como ya sugerí en el apartado sobre los cuentos de *Los que se van*, llevaré la noción de desarticulación hacia el lenguaje usado por las hermanas siamesas como una estrategia de materialización del cuerpo y una puesta en crisis de un sujeto que no tiene manera de formar parte ni de una historia nacional ni de una lectura orgánica del canon.

Por último, me referiré a la materialidad del cuerpo del monstruo como elemento desarticulador de la linealidad sobre la que pretende fijarse el canon literario. Desde la idea de Michel Foucault sobre la trivialización del monstruo, veremos en la biografía de Palacio y en el sino vanguardista de su obra las estrategias de lectura que mitigan estos cuerpos. La idea es que, a pesar de esa labor de atenuación del monstruo, su materialidad continúa contradiciendo la linealidad atribuida al

Cuerpos exhumados

discurso histórico. En general, no suele ser fácil asumir su obra como una literatura anterior a la generación del realismo social, tal vez porque su recepción adquirió mayor fuerza a partir de la publicación de sus *Obras Completas* en 1964. Por eso, pienso que leer a Pablo Palacio invita a desubicarse temporalmente, circunstancia que en más de una ocasión ha hecho que este autor haya sido catalogado como un "adelantado" o como una rareza para su tiempo.

Cuando me refería a la historia de la literatura ecuatoriana y a la crítica canónica que la respalda como al seísmo violento que deja bajo los escombros los cuerpos que hemos dejado de reconocer, estaba aludiendo precisamente a ese daño causado por un orden simbólico del que habla James Berger (108). Existe, como dice este autor, una urgencia por llevar a cabo una desarticulación de la razón, de lo único, de lo que significa. Por lo tanto, "[l]o que nos salva de lo simbólico solamente puede ser lo no-simbólico" dice Berger (107, mi traducción), en un claro esfuerzo por problematizar ciertas categorías de análisis e interpretación.

En lo que respecta a los textos literarios, la propuesta de Berger anima a pensar en cómo ciertos cuerpos no logran ajustarse a las demandas analíticas más comunes. En el caso de Palacio, el personaje /los personajes de las hermanas siamesas de "La doble y única mujer" ha(n) sido sujeto —y digo este "sujeto" consciente del paradójico juego de palabras— de más de una interpretación. Michael Handelsman, por ejemplo, lo ha visto como la reivindicación de la identidad lésbica y, a la vez, como reivindicación feminista; Diego Falconí, por su lado, ha leído en esa duplicación la violencia de las instituciones patriarcales; otros han agotado la relación de Palacio con Borges y la noción del doble. Da la sensación de que el afán ha sido ver en este cuerpo duplicado cualquier metáfora que sostenga la idea de subversión y que, a la vez, logre esconder el cuerpo del monstruo y no distanciarse demasiado de los parámetros cartesianos. Reconocer ese cuerpo en tanto materialidad monstruosa sería consentir el sin sentido, sus contradicciones, sentir asco o miedo, quedar por fuera del discurso, legitimar su incapacidad de estar en el proyecto nacional y, por extensión, su incapacidad de ser moderno. Es decir, sería reconocer su no pertenencia (al *corpus*).

En su ensayo sobre "La doble y única mujer", Handelsman empieza afirmando que "[...] el mundo palaciano ha sido el producto de un discurso hondamente metafórico" (4) y, por lo tanto, llama la atención sobre la necesidad de un lector moderno que pueda enfrentar dicho carácter metafórico. Haciendo referencia a Miguel Donoso Pareja, Handelsman establece la obra de Palacio como el producto de un "realismo abierto" que podría, a través de constantes e indefinidas interpretaciones, reactualizarse permanentemente. De ese modo, este crítico justifica una lectura –su lectura– como un esfuerzo de creatividad interpretativa, desde el feminismo y la homosexualidad (4). Como lo veo, la finalidad de esta acción interpretativa es la de proveer a la obra de la contemporaneidad necesaria para que pueda continuar funcionando de manera orgánica dentro del canon literario ecuatoriano. Para ello, Handelsman empieza por negar el cuerpo, por negar la materialidad del monstruo: afirma que aquellos signos que lo configurarían son engañosos y que solamente "parecen resaltar su supuesta condición de monstruo o aberración social" (5). Este crítico señala que el relato "admite la lectura fantástica (basada en un fenómeno real: los hermanos siameses)" (6, paréntesis en el original), y la contrapone con la idea de la lectura metafórica, a la que se apega afirmando que esta doble y única mujer "constituye una excepción, la categoría de lo diferente" porque:

> [...] la supuesta anormalidad, marginalidad o singularidad de sus personajes pueden interpretarse no solamente como un esfuerzo por desacreditar sino, también, como un esfuerzo por buscar y legitimar alternativas nuevas en lo que respecta a las relaciones tradicionales entre hombres y mujeres, por un lado, y el heterosexualismo por el otro. (7)

De esa manera y desde una lectura más bien contemporánea, Handelsman aboga por un funcionamiento orgánico de este cuento y en general, de la obra palaciana, funcionamiento que se caracteriza por adjudicarle a la escritura de Palacio una vocación de denuncia y de compromiso social frente al poder ejercido por sectores hegemónicos

Cuerpos exhumados

de la sociedad ecuatoriana, lo que termina por ser interpretado como una preocupación por parte de Palacio con respecto a la situación de la mujer en una sociedad patriarcal. En otras palabras, Handelsman aboga por pensar en la obra de Palacio como en un texto de denuncia social, tal como lo hizo la obra de los escritores del realismo social del 30, contemporánea a Palacio. Así, el monstruo es para Handelsman una imagen simbólica —y, en ese sentido, se presenta como símbolo de algo (ideología) y no como síntoma de algo (conocimiento)—, lo que acrecienta una idea del cuerpo monstruoso como "materia espiritualizable" cada vez más exenta de espesor, digna de formar parte de los nuevos discursos que la nación legitima e incorpora a una agenda respetuosa de las diversidades.

En definitiva, Handelsman no acepta desafiar la figura antropomorfa como símbolo de lo orgánico, o del sentido, cuya deformación implicaría la ausencia de promesa, la incapacidad de "llegar a ser" la nación y la literatura que se espera. Él insiste en considerar el clamor del personaje por la unicidad. Sin embargo, el personaje palaciano carece de subjetividad, aunque la convoque, porque no puede estar sujeto a nada, porque no tiene la potencia de ser uno. Y en el contexto de una literatura nacional que se propone delinear un cuerpo viable, un cuerpo utópico, vale la pena pensar también en la ideología del cuerpo productivo, la ideología del cuerpo capaz, a cuya posibilidad se le reservan todas las promesas. Pensemos entonces por un momento en la lectura de Handelsman como en una estrategia "capacitista" del cuerpo monstruoso, un cuerpo cuya imagen, para ser útil, puede ocupar solamente el espacio de la metáfora como espacio de la ideología. Hablando sobre la epistemología de la metáfora, Paul de Man se preguntaba "si las metáforas ilustran el conocimiento o si el conocimiento no estará formado por metáforas" (57), lo que en definitiva nos lleva a pensar en las consecuencias de leer a contrapelo del conocimiento que es, para decirlo de otro modo, pensar en las consecuencias de leer sin llevar a cabo un ejercicio racional de interpretación del sentido, sino desde un "dejarse conmover" por las huellas que se presentan como síntoma.

Me parece que los trabajos de Francisco José López Alfonso, "El nihilismo en los cuentos de *Un hombre muerto a puntapiés*" y de Celina Manzoni, "Una estética de la ruptura", incluidos en las *Obras Completas de Pablo Palacio*, pueden ser retomados para tratar de exhumar al monstruo que permanece sobrexpuesto en esta ansiedad por interpretarlo. Su visión de lo que implica la escritura vanguardista en Palacio toma en cuenta que hay una consecuencia de la visión de la imagen de los cuerpos monstruosos. Es decir, ambos autores "miran" los detalles del/ los cuerpo(s) y esa mirada los lleva a proponer, aunque por momentos de forma atenuada, una desarticulación de los discursos. Al respecto de las siamesas de "La doble y única mujer", Manzoni dice: "Si el doble arrastra el caos que el uno aseguraba como cosmos, las mellizas inseparables, dos que son una, desbaratan cualquier explicación tranquilizadora, llevan hasta sus últimas consecuencias el mundo del revés, lo que está detrás del espejo" (452). Manzoni intuye entonces que lo ininteligible es una de las condiciones de este cuerpo monstruoso y la idea del espejo y el revés también provocan una reconstrucción de la imagen abyecta.

Ahora bien: mi interés por el cuerpo siamés que aparece en este cuento tiene que ver con otra circunstancia también particular. Haré pronto una referencia a esa imagen que Manzoni describe como aquella que "desbarata cualquier explicación tranquilizadora". Sin embargo, quisiera empezar con la idea de que para que el cuerpo de las siamesas aparezca en el espacio narrativo, el narrador utiliza una controversial "primera persona" que se esfuerza por ajustar las normas lingüísticas a la realidad de su doble existencia: "Yo-primera soy menor que yo-segunda" (*Obras completas* 33, 2000), lo que refleja no solamente que se trata de un lenguaje efectivo para la construcción de esa imagen –en el desarrollo de la écfrasis como herramienta retórica pero también como esperanza– sino en el único vehículo de invocación del monstruo: precisamente, a partir de la autoinvocación, de la autodescripción, el monstruo se presenta.

El lenguaje, como intento de fijación y unicidad del sujeto, debe contravenirse como afirma el crítico Diego Falconí en su estudio sobre

Cuerpos exhumados

este cuento de Pablo Palacio. Debe hacerlo para poder expresar la diversidad del cuerpo. Bien señala Falconí que se trata de un castellano incorrecto, lo cual redundaría en la idea del monstruo como la extrema infracción de las leyes, tanto como sucede en los relatos de *Los que se van*. Este autor afirma también que este lenguaje trata de "exponer el mecanismo ideológico que lo ha conformado y que busca que el modelo de subjetividad moderno sea coherente con el modelo narrativo en primera persona" (45). Lo que me gustaría añadir es que esa incorrección del lenguaje se alza como un mecanismo desarticulador del orden simbólico de la nación: el cuerpo que exhibe desestabiliza el dualismo cartesiano porque la doble y única mujer está imposibilitada del yo o, paradójicamente, está doblemente posibilitada. Entonces su cuerpo, en tanto dualidad mente-cuerpo, es el cuerpo imposible porque serían dos "mentes" comandando una sola materialidad. López Alfonso lo dice de otra manera: "el relato recae en la cuestión del sujeto, de la identidad que el propio cuerpo parece contradecir. Su rechazo de la 'ingenua doctrina cartesiana' se fundamenta en la conciencia de que nuestro hábito gramatical atribuye a todo acto un sujeto agente" (385). La voz narrativa del cuento lo dice de esta manera:

> Verdaderamente, no sé cómo explicar la existencia de este centro, su posición en mi organismo y, en general, todo lo relacionado con mi psicología o mi metafísica, aunque esta palabra creo ha sido suprimida completamente, por ahora, del lenguaje filosófico. Esta dificultad, que de seguro no será allanada por nadie, sé que me va a traer el calificativo de desequilibrada porque a pesar de la distancia domina todavía la ingenua filosofía cartesiana, que pretende que para escuchar la verdad basta poner atención a las ideas claras que cada uno tiene dentro de sí, según más o menos lo explica cierto caballero francés; pero como me importa poco la opinión errada de los demás, tengo que decir lo que comprendo y lo que no comprendo de mí misma. (*Obras Completas* 36, 2000)

A diferencia de lo que sucede con Velasco y con los cuentos de 1930 de *Los que se van*, en este lenguaje se refleja el conocimiento de la regla. De todos modos, que su enunciación se haga desde una boca que bien podría ser la otra boca del mismo cuerpo, lo hace inentendible, difícil de aprehender. Acontece, entonces, esa inteligibilidad tautológica de la que habla Foucault, capaz de reflejar al monstruo y su propia lucha.

Me gustaría añadir entonces que si ese cuerpo contradice al sujeto, a la "ingenua filosofía cartesiana" sobre la que se acentúa nuestro lenguaje para nombrarnos, es posible pensar que una imagen corporal como la de la doble y única mujer tiene la capacidad no solo de contradecir, sino además de rechazar o cuestionar todo aquello que deviene de la doctrina cartesiana, como por ejemplo, el sujeto moderno, la nación y su obsesión por definir identidades o, incluso, sujetos parlantes portadores de una sola verdad: una vez más, el monstruo va y viene, se repliega, provoca el caos, deviene en caos.

Hay que tomar en cuenta que, a pesar de esta especie de configuración del lenguaje desarticulado como estrategia de resistencia, cuando las siamesas lo usan se disculpan por las "incorrecciones" en las que caen. El cuento, de hecho, inicia con una explicación, un intento de inteligibilidad del lenguaje que solamente puede ponerse entre paréntesis para desmarcar, o más bien liberar, ese otro espacio en el que el cuerpo del monstruo será dicho:

> (Ha sido preciso que me adapte a una serie de expresiones difíciles que sólo puedo emplear yo, en mi caso particular. Son necesarias para explicar mis actitudes intelectuales y mis conformaciones naturales, que se presentan de manera extraordinaria, excepcionalmente, al revés de lo que sucede en la mayoría de los "animales que ríen") (33, paréntesis y comillas en el original)

Visto así, los paréntesis se encargan de "sacar" el lenguaje hacia un espacio de comprensión. Sin los paréntesis, la imagen del cuerpo doble quebranta todas las reglas, infracción reflejada en la incorrección del lenguaje. Lo que está entre paréntesis no desarticula nada. Provoca una incertidumbre con respecto a lo que será narrado, anuncia lo raro, pero continúa siendo el lenguaje dicho por un sujeto único que antepone un yo al resto del discurso. De regreso a la imagen, solamente en ella y no fuera de ella, es decir, en los espacios en los que es posible percibirla, el monstruo se presenta en todo su espesor y el lenguaje, finalmente, se fragmenta. Cito *in extenso*:

Cuerpos exhumados

Mi espalda, mi atrás, es, si nadie se opone, mi pecho de ella. Mi vientre está contrapuesto a mi vientre de ella. Tengo dos cabezas, cuatro brazos, cuatro senos, cuatro piernas, y me han dicho que mis columnas vertebrales, dos hasta la altura de los omóplatos, se unen allí para seguir –robustecida– hasta la región coxígea.

[...] Digo esto porque yo-segunda soy evidentemente más débil, de cara y cuerpo más delgados, por ciertas manifestaciones que no declararé por delicadeza, inherentes al sexo, reveladoras de la afirmación que acabo de hacer; y porque yo-primera voy para adelante, arrastrando a mi atrás, hábil en seguirme, y que me coloca, aunque inversamente, en una situación algo así como la de ciertas comunidades religiosas que se pasean por los corredores de sus conventos, después de las comidas, en las filas y dándose siempre las caras –siendo como soy, dos y una. (33)

Acontece entonces la presencia del cuerpo desarticulado –y desarticulador– del monstruo, a partir de la manifestación –material– de una escritura desarticulada. Pero su materialidad y su ininteligibilidad serán aún más contundentes cuando ese cuerpo desarticulado sea deseado y desee. En ese sentido, vale la pena pensar en todas las veces que se ha tildado la obra de Palacio como "apolítica", desde las recriminaciones de sus contemporáneos del realismo social, que le reclamaban una falta de compromiso social en beneficio del mero artificio, pero también desde quienes han tratado de reivindicar su obra como manera de enfrentarla a una tradición literaria que, hasta la década de 1950, se percibe como politizada en exceso.[33] Si hay un aspecto en el que estos cuerpos monstruosos son ante todo políticos es, precisamente, en el deseo como estrategia de resistencia al rechazo, lo que lleva a la mirada hacia la imagen del beso, del abrazo, y ante todo hacia la manera "cómo podía dar ese abrazo, con los brazos de yo-primera, mientras yo-segunda agitaría los suyos o los dejaría caer con un gesto inexpresable. Si era un beso, sentía anticipadamente la amargura de mi boca de ella" (40). Porque el cuerpo no está fijo y porque su fijeza no permitiría su relación con otros cuerpos y, en consecuencia, su permanencia en la memoria, este movimiento de tensión entre

---

[33] El trabajo icónico en este sentido es el ensayo de Leonardo Valencia titulado "El síndrome de Falcón", sobre el cual reflexiono en las últimas páginas de este libro.

el cuerpo que abraza y que al mismo tiempo, siendo otro cuerpo, desespera por la falta del abrazo, anuncia la tensión que hace que el monstruo no deje de estremecernos. Por lo tanto, tiene en sí mismo la fuerza para avanzar y replegarse, para afirmar su deseo y negarlo, para atraer y rechazar. Dicho movimiento pone en entredicho la linealidad del discurso: el relato no transcurre sino en el caos provocado por esta lucha de cuerpo contra cuerpo de una mujer que es dos que es una.

Como lo que está en juego en el fondo de mi propuesta concierne, entre otras cosas, a una desarticulación de la concepción lineal y evolutiva de la literatura nacional para poner en evidencia la imposibilidad de su supuesta organicidad, apunto como reflexión que la obra de Palacio, tal vez como ninguna otra enmarcada dentro de los límites de la literatura ecuatoriana, quiebra la linealidad cronológica sobre la que se asienta el canon porque su pulsión dialéctica tiene la capacidad de desarticularlo. De algún modo, este acto de quiebre también les puede ser atribuido a ciertos momentos de la obra de los escritores César Dávila Andrade (1918-1967) y Jorge Icaza (1906-1978). Sin embargo, como intentaré desarrollar en un siguiente capítulo, una parte del trabajo de estos autores ha sido incorporada a esa cronología de una manera tan orgánica como peculiar, lo cual, a mi modo de ver, se justifica en la presencia trágica del cuerpo indígena como un *ethos* patrio del dolor y del sufrimiento que ha delineado ciertas particularidades del sello de identidad nacional representada en la literatura ecuatoriana. La obra de Palacio, en cambio, no tiene ninguna probabilidad en sí misma de incorporarse a la linealidad del canon, a menos que sea a partir de factores externos que de alguna manera exigen su correspondencia con una época determinada, un discurso generacional y una escuela particular.

Puedo adelantar, entonces, que se trata de una primera perspectiva frente a la presencia de los cuerpos monstruosos en la literatura palaciana: si la del homosexual muerto a puntapiés, como la del antropófago o como la de las siamesas y otras tantas son imágenes monstruosas, el estupor que causan nos obliga a mantener la mirada/imaginación sobre ellas y sobre la tensión que provocan y, por lo tanto, a detener el curso habitual de la linealidad lectora. La idea es que esa misma pausa provocada por esas imágenes en el movimiento supuestamente lineal del relato se extrapola al ámbito del relato nacional, haciendo que la obra palaciana en sí misma, tanto como los cuerpos que aparecen en ella, sean el "instante" en el que el movimiento evolutivo de la historia literaria se ve obligado a replegarse, a cuestionarse, a contradecirse e, incluso, a silenciarse. En ese sentido, su calidad de "instante" conlleva también a considerar su permanencia en la imaginación –"instante" y "permanencia" entendidos como ese intervalo en la temporalidad del discurso que, sin embargo, persiste vivo en la memoria, como propone Bergson (50)– con lo cual la única forma de incorporar esa escritura al relato de lo nacional es aceptando su capacidad de aparecer y desaparecer indistintamente. Esto sucede, y me gustaría provocar una reflexión más amplia a partir de esta idea, porque se trata de una literatura que no "cuenta" sino que "muestra", lo que implica que también pone en crisis la idea de narración.

Lo que acabo de decir tiene que ver con la noción de síntoma que señalé anteriormente. Palacio, claro, no la consideró de esa manera, pero si contraponemos el *sentido* al *síntoma*, como contraponemos la tensión entre *contar* y *mostrar*, veremos que la idea fue desarrollada por el mismo Palacio, en distintas ocasiones, especialmente en el transcurso de la muy comentada y polémica discusión con el escritor del realismo social, Joaquín Gallegos Lara, uno de los tres autores de *Los que se van*. Palacio, que dice que entiende que hay "dos tipos de literatura que siguen el criterio *materialístico*" (énfasis añadido), afirma que un escritor puede o bien ser "el encauzador" [sic], "el conductor" o "el reformador" –refiriéndose a la labor de los escritores del realismo social– o, en cambio, el "expositor simplemente". Después incluso asegura que ese segundo tipo de escritor con el que él mismo se identifica, es decir, el que "simplemente expone", produce su obra a partir de llevar a cabo: "el descrédito de las realidades presentes, descrédito que Gallegos mismo encuentra *a medias admirativo, a medias repelente*, porque esto es justamente lo que quería: invitar al asco de nuestra verdad actual" (*Obras Completas* 77-78, 1964, énfasis añadido). Esta declaración se corresponde audazmente con aquel pequeño texto que, a manera de epígrafe, abre la publicación de *Un hombre muerto a puntapiés*: "Con guantes de operar, hago un pequeño bolo de lodo suburbano. Lo echo a rodar por esas calles: los que se tapen las narices le habrán encontrado *carne de su carne*" (*Obras Completas* 5, 2000, énfasis añadido). De esa manera, Palacio establece una especie de manifiesto de una literatura que pretende "dejar ver" o "hacer ver" imágenes que, como la del monstruo, a medias admirativa, a medias repelente, sean capaces de exponer ante nuestros sentidos, *simplemente*, carne de nuestra propia carne.

Es necesario llamar la atención con respecto a dos detalles: por un lado, podemos interpretar como sintomático el hecho de que el mismo Palacio le confiera a su actitud literaria la característica de demeritar realidades, un descrédito "a medias admirativo, a medias repelente", es decir, una actitud de estupor frente a lo que no se puede explicar como producto de una mezcla que es, finalmente, monstruosa: una realidad desacreditada que atrae a la vez que repele, que impulsa esa tensión que mantiene al monstruo presente como tautología, en tanto el espesor de su imagen se hace ineludible. Por otro lado, cabe también pensar en esa "crisis del objeto" que fue diagnosticada por el surrealismo bretoniano, que evocó insistentemente la idea de la "mesa de disección" de Lautréamont, como bien indica Eliane Robert Moraes (21). Los guantes de operar de Palacio, que "diseccionan" deformando la realidad para desacreditarla —y que es, en definitiva, quitarle crédito, quitarle sentido, quitarle razón— son la estrategia de manipulación de la materia que permite comprender esa intención subversiva de contrariar y manipular el objeto en su supuesta indivisibilidad para ponerlo en crisis, hacer de él ya no sentido —lo que se cuenta— sino síntoma —lo que se muestra.

Ahora bien: Palacio, como el cura Juan de Velasco y como los autores de *Los que se van* (ellos, tal vez a su pesar), expone monstruos. Sin embargo, las monstruosidades de Palacio están justificadas en el ámbito de la ficción, lo que no sucede con los monstruos de Velasco, por ejemplo, lo que les exige a esos −y no a estos− una garantía de realidad. Los monstruos de Palacio deben ser creíbles dentro del pacto ficcional, pero están sujetos a ser metaforizados. Los monstruos de Velasco se muestran para ser desechados por su falta de rigor científico; los de Palacio se muestran para ser desmaterializados, como sucede en la lectura que realiza Michael Handelsman.

De todos modos, hay un amplio período de tiempo entre los monstruos de Velasco y los de Palacio, que determina ciertas diferencias, como señalé anteriormente. Específicamente, podemos hablar de un cambio entre la percepción del monstruo a finales del XVIII y la que empieza a configurarse en el siglo XIX. Foucault habla de una "cotidianización" del monstruo, que estaría condicionada por la cada vez más amplia influencia de los saberes y las instituciones. Así, la idea del monstruo, que tiene ciertas particularidades en la Edad Media y que se complejiza durante la Ilustración, entra en un ámbito de especificación desde el XIX. Para Foucault, las figuras del anormal, del individuo a corregir y del niño masturbador conllevan en sí mismas un monstruo trivializado, como señalé anteriormente en el caso del cuento "El malo", un individuo cercado por una "especie de monstruosidad cada vez más difusa y diáfana, por esa incorregibilidad rectificable y cada vez mejor cercada por esos aparatos de rectificación" (65). No me parece por tanto descabellado que los tres personajes más emblemáticos y polémicos de Palacio, en lo que se refiere a su circunstancia anómala, se correspondan casualmente con la clasificación foucaultiana: el cuerpo de las siamesas como el cuerpo del anormal, el antropófago como el individuo a corregir −y en ese sentido, hay que fijarse en el rol que cumple en ese texto el aparato jurídico, la cárcel como espacio correctivo y las relaciones familiares− y por último, el homosexual, que se presenta como el degenerado sexual que proviene del niño masturbador, cuya práctica corporal es al tiempo patologizada y estigmatizada.

Ahora bien: me refiero a estas categorías planteadas por Foucault y, sobre todo, a esta noción del monstruo trivializado, porque pienso que el rol rectificador que se les puede atribuir a ciertas instituciones y saberes se filtra también en la práctica de la crítica literaria y en la construcción discursiva de la historia. Me gustaría aclararlo: no trato de decir que los tres monstruos palacianos que he citado aparezcan necesariamente difuminados en la escritura, sino que, como sucede con los monstruos que aparecen en *Los que se van*, la crítica, de cierto modo, los ha trivializado, recurriendo a discursos que están fuera del monstruo, lo que implica también un afuera de la escritura. Lo hace Handelsman al acomodar ciertos discursos como el de género para aplacar la imagen problemática del cuerpo duplicado, pero lo han hecho sistemáticamente otros investigadores a lo largo de los últimos años al recurrir a explicar la escritura palaciana desde su biografía y también al tratar de hacer que la vanguardia con la que esa escritura se identifica sea una estrategia de legitimación de esta obra para explicarla y comprenderla dentro del canon ecuatoriano y latinoamericano. Ya he dicho que imágenes expuestas, tanto como el acto de "mostrar", que es el de escribir, se hacen aprehensibles solamente a partir de lo que está fuera del monstruo, es decir, en el discurso. Ese "explicar desde afuera" ha provocado que la obra de Palacio quede oculta y que lo que se percibe de ella sea aquello que podría lograr incorporarla al relato de lo nacional.

Por una parte, entonces, tenemos los análisis de su obra que han encontrado un espacio confortable de explicación de lo incomprensible en ciertos datos biográficos del escritor, como la sífilis que aparentemente lo aquejó y que, finalmente, lo habría llevado a la muerte. También vale recordar que el mismo Benjamín Carrión, el impulsor de la idea de la "pequeña gran nación", se encargó de configurar en torno a él un mito de origen para su genialidad y rareza, cuando introdujo en su escrito sobre Palacio una leyenda en la que el pequeño niño de tres años, que "no daba señales de gran inteligencia, ni mucho menos", habría caído a un río dejando su cuerpo hasta tal punto "amoratado" e "informe", que hubo de debatirse durante días entre la vida y la muerte. Según relata Carrión:

> [...] cuando comenzó a sanar de sus setenta y siete cicatrices, las palabras, que antes del accidente eran difíciles, babosas, surtieron llenas

Cuerpos exhumados

de inteligencia. Y en la curiosidad infantil que iba descubriendo las cosas, como alguien que despierta de una larga letargia cataléptica, había siempre el acierto de las relaciones y las comparaciones: parecía una persona mayor. No balbuceó nunca, no dijo *medias palabras*. (En Palacio 438, 2000, énfasis añadido)

Es curioso pensar de repente en Palacio como alguien que "nunca balbuceó" ni dijo "medias palabras", es decir, como un sujeto productor de discursos "articulados", sobre todo cuando a lo largo de los años, su obra ha sido también explicada desde una supuesta condición de "locura" del autor. En la *Historia de las Literaturas del Ecuador*, Vladimiro Rivas Iturralde dice que ya hacia finales de la década de 1930 empezaban a notársele a Palacio ciertas "anomalías": "irritabilidad, distracciones, balbuceos, fugas mentales, ausencias" (102). Es aún más curioso pensar en esa supuesta capacidad absoluta del habla que no balbucea, que no dice "medias palabras", cuando su obra ha sido constantemente calificada como "dislocada", "inquietante", "fragmentaria", "inconexa", "carente de sentido", etc. Lo que quiero decir es que me parece probable que, ante el asombro pasmoso que provocan los cuerpos escritos en la obra palaciana —el del padre arrancando con los dientes la nariz de su hijo; los de los jóvenes colegiales disparándose en la sien y cayendo al unísono; el del homosexual sometido a los rabiosos puntapiés, etc.— la incapacidad de explicarlos e incorporarlos a un relato mayor ha llevado a buena parte de la crítica literaria sobre Palacio a trasladar el monstruo hacia la biografía del autor y, cabe decir, hacia su propio cuerpo, un cuerpo que es más fácil de someter o de trivializar desde lo anecdótico y desde el discurso médico. Rivas Iturralde, que previene del peligro de abordar la obra de Palacio exclusivamente desde su vida (102), vuelve paradójicamente sobre ella cuando afirma, en más de una ocasión, que su obra, en tanto presentó temas de "singularidad, sadismo, crueldad y enfermedad", no tenía el afán de escandalizar a sus lectores tanto como "reproducir metafóricamente su propia marginalidad" (111) como si la obra cumpliera el rol del espejo. Sorprende más, entonces, que Rivas Iturralde sugiera que la obra de Palacio no debe ser encarada frontalmente, sino lateralmente: "Hay que verla —dice este crítico— oblicua y lateralmente, con guantes de operar, como escribió él mismo". Y continúa: "Casi todo lo que de él se afirme debe considerarse mera propuesta, mera hipótesis" (102). Estrategia de mitigación, de trivialización, la obra es un monstruo rectificable en tanto se la ve de lado, reconociéndola como metáfora de la marginalidad y la locura del autor.

Vayamos ahora con la idea de la lectura vanguardista de la obra palaciana como un modo de tratar de explicar al monstruo desde afuera. Al menos para mí, esta lectura, junto con la que llevan a cabo los estudios maricas, sobre todo del cuento "Un hombre muerto a puntapiés", son las que más han enriquecido la discusión en torno a los textos palacianos en los últimos años. En ese sentido, son indudables las contribuciones de Yanna Hadatty Mora, Celina Manzoni, Humberto Robles, Noé Jitrik y otros en la edición de las *Obras Completas*, del año 2000, en lo que respecta a la noción de vanguardia, mientras que sobresale el trabajo de Diego Falconí Trávez en torno a una consideración de la obra desde los estudios maricas que, a diferencia de la propuesta de Handelsman, no pretende hacer de Palacio un escritor comprometido con ninguna causa política. Sin embargo, especialmente con los estudios desde la vanguardia, tengo la impresión de que en muchos de los casos la explicación de las imágenes palacianas como mecanismos típicamente vanguardistas es muchas veces utilizada para justificar una correspondencia de la obra de Palacio con un contexto más amplio latinoamericano, en tanto esa correspondencia legitima por efecto las anheladas universalidad y madurez de la literatura ecuatoriana. Pienso que ese uso corre el riesgo de volver a encubrir la materialidad de los cuerpos palacianos detrás de una idea meramente artificiosa del lenguaje y las estrategias narrativas. En este sentido, me parece revelador el comentario de Noé Jitrik a propósito del trabajo de Celina Manzoni sobre la vanguardia de Palacio. Jitrik empieza contraponiendo el silencio al que fue confinada la obra palaciana en un inicio, por haber sido leída como el producto de un "demente", con la percepción inmediata de una narración fragmentaria que desestabiliza la lectura lineal. De esa manera, Jitrik realiza una revisión a partir de una lectura que, a medida que transcurre, va percibiendo "la deformidad de los fragmentos [que] va cambiando" (405).

Jitrik afirma que al enfrentarse especialmente a la novela *Vida del ahorcado*, "lo primero es el *golpe de vista, una imagen visual*, pretextual, que se alza en la percepción de una prosa entrecortada, jadeante, a punto de extinguirse en determinadas sentencias" (404, énfasis añadido). El crítico argentino señala en esta cita las particularidades de distribución de las palabras en las páginas de *Vida del ahorcado*, por lo que la materialidad que indica es una materialidad distinta a la que aquí tratamos de imaginar. De ese modo, si la noción de una vanguardia que se expresa en una escritura fragmentada, quebrada, se mantiene solamente en el aspecto más formal del texto, el artificio vuelve a dejar la imagen del monstruo en un punto ciego en el que su presencia no impulsa ninguna reflexión. O, en palabras de Mitchell, esta atención centrada en el artificio ilustraría la primera etapa de realización de la écfrasis a la que el autor denomina "fase de indiferencia". Esa fase, recordémoslo, implica que en una primera lectura de la representación verbal de lo visual se puede dejar pasar por alto una relación que, en primera instancia, no involucra ningún riesgo, porque aquello que el lenguaje pretende hacer visual no logra, sin embargo, materializarse ante nuestros ojos, peor aún conmovernos.

En otras palabras, si como dice Humberto Robles, la producción de Palacio se consideraba una "anomalía" en los años veinte y por lo tanto solamente pudo ser apreciada a partir de la década de los sesenta en diálogo con otros representantes de las vanguardias latinoamericanas –lo que finalmente sirve para que Palacio irrumpa definitivamente en el canon ecuatoriano– es probable entonces que algo de esa lectura vanguardista esté procurando un lugar dentro de la historia literaria ecuatoriana para apaciguar a un monstruo aún apabullante. No quiero decir que la de Palacio no sea una escritura que responda a las formas vanguardistas. Lo que me interesa es apuntar que reconocer esa característica como mecanismo para legitimar la obra de Palacio, como modo de explicar al monstruo y mitigarlo o, si se quiere, como estrategia pacificadora de normalización, sin considerar otras posibilidades de y desde las mismas vanguardias, nos aleja de nuevo de la materialidad de los cuerpos y de la oportunidad de enfrentarlos sin condicionamientos ni atenuaciones, ratificando así la intención nacionalizadora. ¿Acaso no es contradictorio que una escritura reconocida como desarticuladora trate de ser articulada, cueste lo que cueste, a un discurso tan hegemónico como el de la "literatura nacional"? Tal vez, esa contradicción podría provocar dos situaciones: la una que, a fuerza de ser aún hoy el autor más estudiado de la literatura ecuatoriana, el análisis de la obra de Palacio llegaría a un punto de estancamiento, en donde las tensiones marcadas entre su escritura fragmentaria y el discurso nacional de la literatura no le dejarían otro camino que el del sometimiento. La otra es que dicho sometimiento llevaría a la obra de Palacio y la repetición de sus estrategias vanguardistas a un punto de trivialización de su escritura. Ambas situaciones representarían problemas que, de ser considerados, podrían permitirnos llevar el amplio debate en torno a la obra de Palacio hacia lugares diversos, que nos ayudarían a continuar viendo las paradojas de la nación en la corporalidad de sus monstruos.

Gentes hermosas
(Intervalo)

A lo largo de su obra, fueron abundantes las alusiones a la noción de "cuerpo" realizadas por el periodista, escritor, científico, abogado y prócer de la Independencia Eugenio de Santa Cruz y Espejo (1747-1795). Sin embargo, en su mayoría se caracterizaron por una utilización del cuerpo como metáfora del correcto funcionamiento de la nación. Por eso, Quito es prefigurado en su obra como un cuerpo que aún no llega a la etapa de adultez, sobre todo en el pasquín *Primicias de la cultura de Quito* (1771). En otros escritos, Espejo refirió la necesidad de proteger un "cuerpo social", dando cuenta de un discurso de funcionamiento y organicidad que respondía tanto a las preocupaciones del pensamiento ilustrado como a las demandas de la monarquía española. En buena medida, es este propósito el que determina la escritura de *El Nuevo Luciano de Quito* (1779) su fingida réplica titulada *Marco Porcio Catón* (1780) y su contrarréplica, *La ciencia blancardina* (1781). Lo que se proponía específicamente en las obras mencionadas, mediante una crítica al discurso barroco asumido por la clase religiosa quiteña –una crítica que no deja de ser problemática y a veces contradictoria– era remover las bases de toda la sociedad insistiendo en las nociones del "buen gusto" y del "bello espíritu" como faros para guiar el camino hacia la madurez de ese cuerpo social.

Sin embargo, no podemos olvidar que Espejo fue también médico y que, en ese sentido, sus ideas sobre el "buen gusto" y el "bello espíritu" no podían alejarse del conocimiento del cuerpo humano en tanto materialidad. Como bien afirma Arturo Andrés Roig, "Espejo no se consideraba como un médico que, a más de sus escritos sobre salud, se interesaba por la literatura, por el simple hecho de que aquellos escritos eran precisamente literatura" (210). De manera que la relación no pasa solamente por una evidente y recurrente utilización de la metáfora corporal en los textos literarios y educativos, sino por una consideración literaria y educativa de sus textos y su quehacer médicos, algo que incluso me atrevo a calificar como una consideración literaria del cuerpo –en tanto educativa pero también en tanto prescriptiva–.

No obstante, la relación entre ambos aspectos va aún más allá: por un lado, como nos recuerda Santiago Castro-Gómez, bajo el gobierno de los Borbones, las enfermedades ya no eran vistas como males de índole espiritual, "sino como un mal que ataca al conjunto entero de la sociedad y que posee causas materiales" (146). Hay, claramente, un quehacer biopolítico en esta visión de la enfermedad, que se preocupa por la salud y la productividad de toda la sociedad aún en épocas monárquicas. Es así como el cuerpo individual, como depositario de las condiciones materiales que determinan el funcionamiento adecuado de esa "materia espiritualizable", se mantiene bajo la mira en el trabajo de Espejo, no solamente como un objeto que se debe analizar científicamente e intervenir médicamente, sino además como la condición tangible y comprobable de la existencia de ese anhelado "bello espíritu". Escribía Espejo en sus *Primicias de la cultura de Quito*:

> [D]e un momento a otro puede el hombre dejar el estado de la infancia y dar los primeros pasos en la región vastísima de los conocimientos. *Si el hombre fortifica con rapidez sus órganos, si hace uso de sus facultades, si a la consistencia, solidez y vigor de sus sentidos*, de sus ideas, de sus comparaciones, da aquel tono y elasticidad que debe comunicarlas un espíritu de temple enérgico, ved allí que puede el hombre llegar a la pubertad y también a la madurez de su ilustración […]. (103, énfasis añadido)

Podemos pensar en estas ideas como en un espiral que, a medida que se eleva, aleja al espíritu de la materia, sin despegarse nunca de ella sino más bien manteniéndola como condición de "consistencia" que ayuda a verificar –a través de la mirada de sí mismo y de los otros– los

Cuerpos exhumados

logros obtenidos. Sin embargo, el trato común que la crítica ha hecho de un texto como *Reflexiones* [...] *acerca de un método seguro para preservar a los pueblos de viruelas* (1775),[34] al separarlo o distinguirlo del resto de su obra, no parece ser solamente una circunstancia que responda a las particularidades de la disciplina —por tratarse, además, del texto que fija la experiencia de Espejo en un campo que no aparece más que mencionado en los otros textos, es decir, el de las ciencias naturales—. Lo que quiero decir es que, ante la elaboración de la idea del "bello espíritu" dotado de "buen gusto", Espejo parece querer establecer algo de materialidad que legitime aquellos valores, una materialidad que debía hacerse visible. De ese modo, el texto sobre las viruelas, que tanto refiere esa materialidad, tal vez haya resultado demasiado problemático como para entrar de lleno en el canon literario, un canon que solamente legitima aquello espiritualizable.[35]

Para comprender lo que quiero sugerir, es necesario entender a su vez las circunstancias en las que surgió un texto como *Reflexiones* [...]. Se trata de un estudio encargado por el Cabildo quiteño, con base en los adelantos sobre la materia que llevara a cabo Francisco Gil, cirujano del Real Monasterio de San Lorenzo, en España. En pocas palabras, es un texto de corte epidemiológico, que no escatima en instrumentos discursivos en torno a circunstancias sociales, históricas y políticas, y aun morales y estéticas. Como he mencionado ya, la crítica literaria ha separado generalmente el análisis de este escrito, circunscribiéndolo a interpretaciones y análisis en el área de la ciencia y la medicina. Por eso es común encontrar, aún hoy en día, que *Reflexiones* forma parte del *corpus* de los estudios médicos, y es apenas mencionado en los estudios literarios. La obra ha sido catalogada comúnmente como un tratado que logra adelantarse a la promulgación de grupos

---

[34] El título completo del texto reza: *Reflexiones sobre la utilidad, importancia y conveniencias que propone don Francisco Gil, cirujano del Real Monasterio de San Lorenzo, y su Sitio, e individuo de la Real Academia Médica de Madrid, en su disertación físico-médica, acerca de un método seguro para preservar a los pueblos de viruelas.*

[35] No deja de ser paradójico que este texto haya tenido dos manuscritos originales cuya historia posterior ha sido fragmentaria y confusa. La primera vez que el texto fue publicado íntegramente se debió a la tarea de recuperación de la obra de Espejo que hiciera el sacerdote Federico González Suárez, en 1912.

microbianos, tema que tendrá su apogeo en el siglo XIX en Europa, a partir de los descubrimientos de Louis Pasteur. Por eso, el profesor y médico Manuel Montero Valdivieso caracteriza a Espejo incluso como un "adelantado de la Bacteriología del período prepasteriano" (36). No se trata solamente de un texto que aconseja a la nación sobre cómo prevenir los contagios de la mortal enfermedad –sugiriendo, por ejemplo, ubicar los hospitales lejos de las ciudades amenazadas, práctica que empezaba a hacerse común en época de los Borbones–, sino además de sus preocupaciones en torno al funcionamiento de la sociedad quiteña, funcionamiento que toma en cuenta nociones de origen social, costumbres, vida cotidiana e higiene. En definitiva, es un estudio que, además de aconsejar sobre cómo erradicar las viruelas, diserta acerca del orden social quiteño y los parámetros económicos, morales y estéticos sobre los que ese orden debe implantarse.

Espejo, como ha señalado Roig, entendía la literatura "como un reflejo vivo de la realidad social" (220) y, a la vez, consideraba sus textos médicos como literatura. De ese modo, su trabajo sobre el cuerpo en tanto materialidad no puede estar desligado de sus nociones de "buen gusto" o "bello espíritu": la relación dicotómica cuerpo/alma o cuerpo/espíritu que se desprende del pensamiento cartesiano y que representa un eje transversal a lo largo de la obra de Espejo, no puede continuar dejando a la sombra aquello de cuerpo o aquello de materia que está por debajo del discurso ilustrado del "despertador de ingenios". El saber médico, por corresponder a las ciencias de la naturaleza, no es un conocimiento ajeno al resto de su reflexión, como bien señala Roig. Por eso no es posible no reparar en la contradicción en la que cae este mismo estudioso de la obra de Espejo al asegurar que la contraposición civilización/barbarie, que el médico quiteño tal vez introdujo por primera vez en Ecuador, "no expresa por lo general [...] diferencias étnicas, ni tampoco clases sociales [porque] la 'barbarie' que denuncia Espejo en su intento de hacer una valoración de Quito atendiendo a las letras, resulta ser tan ciudadana como la 'civilización'" (220-221).

Cuerpos exhumados

Si *Reflexiones* es lo que podría considerarse el primer tratado de higiene de Quito y uno de los primeros en los territorios de la América española, sus conocimientos debían comprometer a todos los individuos de la patria, y hacer circular "por todo el *cuerpo del pueblo* un modo uniforme de pensar, sentir y hablar" (72, énfasis añadido). ¿Quiénes son, entonces, los individuos a los que 'el despertador de ingenios' debe convencer de pensar, sentir y hablar igual? "Parece –dice Espejo– que es éste el método *que para la persuasión del populacho* a la admisión del proyecto debe observar el hombre público" (71, énfasis añadido). Así, esos individuos son aquellos que contaminan el "aire popular", aquellos cuyas costumbres hay que modificar o erradicar, en bien de la salud pública. Al referirse al aire como el medio de propagación de las viruelas, Espejo señala que:

> Éste es demasiado fétido y *lleno de cuerpos extraños podridos*, y los motivos que hay para esto, son, primero: los puercos que vagan de día por las calles, y que de noche van a dormir dentro de las tiendas de sus amos, *que son generalmente los indios y los mestizos*. Segundo: *estos mismos* que hacen sus comunes necesidades, sin el más mínimo ápice de vergüenza en las plazuelas y calles más públicas de la ciudad. Tercero: los dueños de las casas, *que teniendo criados muy negligentes y de pésima educación*, permiten, que éstos arrojen las inmundicias todas, al primer paso que dan fuera de la misma casa, de manera que ellas quedan represadas y fermentándose por mucho tiempo. [...] (125, énfasis añadido)

Como bien señala Adriana Alzate, estas reformas se dirigían "especialmente a la población libre mestiza, juzgada como dispersa y desordenada, que formaba, por así decirlo, lo esencial de la reserva de mano de obra de este territorio" (13), porque la suciedad no hacía referencia solamente a la falta de limpieza, sino al modo de vida de ciertos individuos, particularmente los considerados como ignorantes y bárbaros, como se puede observar en las ideas de Espejo. El orden de un discurso como el que Espejo pretende implantar es aquél que va en concordancia con las ideas de civilización, de belleza y de vida. Por lo tanto, no se trata de un discurso dirigido solamente a un pueblo civilizado o letrado que no utilizaba apropiadamente el lenguaje (o que no practicaba hábitos de higiene) y que, por tanto, no lograba alcanzar la belleza de espíritu, sino a uno por higienizar, incluso por embellecer, por sacar de la ignorancia y librar de la muerte en beneficio de la productividad. Es así como las fronteras entre civilización y barbarie se entrecruzan y se hacen borrosas.

Para Espejo, se trataba de "ir graduando progresivamente el estado de barbarie o de civilización de Quito" (*Reflexiones* 99), es decir, de marcar el ritmo de los pasos que debían darse hacia una noción uniforme de progreso, noción que coincide con posteriores ideas de blanqueamiento y de evolución. Ya no se debía, entonces, procurar una limpieza de sangre, que garantizara el lugar social que el mismo Espejo, en tanto mestizo, había querido ocupar, sino de certificar una limpieza distinta, una higiene de cuerpos, un "pulimiento" de la materia avalado en su salud, su educación, su buen gusto y, en consecuencia, su utilidad. De todos modos, entre la limpieza de sangre y los discursos de higienización, no existe una ruptura en la noción acerca de los "otros", en especial en las nociones acerca del mestizo y del indio. Se trata más bien de la transformación de un discurso que, paradójicamente, garantizaba la continuidad de un imaginario de poder y diferenciación. Como afirma Max Hering, "en la medida en que se intensificó el mestizaje, las divisiones genealógicas y fenotípicas (estipuladas en los cuadros de castas) se volvieron obsoletas y por tanto se optó por blanquear, pero bajo la condición del progreso y la civilización" (48, paréntesis añadido). Por lo tanto, el pensamiento de Espejo resulta ser la antesala de un modo de concebir el mestizaje como filosofía de la evolución (Zermeño-Padilla), y la materia (del cuerpo) como aquello de lo que no se puede prescindir y, sin embargo, como aquello que se debe ocultar con base en medidas de prevención, higienización, educación y corrección.

¿Qué tipo de rostro imaginaba Espejo para ese "cuerpo social" saludable y de "bello espíritu"? En *El Nuevo Luciano*, el doctor Mera, el personaje que representa el discurso del mismo Espejo, da alguna pista: un rostro regular, sin deformaciones. No ha hablado de belleza, pero ha establecido un rostro promedio que brillará gracias al conocimiento y el buen gusto. ¿Cuál fue la experiencia del Espejo médico ante rostros irregulares y deformados? Recordemos que Espejo fue médico de planta del Hospital de la Misericordia de Quito, entre 1767 y tal vez 1786. Por lo tanto, experimentó personalmente las características de los rostros y de los cuerpos en el contexto hospitalario. En su rol de médico, Espejo fue actor, sí, pero también fue espectador de cuerpos. Por eso, antes de diagnosticar las viruelas, debió mirarlas, y sus *Reflexiones* se encargan, precisamente, de describir esos cuerpos problemáticos de la enfermedad, de *sacarlos*, si se quiere, del espacio aislado del contagio, para hacer que los lectores se *acerquen* a una materialidad condenada a no tener brillo, a ser expulsada de la *polis*, a ser ocultada y exterminada. En las primeras páginas de las *Reflexiones*, Espejo detalla los motivos por los que es necesario llevar a cabo acciones para erradicar el contagio de las viruelas. Para el efecto, el prócer refiere las ventajas de tal labor y destaca en primer lugar "la hermosura y el buen parecer de rostro", y justifica añadiendo:

> [...] aunque a la austeridad de un genio melancólico parezca de un orden muy inferior, y casi de ningún mérito la hermosura. Pero el espíritu filosófico halla en ella razones sólidas para que sea estimable. Siendo la belleza el conjunto natural de la regularidad, orden, proporción, y simetría, una nación que por la mayor parte tuviese todas sus gentes hermosas lograría un principio feliz de sociedad; porque las personas en quienes no se encuentran defectos considerables de rostro, atan el vínculo de ésta con más fuertes nudos, y donde hay más agrado, allí se reúnen más los corazones. (60)

En tanto valores clásicos constantes, las nociones de "regularidad, orden, proporción y simetría" intervienen en el discurso de Espejo para llevar a cabo su labor diagnóstica y preventiva. Por lo tanto, Espejo no espera un tipo de belleza que invada la totalidad de las formas discursivas (Roig 214), es decir, que sea toda exterioridad, porque es eso precisamente lo que reclama de un barroco que percibe como degenerado. Lo que aspira a prefigurar es una belleza que respete las reglas y las proporciones. En el caso de la escritura y del lenguaje, esa belleza debe respetar las normas de producción (Roig 215). En el caso de los cuerpos, esa belleza debe limitarse a las necesidades y leyes de la nación, que son las leyes de la Corona española.[36] Por ejemplo, para puntualizar la importancia del rostro bello en las mujeres, el médico afirma que ellas:

> [...] que tanto desean cultivar la belleza, y poseerla, tienen razón de llorar su pérdida en el fuego de las enfermedades, o en la nieve de los años. Sus atractivos *bien reglados*, debían conspirar a hacer amable, *y al mismo paso útil la Hermosura a la felicidad de la Patria*, dejándola que goce de los rendimientos, obsequios, y aun adoraciones civiles del Amor Nupcial. *La hermosura que tuviese otros designios debía proscribirse muy lejos de los poblados.* Pero, supuesta esta consideración, no otras que las mujeres, especialmente las jóvenes estaban en la suave obligación de rogar a los Magistrados, que cuidasen de extinguir el contagio pernicioso de las viruelas; porque éste roba al mayor número de los niños, y niñas esa amabilísima hermosura, que los hace admisibles, aun cuando no tienen las prendas mentales, con noble agrado al trato común. (61, énfasis añadido)

Es importante notar que incluso en seres considerados aún inmaduros mentalmente, es decir, los niños y las niñas, la belleza de rostro es el elemento que los hace admisibles en sociedad. La estrategia a partir de la cual Espejo estructura su discurso es sencilla: primeramente, expone la importancia de la belleza, como un estado ideal y natural que beneficia a toda la patria. Luego, se valdrá de la descripción del cuerpo contagiado con viruelas para, por contraste, crear la idea del cuerpo sano y bello. Si, como es mi interés demostrar, el cuerpo ideal escapa a ser definido por las palabras, lo que Espejo usa son cicatrices, defectos, irregularidades y anomalías para traducir una materialidad que debe ser perfecta y tratar de conservar una belleza natural. De ese modo, las imágenes de los cuerpos virulentos se tornan en el discurso del 'despertador de ingenios' para luego ser desechadas en beneficio de la idea —indecible— del cuerpo perfecto. A continuación, refiriéndose aún a los niños y niñas contagiados de viruelas, señala:

---

[36] Por eso inicia su escrito advirtiendo que, de propagarse las viruelas, el mismo rey podía ser afectado, responsabilizando al pueblo de ese riesgo inimaginable (60).

Cuerpos exhumados

> Unos pierden los ojos, otros se aumentan con deformidad los labios, otros quedan con las narices romas, o encogidas, y todos pierden las naturales proporciones, y esas tiernas líneas de la cutícula que labran, y ordenan la simetría de la estructura del rostro, adquiriendo todo el horror de la fealdad, constituida en verrugas, prominencias, desigualdades, hoyos asquerosos, y cicatrices muy deformes. (61)

E inmediatamente después, vuelve a fijarse en las mujeres, y señala que:

> Una cara de alguna niña, lacerada en estos términos, se expone a hacer un matrimonio malogrado [...]. Del mismo modo, un rostro afeado por las viruelas constituye a una niña noble menos proporcionada para entrar por vocación a la clausura monástica, si se ha de seguir la máxima de Santa Teresa, que deseaba que sus monjas no fuesen feas. (62)

Más adelante, sugiere que las mujeres feas debido al contagio no tienen más remedio que entregarse a la prostitución y expone que la erradicación de las viruelas evitaría el exterminio de niños y niñas feos, "monstruosos y monstruosas", como también les llama.

Así, el médico Espejo, que ha presenciado los rostros de los virulentos, los muestra mediante su escritura, hace que aparezcan. Luego, una vez expuestas estas imágenes de la desfiguración y sus desventajas, sobre todo en los rostros de mujeres, niños y niñas, se dispone a relatar cuáles debían ser los beneficios de erradicar las viruelas para preservar "la hermosura del hombre". Es en este momento en el que Espejo parece mirarse él mismo en el espejo. Cito el párrafo *in extenso*:

> Todo filósofo debe llamar Hermosura Masculina aquella, cuyos miembros bien proporcionados cooperan del modo más ventajoso a cumplir, y ejercer todas las funciones animales del hombre. Esta hermosura se puede decir esencial, pues que la utilidad es su principal objeto y fundamento. Esta utilidad es de todo el Estado; porque el hombre hermoso, en el sentido que acabamos de explicar, es apto para la agricultura, propio para el comercio, acomodado para las maniobras de la Marina, ágil para las manufacturas, idóneo para la fatiga militar, y a propósito para servir a la República de todos modos. *Y aun la carrera de las letras necesita de este género*

225

> de hombres hermosos que puedan vacar en el estudio con la constancia que requiere la profesión de la Literatura; y que tengan la aptitud de servir con decoro al altar, y al foro; porque ¿qué horrorosa idea no dará de su ridícula proporción, y estructura orgánica un sacerdote lleno de arrugas sacrificando, y un juez tuerto, y cojo distribuyendo los oráculos del depósito legislativo, con una fisonomía, que siempre, y anticipadamente da unas sentencias de espanto? [...] Las viruelas, pues, quitan del mundo esta hermosura de los hombres, volviéndolos con sus malísimas crisis, o erupciones tumultuosas, y erradas, cojos, mancos, y estropeados en los miembros más necesarios a los usos de la vida doméstica y civil. (65, énfasis añadido)

Es interesante reparar además en que, al exponer los cuerpos, el daño de las viruelas se circunscribe al rostro en el caso de mujeres, niñas y niños, pero es más notorio en miembros superiores e inferiores en el caso de los hombres, en alusión a pies y manos, los órganos que representan la habilidad, la destreza, la autonomía y la utilidad. Su discurso, aquel que cuida el equilibrio de la forma e instaura el buen gusto para el uso del lenguaje, se encarga de pulir la carne hasta dejar los defectos aplanados, homogeneizados: es un discurso en donde lo ya enfermo, lo que se ha contagiado, debe ser mostrado y expulsado. Pero a la vez, es un discurso en donde el rostro de los *otros* es anulado, por miedo a reflejar el rostro de quien los mira.

A partir de un documento que data de 1783, que describe a Espejo como un hombre de "estatura regular, largo de cara, nariz larga, color moreno y en el lado *izquierdo* del rostro un hoyo bien visible", y ante la ausencia de retratos que lo confirmen, González Suárez describió a Espejo como: "De estatura regular, enjuto de carnes, rostro largo, nariz larga, color cobrizo oscuro, con un hoyo profundo en el carrillo *derecho*, Espejo, bajo la fisonomía vulgar de las gentes de su raza, ocultaba una alma nada común [...]" (118).[37]

Recurrir a las imágenes —recurrir, por ejemplo, a decir "hoyos asquerosos" siendo él mismo, tal vez, el portador de "un hoyo bien visible", como lo describió González Suárez— es un modo de hacer que

---

[37] Lo extraño es que la filiación de 1783 ubique el hoyo del lado izquierdo del rostro y que en cambio González Suárez lo coloque en "el carrillo derecho", como si estuviera viéndolo de frente y fuera objeto de una confusión de lateralidad.

Cuerpos exhumados

la imagen se transforme en el *otro* visto, en el *otro* que está fuera de mí y con el que pretendo no identificarme. No incluir en la crítica sobre la obra de Espejo esto de materialidad que permanece enterrada bajo la capa de pulimento que se ha dispuesto sobre los cuerpos, es desconocer las desfiguraciones que subyacen de modo violento bajo el discurso homogeneizador de la nación. Porque hay que comprender que para poder describirlas con la precisión que él lo hace, las deformidades y las marcas, los hoyos y verrugas fueron vistos por sus ojos, contemplados por él en el rigor de su labor médica pero, también, en el estupor de su orgullo mestizo.

Supervivencias

Cuerpos que se borran

> Casi veinticinco años después de la aparición de la novela de Icaza, César Dávila Andrade, admirable poeta del Grupo Madrugada, triunfó en el Concurso Nacional de Poesía Ismael Pérez Pazmiño con su Boletín y Elegía de las mitas y talló la segunda faz de esa moneda conmovedora que es verdadero monumento de nuestro indio, para vergüenza de nuestra sociedad.
>
> Rafael Díaz Ycaza,
> *Introducción a Huasipungo*

> Desconfiemos, por lo tanto, de las palabras que acompañan la exposición de nuestros pueblos.
>
> Georges Didi-Huberman,
> *Pueblos expuestos, pueblos figurantes*

Siguiendo la tradición del retrato decimonónico, todos los rostros tienen que ser visibles y ninguno puede encubrir a otro. Nueve personajes ubicados en torno al arpa como elemento central. De los nueve personajes, cuatro de ellos miran al fotógrafo y al espectador; de los otros cinco, solamente dos establecen un diálogo como mirada. Una mujer toma (¿chicha?) en un cuenco, totalmente de perfil, un joven abraza el arpa (¿ebrio?) y una mujer, con poncho amarillo, apoya su cabeza en el hombro del joven que toca un rondador. (François Xavier Laso, *La huella invertida* 96, paréntesis en el original)

La descripción que antecede —ejercicio ecfrástico que pone en tensión la imagen observada y la palabra que pretende ser visual— se refiere a la tarjeta postal iluminada No. 103, titulada *Alrededores de*

Quito. Costumbres de indios (fig. 5) del fotógrafo y tipógrafo quiteño José Domingo Laso. El documento fotográfico data de 1909 y ha sido recuperado gracias al proyecto *La huella invertida*,[38] de autoría de su bisnieto, François Laso. Este investigador desempolva los archivos de imágenes de su antepasado. Al hacerlo, descubre un universo en donde la representación del cuerpo indígena ecuatoriano, aunque no lo parezca, está en el centro de un juego que implica mostrar y esconder, una tensión que es sintomática del imaginario modernizador de los inicios del siglo XX en Ecuador.

La fotografía citada forma parte de un grupo de postales que Laso abuelo elaboró probablemente para atribuirle al indígena un espacio, el rural, que no debía entrar en conflicto con el espacio urbano que se trataba de prefigurar como moderno y civilizado. El comercio de postales estaba sostenido ante todo por turistas extranjeros y estas pequeñas estampas eran también enviadas a Europa, en un intento por asegurar una noción folklórica que la misma Europa ya se había encargado de fijar y demandar con respecto al habitante indígena americano. La preocupación de José Domingo Laso se hizo explícita en el libro de fotografías *Quito a la vista*, publicado en 1911 que, como explica François Laso, "contiene imágenes de los principales monumentos, plazas y edificios de la ciudad y se organiza como una descripción de lo que hoy podríamos llamar 'los atractivos turísticos' de la capital" (46). Es precisamente en la introducción de ese libro en donde puede hallarse una "advertencia" de los editores, José Domingo Laso y Roberto Cruz, que hace explícita la inquietud referida:

> [...] queremos llamar la atención de las personas imparciales hacia el *cuidado especial* que hemos puesto en ofrecerles una colección de vistas que se halle exenta *del principal de los defectos* de que, generalmente, adolecen y han adolecido todas o casi todas las fotografías de la capital que han sido tomadas por los turistas extranjeros y que han circulado en el exterior.

---

[38] Esta investigación de François Laso dio lugar a la exposición *La huella invertida. Miradas de José Domingo Laso*, que se llevó a cabo en el Museo de la Ciudad, en Quito, entre agosto y noviembre de 2015 y al libro *La huella invertida: antropologías del tiempo, la mirada y la memoria. La fotografía de José Domingo Laso 1870-1927*, publicado por el Centro de Fotografía de Montevideo.

Cuerpos exhumados ⚜

[...] en sus trabajos aparece como dominante, por no decir exclusivo, *el elemento indígena, afeándolo todo* y dando pobrísima idea de nuestra población y de nuestra cultura. (En Laso F. 47, énfasis añadido)

La función de las postales de costumbres indígenas era reservar un lugar fuera de la urbe para esta población, cuidando de escenificar un tipo de representación conveniente a las demandas del viajero. Mientras tanto, la presencia del indígena en la naciente ciudad constituía un defecto que debía ser corregido. Cuando José Domingo Laso y compañía se refieren en su advertencia a un "cuidado especial" de las imágenes de su colección, están manifestando un tipo de acción que debía intervenir sobre esos cuerpos en tanto su presencia era considerada un defecto. Es eso precisamente lo que descubre Laso bisnieto en su investigación que, como veremos, representa un ejercicio de exhumación asombroso y conmovedor. Dice François Laso:

Al mirar detalladamente las fotografías, de una gran calidad técnica, uno descubre súbitamente y en algunas de ellas unas rasgaduras que inquietan nuestra lectura perceptiva de la imagen. "Un ruido", como llamaría la semiótica de la imagen, provocado por un elemento en apariencia externo

Fig. 5. Tarjeta postal iluminada No. 103. *Alrededores de Quito. Costumbres de indios*. Colección Laso Iturralde. Imagen cortesía de François Laso.

a la imagen que viene a interferir en nuestras expectativas como lectores de la fotografía. Al mirar con mayor detenimiento uno descubre que las rasgaduras son en realidad *borrones* y que corresponden a personas. (fig. 6) (47, énfasis en el original)

Fig. 6. Álbum *Quito a la vista*, 1911. Fototipia Laso.
Imagen cortesía de François Laso.

La práctica del borrón, pasada por alto durante tanto tiempo y que Laso bisnieto devela para detonar la particularidad de la experiencia visual, pone en evidencia un tipo de violencia que en un primer momento es difícil de asimilar: en algunas imágenes, ahí, donde había "alguien", hay ahora una "huella" apenas perceptible, un borrón que corresponde a una intervención posterior sobre el documento fotográfico. En otras imágenes, como en aquellas que aparecen en el libro de 1912 titulado *Recuerdos de Quito*, cuando la "figura" indígena que se quiere anular es demasiado evidente o protagónica dentro del encuadre, el borrón se torna transformación: donde había un cuerpo indígena, la imagen es retocada sobreponiendo trazos blanquecinos que dan la idea de la figura de una mujer con vestidos voluminosos de estilo francés (fig. 6) (Laso F., 129). De esa manera, la ciudad que se trataba de mostrar como moderna quedaba liberada del elemento "defectuoso", embellecida e, incluso, europeizada.

El trabajo de François Laso y su intención de puesta en crisis de las imágenes icónicas elaboradas por la intelectualidad quiteña de inicios del siglo XX, especialmente las de su bisabuelo, me permite ilustrar el inicio de este capítulo desde la siguiente idea: que la representación de los cuerpos indígenas ha fluctuado en gran medida entre la necesidad de mostrar al *Otro*, acomodándolo a ciertas circunstancias convenientes, manipulando su cuerpo para la ocasión —como hace José Domingo Laso con sus postales—; y, a la vez, la urgencia de borrarlo, de hacer del *cuerpo otro* un objeto prescindible, una materialidad fácil de tachar, maquillar o aniquilar.

Las fotografías de José Domingo Laso son, en ese sentido, el síntoma de una época en la que se percibe un cambio. Como aclara François Laso, esa práctica fotográfica parece estar a mitad de camino entre las representaciones artísticas tradicionales del siglo XIX y las nuevas del XX, reincorporando "formas legitimadas de representación de la pintura y la ciencia del siglo XIX como una forma de adquirir legitimidad al mismo tiempo que irrumpe en el panorama artístico quiteño" (94). No obstante, la investigadora Blanca Muratorio puntualiza que estos cambios no son de ningún modo radicales, sino que se van adaptando a las demandas del poder hegemónico:

> Los "Indios" evocados, internalizados o rechazados en las representaciones de identidad individual y colectiva adoptadas por los blanco-mestizos toman diversas formas en distintos períodos históricos aunque [...] el carácter general del discurso colonizante que los incorpora parece permanecer constante. (112-114, comillas en el original)

Precisamente, uno de los elementos que hacen "constante" el discurso colonizante es lo que Muratorio llama un "consenso iconográfico nacionalista republicano" (146), que se desplegaba en favor del uso de esas imágenes por parte de compradores extranjeros, y que implicaba una exclusión de ciertos cuerpos en favor de una noción de civilización que, luego de la Independencia, hacía que cualquier impresión de "salvajismo" tuviera que ser aplacada (146). Los mismos José Domingo Laso y Roberto Cruz señalan en su "Advertencia" al libro de 1911 que, para la época, casi nadie había tomado la previsión, como ellos, de preocuparse por "seleccionar el objetivo de aquellas vistas, de manera que nos han presentado como un país salvaje o conquistable" (En Laso F. 98). Así, los intelectuales ecuatorianos de inicios del XX trataron de perpetuar la representación romántica de la nación que se había fijado en el siglo XIX, sobre todo desde una apología del paisaje natural. A la vez, fueron conscientes de las demandas de la mirada europea sobre lo exótico, que a finales del XIX había también establecido ese sistema de (re)presentación conocido como "feria internacional", en el que el cuerpo del *Otro* racializado debía ser exhibido, incluso en vivo y en directo, para satisfacer la curiosidad hegemónica. A la intelectualidad americana no le interesaba fijar ese tipo de representación, en donde la noción de lo "salvaje" englobaba los objetos exhibidos –personas o cosas– mas sin embargo fue capaz de negociar con ella y, por lo tanto, de inventar mecanismos de modificación que en definitiva ayudaran a mostrar lo que 'ellos' querían ver, del modo en el que "nosotros" queríamos que fuera visto. En esa medida, no deja de ser interesante que Muratorio inicie su trabajo refiriendo las discusiones en torno a las "celebraciones" de los 500 años de la llegada de Cristóbal Colón a América, en 1992, para indicar cómo "las nuevas elites en el poder han tratado de recuperar una identidad individual y nacional mestiza por medio de un discurso que, en gran parte, deja nuevamente de lado al indígena real y propone un diálogo con un Indio textual, un Indio semióticamente construido" (115). Esto, sobre todo, luego de que en la década de los años ochenta, el movimiento indígena ecuatoriano se constituyera en uno de los íconos de lucha de los pueblos indígenas a lo largo del continente.

Cuerpos exhumados

A partir de aquí vale pensar en cómo hay cuerpos que no dejan de ser *otros cuerpos* y en cuya corporalidad se debilita o entra en crisis la misma categoría "cuerpo". Recordemos, por ejemplo, que ya Domingo Faustino Sarmiento proponía un tipo de exterminio que no debía conmover la conciencia moral nacional, porque el salvaje, que vagaba[39] en las soledades del desierto, "en la lejana zona de fuego que el viajero ve acercarse cuando los campos se incendian" (Sarmiento 76), formaba parte de un vasto silencio donde todo estaba por hacerse. El indígena, en tanto naturaleza, en tanto salvajismo, no podía desaparecer porque carecía del "derecho" a habitar el espacio: su materialidad se justificaba en tanto era capaz de fundirse con la del paisaje, ese "espectáculo de una naturaleza solemne, grandiosa, inconmensurable, callada" (76).

En esa medida, el cuerpo indígena no es un cuerpo que pueda "espiritualizarse" excepto cuando es colocado en un pasado prehispánico idealizado que legitima el discurso de la "autenticidad nacional", es decir, en la parte más orgánica de la teleología de la nación, para justificar un futuro prometedor y esencialmente revolucionario. De resto, en el imaginario hegemónico, su materialidad es moldeable, plástica, manipulable, porque si lo que entendemos como "cuerpo" está mediado por un conjunto de conocimientos que lo definen, podemos suponer que el espesor del cuerpo indígena entra en contradicción con lo que se concibe como *cuerpo* en Occidente. En definitiva, esa percepción continua de una presencia difusa, maleable, de formas distintas, provoca que las representaciones de esos cuerpos no logren tener con ellos una relación que no sea la de la manipulación, algo así como si solamente a partir de su intervención fuera posible aquietarlos, fijarlos.

Al hacer una reflexión sobre cómo se fue formando la imagen del indio desde finales del siglo XIX hasta su oficialización durante la Revolución Liberal (1895-1912), Andrés Guerrero afirma que ese tipo de representaciones ha persistido hasta el presente —refiriéndose aún al

---

[39] Vale recordar que durante la Colonia, el derecho a la movilidad estaba reservado para los españoles, derecho que les proporcionaba estatus. La idea del vagabundo refiere, en cambio, a ese individuo que vive fuera de la ley, fuera de un marco de catalogación preciso (los mestizos, especialmente). Al indígena no le era permitido moverse libremente de un lado a otro de los territorios.

siglo XX– "entre olvidos, reactivaciones y cambios". Asegura Guerrero que esas imágenes

> [...] consiguieron difundirse (y por lo tanto legitimarse), como una herencia recogida del liberalismo, en círculos políticos y literarios socialistas y comunistas en las primeras tres décadas de este siglo. Me refiero, para citar algunos nombres conspicuos de esta tendencia, al Dr. Pío Jaramillo Alvarado (1922), Julio E. Moreno, Víctor G. Garcés en la producción histórica y social, *y en la literaria a Jorge Icaza (1934)*. El discurso aflora por varios horizontes, en diferentes momentos y lugares del conflicto político: fue una punta de lanza forjada en la lucha contra los conservadores y la iglesia; condensó en discursos entremezclados sobre el indio, a la vez jurídicos, "racialistas" y políticos. (200, paréntesis y comillas en el original; énfasis añadido)

En su estudio, Guerrero usa continuamente el término "ocultamiento" para referirse a una práctica de segregación que fue evidente durante la segunda mitad del siglo XIX, desapareciendo a la población indígena de todo tipo de registro oficial (215). Después, los cuadros costumbristas y ciertos proyectos de historización de la nación devolverían la figura del indio, una figura instrumentalizada que permanecerá así, repotenciada, incluso hasta el presente. Esa instrumentalización de la imagen de los habitantes indígenas es, paradójicamente, la huella más indeleble de la perpetuación del discurso colonizador en el imaginario colectivo nacional, huella que siempre devela las ansiedades civilizatorias que la nación experimenta cuando recuerda la existencia de unos cuantos *Otros*. Refiriéndose ya a los albores del siglo XX, el investigador Eduardo Kingman afirma al respecto que "[e]l proceso de conformación de una sociedad y de una cultura nacional fue, sin duda, excluyente. Se hablaba en nombre de los otros pero se los excluía. O en su defecto, se los incluía discursivamente, para ignorarlos en los hechos" (355). Como veremos, la literatura se inscribe en esta práctica fluctuante, persistiendo en ese juego de mostrar y esconder que los discursos hegemónicos arrastran desde la Colonia.

Cuerpos que se muestran

¿Cuál es el rol de la literatura en este sistema de representación del indígena ecuatoriano, que va modificándose, vacilando de acuerdo con las circunstancias? Se trata, claro, de una pregunta amplísima que ha suscitado debates y análisis a lo largo de muchos años. Con el fin de acotarla, mi propuesta tiene un propósito más específico: tratar de comprender de qué modo han permanecido y cómo percibimos aún hoy esos cuerpos racializados en el *corpus* literario ecuatoriano, específicamente en el *corpus* identificado como "reivindicador del indio y de su historia" durante la primera mitad del siglo XX. Si esos cuerpos han sido tan comúnmente pensados e imaginados como moldeables, como modificables, como removibles, como borrables ¿puede atribuírsele a la literatura el haber asumido también esta "responsabilidad" patria, tomando "cuidado especial" en el momento de la representación, como había procurado José Domingo Laso? Esta pregunta, que puede resultar fácilmente en una respuesta afirmativa, tiene sin embargo sus matices. Al hablar de literatura ecuatoriana y de la figura del indio, la primera relación que se establece es con el Indigenismo como movimiento estético-político, abrazado por la generación del realismo social, que pretendió reivindicar al habitante indígena, particularmente el de la serranía, y denunciar su cruda realidad. De manera que parte de mi objetivo es problematizar esta prefiguración reivindicadora que asume el indigenismo en la literatura ecuatoriana, especialmente en la novela *Huasipungo* (1934) de Jorge Icaza y en el poema *Boletín y elegía de las mitas* (1959) de César Dávila Andrade. En diálogo con la propuesta de Manuel

Corrales Pascual, para quien el tema del indio en *Huasipungo* no es lo más importante en esta escritura, pienso que es posible cuestionar cuál es la dimensión indigenista de esta literatura. Al respecto, este crítico ha señalado:

> Cierto que está ahí, cierto que parte fundamental de ese mundo novelesco es la despiadada explotación del indio por patrones, mayordomos, tenientes políticos y curas. Cierto que en todos los relatos icacianos el indio ocupa el más bajo lugar de la escala social. Pero no por eso es ya la preocupación temática dominante. (En *Historia* vol. 6, 175)

Algunos autores han hablado también de la representación del indio y de su voz en estos textos como un acto de ventriloquia (Guerrero) que sucede cuando el narrador o la voz poética "habla por el *Otro*" o "da la voz", como propone al respecto de *Boletín y elegía de las mitas* el crítico Iván Carvajal. Se problematiza entonces un "decir" para que el *Otro* pueda expresar el dolor de su historia. Mi afán es circunscribir mi análisis no tanto a la "voz" que problematiza claramente el uso de la palabra, revelando su poder, sino a nuestra capacidad de *mirar* la imagen del cuerpo indígena, que en obras como *Huasipungo* o *Boletín y elegía de las mitas* asume un espesor particular. Sin embargo, mi pretensión tomará en cuenta el problema de la palabra que se presta, para pensar en el espesor del cuerpo imaginado en estos textos más bien como en una "posibilidad de palabra" (Didi-Huberman, *Pueblos* 39).

En esa medida, los dos textos que propongo analizar son, tal vez, los dos ejemplos más claros de un intento muy acentuado por exponer los cuerpos de los indios en tanto objetos de la explotación desmedida por parte de las instituciones hegemónicas, tanto políticas como religiosas. Esos cuerpos heridos, castigados, mutilados, enfermos, asqueados son los que se ven en esa literatura: son los que son y no son otros. De manera que aunque sabemos, como explica Didi-Huberman, que una fotografía "no devuelve la palabra al sujeto fotografiado" (38), esas imágenes forjadas a fuerza de detalles de cuerpos parecen querer devolverles a esos sujetos la capacidad de erguirse para provocar que su voz pueda

Cuerpos exhumados

ser escuchada. Ahí radicaría esa "posibilidad de la palabra" de la que habla Didi-Huberman: no en la palabra dicha, sino en la palabra por decirse, es decir, en una palabra en potencia, que sale de los márgenes del texto y de los muros impuestos por la nación.

Por lo tanto, el problema tal vez no sea "dar diciendo", sino más bien aquello del cuerpo que se muestra. En la parte introductoria de este trabajo referí los conceptos "subexposición" y "sobreexposición" desarrollados por Didi-Huberman para tratar de comprender qué tipo de escombros debemos retirar en la labor de exhumación, para que esos cuerpos puedan ser vistos. En las fotografías de postales de José Domingo Laso, los cuerpos indios están o bien sobrexpuestos —cuando son acomodados para la escenificación del espacio de lo folklórico— o bien subexpuestos —cuando son borroneados o modificados—. El punto de partida de estos conceptos implica comprender que aquello que sobrevive está en un constante riesgo de desaparición. "Los pueblos están expuestos a desaparecer —señala Didi-Huberman— porque están [...] subexpuestos a la sombra de sus puestas bajo la censura o, a lo mejor, pero con un resultado equivalente, sobreexpuestos a la luz de sus puestas en espectáculo" (14). De manera que mi propuesta espera poder detectar en qué medida esos pueblos han sido expuestos en la literatura, para poder comprender si esa exposición los pone en riesgo de desaparecer por completo y, por lo tanto, en riesgo de anular cualquier "posibilidad de palabra".

Las obras a las que haré referencia en este capítulo están enmarcadas, una más que otra, por el período conocido como realismo social ecuatoriano. Francisco Proaño Arandi caracteriza este período como:

> [...] un conjunto de obras que, por otra parte, constituye el primer proyecto por articular, desde el seno del lenguaje, una auténtica cultura nacional-popular, singularizado por un programa de *reivindicación* de los valores genuinamente populares: habla, cosmovisión, personajes y entorno.

> [...] Ante todo, refleja la presencia de una conciencia nueva, la de los intelectuales de la clase media, dueña de una visión integrada (o integral) del país, de una certidumbre que rebasaba lo regional [...] y que percibía los antagonismos sociales como dados en el escenario global del país. (En *Historia* vol. 5 125, mi énfasis)

Sin querer adentrarme demasiado en su definición, vale la pena recordar una insistente configuración de esta como una generación encargada de "reivindicar" a seres humanos enmarcados dentro de ciertos grupos sociales reconocidos como oprimidos. El realismo social, nos han dicho innumerables veces, recupera la realidad del indio, del montubio, del negro y la chola, de modo descarnado y violento, en la escena artística y literaria ecuatoriana. Y si tomamos en cuenta que ese período ha sido catalogado como "la edad de oro" de las letras ecuatorianas, estamos hablando de un momento que se reconoce como un punto de giro en las estéticas de la representación de esa realidad. Podríamos decir entonces que la generación del realismo social ecuatoriano "muestra" lo que antes estaba siendo borrado o maquillado, por ejemplo, en la época de José Domingo Laso.

Supongamos entonces que aceptamos la afirmación de que el valor del realismo social radica en su labor de reivindicación, en tanto acción de des-ocultamiento, de des-cubrimiento, mas no "de restauración ni de resurrección", como advertía Mariátegui en los *Siete ensayos* (273). Sería entonces posible distinguir dos cuestiones: en primer lugar, la pregunta sobre la relación entre el que muestra y lo mostrado, que acarrea aquella noción crítica de "ventriloquia" de la que hablé anteriormente, citando a Guerrero; en segundo lugar, la pregunta de por qué los escritores ecuatorianos dejaron casi por completo de *mostrar* esos cuerpos, otrora icónicos, después de los años setenta del siglo XX. Ambas inquietudes apuntan a un solo lugar: la relación problemática entre un artífice de representaciones —usualmente letrado, hombre, blanco-mestizo de la clase media ecuatoriana— y un(os) individuo(s) representado(s) —analfabeto, hombre o mujer, integrante de alguna categoría de "otredad", es decir cholo, montubio, negro, mestizo o indio—. En todo caso, haber querido *mostrar* esas realidades nos permite pensar especialmente en si esos cuerpos siguen estando amenazados de desaparecer. Que aparezcan menos ahora —en la literatura de las últimas décadas— tal vez responda no solamente a los cambios de épocas y de estilos artísticos, sino a que, durante los últimos decenios, especialmente desde los levantamientos indígenas de la década de 1980, ellos mismos, especialmente los pueblos indígenas, se han encargado de *aparecer*, de *mostrarse* y luego, de *decir*. Y esa situación nos coloca ante el papel del escritor como el que *muestra*, pero también ante el rol de los pueblos como aquellos que recuperaron —no sin problemas ni obstáculos— su voluntad de *mostrarse*, su voluntad de supervivencia y de reivindicación.

De todas maneras, el problema no queda resuelto bajo el supuesto pacificador de que esos pueblos ya redimieron su "derecho a la imagen", porque aparecer no es algo que tenga que ver solamente con la imagen del que se muestra, sino con la mirada de quien opta por reconocer esa aparición. De nuevo, hay un otro cuya mirada entra en juego desde una horizontalidad de la mirada, una ética que es la propuesta en la que desembocará finalmente mi investigación. Por el momento, lo que quiero destacar es que si subsiste la pregunta con respecto a si aquello que se muestra es lo que realmente es, esa persistencia no debe dirigirnos a tratar de dirimir qué es lo real y qué no, sino a tratar de percibir algo más, algo que sobrevive, que está pidiendo ser visto, ser exhumado. Citando a Walter Benjamin, Didi-Huberman dice que al margen de esa "'tradición de los vencedores' que nos miente, resiste, sobrevive y persiste una menos legible 'tradición de los oprimidos'. Tradición de los pueblos cuya *exigencia* tendrían a su cargo *volver a exponer*, 'a contrapelo', tanto el historiador y el pensador como el artista" (29).

Tal vez eso fue lo que lograron, en una época de cambios y de cuestionamientos, escritores como Icaza, Dávila Andrade y los del llamado Grupo de Guayaquil (José de la Cuadra, Enrique Gil Gilbert, Demetrio Aguilera Malta, Joaquín Gallegos Lara y Alfredo Pareja Diezcanseco), entre otros. Esto implicaría, como dije anteriormente, que asumimos la reivindicación como un acto que, al exponer al *Otro*, se inscribe en la 'tradición de los oprimidos' que "expone a contrapelo" de la historia, señalando sus violencias. ¿Qué sucedió con todo aquello?

¿Cabría tal vez pensar que la ausencia de la imagen del indio en la literatura ecuatoriana de las últimas décadas tiene que ver más con una escritura que, a fuerza de querer *mostrar*, terminó por sobrexponer unos cuerpos que desaparecieron bajo la luz excesiva que iluminó sus detalles más encarnados? "Demasiada luz ciega –apunta Didi-Huberman–. Los pueblos expuestos a la reiteración estereotipada de las imágenes son también pueblos expuestos a desaparecer" (14). ¿Cabe pensar en un exceso de luz en esta exposición de lo indígena, particularmente? ¿no es eso lo que alguna crítica ha reparado al calificar de "demasiado cruda" la obra de Jorge Icaza? De todos modos, hay que tener en cuenta dos circunstancias: la primera, como dije antes, es que la subsistencia de la imagen de los pueblos indígenas también depende hoy en día de nuevas estrategias de narración que, además, se presentan fuera de los estereotipos y ponen en crisis el sistema hegemónico de representación. La segunda es que estar "expuestos a desaparecer", como plantea Didi-Huberman, no implica en sí misma la desaparición de esos pueblos. Estar "expuestos a desaparecer" envuelve, en cambio, una condición de riesgo permanente, sostenido. De manera que no se trata de afirmar que hayan desaparecido por completo, sino del estado de peligro de desaparición que su representación estereotipada y exagerada acarrea, como si su imagen estuviera siempre pendiendo de un hilo. Por lo tanto, aunque la idea de la subexposición parezca responder claramente a los esfuerzos por consolidar un canon literario y un proyecto nacional pulcros, bellos y totalizadores, el exceso de luz de la sobrexposición no está tampoco desligado de la intención de hacer una literatura para la nación. O, dicho de otro modo, la labor reivindicativa no está cifrada por un desinterés: se socorren esos cuerpos para la nación y son exhibidos en beneficio de su unidad. Precisamente, esa es la paradoja que he venido planteando: los cuerpos que se recuperan, que no pueden ser sino pedazos de cuerpos, detalles, heridas, tratan de ser colectados en el panorama del canon literario en beneficio de una teleología, llámese nación, mestizaje o progreso... da igual.

Por poner un ejemplo: una obra pictórica como la serie *Huacayñán* (El camino del llanto), del pintor Oswaldo Guayasamín, que data de

Cuerpos exhumados

1952 y se inscribe en este "indigenismo de estado", como sugiere Carlos Jáuregui,[40] hace palpable esta paradoja al tratar de representar en más de cien cuadros a tres grupos poblacionales –indígenas, mestizos y negros– procurando ensamblarlos en un enorme mural titulado *Ecuador*. La contradicción, que se hace latente a partir de esta intención de montaje –que propone ir combinando las piezas de manera aleatoria– se cuenta sola: es en esa contradicción en donde late la imposibilidad de la nación como un todo homogéneo. Sin embargo, *Huacayñán* no deja de ser el punto de partida para el reconocimiento del artista en mención como "el pintor nacional". En torno a esta obra ya no giran hoy en día las reflexiones sobre la violencia, actual y persistente, del Estado contra los cuerpos indígenas, como tal vez sí sucedió a mediados del siglo XX, cuando fue expuesta por primera vez. La luz totalizadora de la nación, a pesar de los cambios jurídicos impulsados por el discurso multiculturalista, se ha encargado de sobrexponer una propuesta como la de Guayasamín, a tal punto que ya no se ve o que ya no es capaz de provocar la reflexión que proponía. Vale recordar que la Constitución política de 1998 dio un paso importante al reconocer la plurinacionalidad y la multietnicidad del Estado ecuatoriano. Sin embargo, la práctica siempre pone en evidencia las paradojas de este tipo de reconocimientos y los modos en los que el poder termina por usar esos discursos a conveniencia. De esa manera, aunque la obra pictórica de Oswaldo Guayasamín acompañe casi de manera ineludible el imaginario iconográfico del indigenismo ecuatoriano, ese imaginario se identifica más bien con una noción maniquea de diversidad. Hay incluso una relación de correspondencia mutua, en lo que a imaginarios sociales se refiere, entre obras literarias como *Huasipungo* o *El chulla Romero y Flores* de Icaza y el mismo *Boletín y elegía de las mitas* de Dávila Andrade, con la ya inigualable marca de la obra del pintor que más de una vez

---

[40] En el ensayo "Huacayñán (1952-1953), la in(ex)clusión biopolítica", Carlos Jáuregui hace un recorrido por el proyecto gubernamental que dio lugar a esta obra pictórica de Oswaldo Guayasamín para señalar como paradójica su pretensión totalizadora a partir de una obra más bien fragmentada. El ensayo está incluido en el libro *Heridas abiertas. Biopolítica y representación en América Latina*, compilado por Mabel Moraña e Ignacio Sánchez Prado (2014).

se autoproclamó indígena. De hecho, algunos de sus cuadros ilustran las portadas de ciertas ediciones de estas obras, habiendo logrado, con el paso de los años, una estética indigenista que suscita un modo de percepción de algo que podríamos denominar un "*ethos* patrio del dolor y el sufrimiento".

No obstante, el dolor y el sufrimiento que distinguen a las imágenes que estos intelectuales expusieron no están relacionados necesariamente con una identificación de estos hombres "de clase media" con el dolor y el sufrimiento del *Otro*. O mejor dicho, la reflexión en torno a la reivindicación del "derecho a aparecer" (Didi-Huberman) de los cuerpos indígenas o de los cuerpos de los oprimidos debe considerar que al "sacar los cuerpos", ese espectador en el que se constituye el artista/ escritor está mediado por todo su bagaje cultural, simbólico, político y social, y debe considerar si esos cuerpos quieren ser mostrados. De manera que habría que preguntar si ese "sacar los cuerpos" manifiesta una voluntad de dejarse afectar por ellos, de mirarlos horizontalmente, como tendiéndoles una mano para impulsarlos a salir de entre los escombros, a pesar del riesgo de poder también quedar enterrado; o, más bien, pone en evidencia una voluntad de diagnosticar realidades ajenas y distantes, de exhumarlas para instrumentalizarlas en favor del proyecto nacional.

Recordemos por un momento otro cuerpo que no es el del indio ecuatoriano. Las descripciones de los cuerpos de montubios y cholos en la configuración de la narrativa del realismo social es definitivamente predominante. Y si bien Jorgenrique Adoum alega que "[a] diferencia de lo que iba a suceder con los novelistas del indio, los del cholo y el montuvio[41] conocen a sus personajes, han vivido con ellos, han

---

[41] Adoum conserva la escritura del término "montuvio" con v, como preferían De la Cuadra y otros autores de la Generación del 30, argumentando que la letra 'v' refería a la palabra 'vida' cuando, en cambio, se pretendía que la 'b' respondiera a una noción más científica, es decir, al '*bios*'. Conservaré la escritura con 'v' en citas textuales y los títulos en los que así aparezca escrita esta palabra.

Cuerpos exhumados

escuchado de ellos el relato de sus hazañas" (En *Los que se van* 37), la duda sobre si estos escritores se dejaron o no afectar por esas presencias se hace latente en el modo en el que hablaron de ellos, sin dejar de lado un tono etnográfico que logró marcar un distanciamiento con respecto a esas imágenes nuevas que ellos mismos habían forjado.

Adoum, como otros autores, señala precisamente que la crudeza con la que actúan esos personajes y con la que son descritas ciertas imágenes parece querer socavar ese supuesto afán reivindicador de este habitante de la zona campesina costeña. Podríamos pensar que la intención no era reivindicar un derecho a ser narrados y a tener imagen, sino darle espesor a una realidad salvaje que había que aprender a domesticar mediante la palabra.

Aunque se trate de dos documentos que obedecen a géneros distintos, siempre ha llamado mi atención la imagen del montubio configurada en la novela *Los Sangurimas. Novela montuvia ecutoriana*[42] (1934), de José de la Cuadra, frente a la que aparece en el ensayo del mismo autor titulado *El montuvio ecuatoriano* (1937). Si este último se lee tomando en cuenta la obra literaria de su autor de manera retrospectiva, hay, sin duda, una crisis que pone de manifiesto lo que Humberto Robles ha calificado como una intención de

> [...] "presentar", *sin los embelesos retóricos de la literatura*, los componentes geográficos, etnográficos, artísticos, sociológicos, económicos y políticos que, según él, constituían y determinaban los factores auténticos de la etnia del montuvio. Componentes que había que tener en cuenta a fin de que dicho sujeto se inscribiera debidamente en la agenda de las reivindicaciones socioeconómicas por venir; y, esto era a lo que en el fondo, en tanto proyecto de modernización, apuntaba *El montuvio ecuatoriano*. (En *El montuvio* 8-9, mi énfasis, comillas en el original)

En ese "presentar", que Robles entrecomilla y que podemos equiparar a nuestro "mostrar", resalta la intención de hacer de lado los "embelesos retóricos de la literatura". Así, De la Cuadra dejaría

---

[42] Nótese en este subtítulo la relación metonímica que se establece, lo que permite considerar a esta pequeña novela como un relato de la nación.

al descubierto no tanto los cuerpos que percibe, sino su intención interventora sobre unos cuerpos que diagnostica. La aparición de "ese cuerpo" en el ensayo es totalmente sintomática de esta instrumentalización. Luego de fijar unos porcentajes para la formación de la sangre montubia (60% de indio, 30% de negro y 10% de blanco), sus palabras se disponen a describir lo que ha denominado "física del montubio". Cito *in extenso*:

> El hombre montuvio rara vez alcanza estatura elevada. Es de mediana talla, más bien bajo. Su cabeza es redonda y pequeña de cabello lacio o levemente crespo, prieto. Su dentadura es pésima: difícil es hallar un mozo con los dientes completos, sobre todo los delanteros superiores. Es de hombros y tórax anchos hasta que el paludismo, la anquilostamiasis o la tuberculosis, lo encogen y depriman. De piernas arqueadas, que se cierran sobre el lomo del caballo. Con pies planos de nadador. Con largos brazos y manos gruesas y fuertes, desproporcionadas en relación con el antebrazo.
> Su color va del moreno oscuro, casi morado, al amarillo mate. Ello depende de la mayor o menor cantidad de sangre negra que se haya mezclado con la india.
> Es regular andador, no obstante sus pies planos. Cumple, sin mayor fatiga aparente, jornadas de camino. Pero, no es tan buen andador como el indio. Sobre todo, no resiste cargas en el viaje.
> [...] El montuvio es agilísimo. Trepando árboles, rivaliza con los simios. (106-107)

Mediante estas descripciones de la estatura, del color, de los pies, de los dientes, de las habilidades del cuerpo montubio y las comparaciones con el simio, De la Cuadra delinea el modelo de un sujeto único, no diverso: pone sobre él una cantidad de luz considerable, de manera que no deja nada escondido. ¿Exhuma? No. De la Cuadra exhibe. Y en ese sentido, su palabra se transforma en mecanismo de escenificación, tanto como lo hace la fotografía de Laso en la postal que *muestra* las costumbres de los indios en los alrededores de Quito. Lo que hace De la Cuadra es forjar la idea de un sujeto mediocre cuya transformación, en tanto esfuerzo nacional, es difícil pero no imposible: "A pesar de todo, se debe confiar en el montubio" afirma en sus conclusiones: "Es capaz

Cuerpos exhumados

de engendrar el futuro" (147). Se entiende, por supuesto, que se trata de un futuro común alineado con un proyecto nacional forjado por las gestiones de los idearios socialistas y comunistas ecuatorianos. Desde esa visión, también es descrita la mujer montubia:

> [...] de mucho menor estatura que el varón, es de rostro impasible. La excepción es que sus facciones sean agraciadas. Como compensación, su cuerpo –salvo la deformación de las extremidades por los rudos trabajos–, es hasta los quince años, más o menos, de una enhiesta hermosura. Sus senos –chicos y duros–, su vientre hundido y sus caderas altas, la sazonan de un picante atractivo sexual.
> Perdida la virginidad, cuya pérdida acaece a veces hasta por debajo de los quince años, o meramente pasada esa edad, la mujer montuvia se desposee de sus encantos. Los partos sucesivos concluyen con toda huella de belleza. (107)

No es casual que el capítulo del ensayo en el que aparecen estas descripciones corporales termine con una alusión a la longevidad del montubio en relación con la imagen del matapalo, el árbol de raíces viejas y profundas que ayuda al narrador de *Los Sangurimas* a configurar la imagen de Nicasio Sangurima, el protagonista de esta novela subtitulada *Novela montuvia ecuatoriana*. En un primer momento, la relación que podría plantearse entre ambas es la de una prefiguración de la ficción como un espacio de perfeccionamiento o de embellecimiento del cuerpo montubio. Nicasio Sangurima es el prototipo del montubio según es presentado en la novela, pero es blanco y tiene los ojos azules. Los rasgos físicos de otros personajes, como sus nietas, las Tres Marías, tampoco cumplen con las descripciones que De la Cuadra expone en su ensayo.

¿Cuál es la diferencia entre esta atenuación de los rasgos físicos del montubio en la novela de José de la Cuadra y el borrón y sustitución de los indios en las fotografías para turistas de José Domingo Laso? Ambos tienen el poder discursivo que les permite instrumentalizar una imagen. Ambos acomodan, maquillan, escenifican. En cualquiera de los casos, los cuerpos de los oprimidos son expuestos a riesgo de desaparecer, o bien bajo el falso vestido francés, como en las fotos de Laso, o bien bajo la prefiguración de personajes como Nicasio Sangurima, cuyo rostro de ojos azules y piel clara abandera un proyecto de blanqueamiento oculto detrás del mestizaje como ideología.

Esa exposición llevada a cabo por el autor está signada por la falta de reconocimiento del sí mismo en el cuerpo del *Otro*. Una imposibilidad, si se prefiere, de "encarnar" al *Otro*, de usar sus ropas, de dejarse afectar por su imagen. Es esa imposibilidad de empatía la que permanece y la que prolonga la tensión en la que pervive la representación de los pueblos oprimidos. No se trata del fracaso de proyectos políticos o de ideologías, sino del fracaso de una lectura / mirada que rete al autor / lector (espectador) a asumir una relación de horizontalidad frente a los cuerpos mostrados. Tenemos, por un lado, al autor como artífice de esa exposición. De él depende que esos cuerpos puedan verse y afectar o que terminen pasando desapercibidos. Pero tenemos también al lector / espectador como garantía de la aparición de esos cuerpos. De él depende sostener la mirada.

Si bien Jorgenrique Adoum asegura que la literatura del realismo social que se ocupó del montubio estaba elaborada sobre la base de una relación vivencial del autor con el sujeto representado, vale la pena preguntarse por el espacio que ese sujeto ocupa en las narraciones, como elemento que problematiza esa supuesta cercanía. Si pensamos por un momento en términos plásticos, hay en esta escritura una primera tendencia a "enmarcar" el espacio en el que estos personajes pueden moverse, reducido al ámbito de lo rural y de la naturaleza. De alguna manera, ese espacio perpetúa la noción de silencio y vacío que la "inteligencia", según entendía la función de los letrados el argentino Domingo Faustino Sarmiento, debía llenar para alzarse en oposición a la materia. Recordemos que la correspondencia indígena/ lugar se establece desde el período colonial. Me refiero a las políticas coloniales de dominación de los territorios, en las que los espacios nucleares de organización estaban determinados por las actividades administrativas relativas a los intereses de la corona española. El lugar de los indígenas estaba alejado de esos centros urbanos, en los

Cuerpos exhumados

que los individuos que tenían que pagar tributos a la corona debían establecerse sin muchas posibilidades de movilidad. Lo que me interesa resaltar es que la determinación de un lugar para los indígenas, aunque se problematiza a partir de las luchas independentistas y de los proyectos de modernización, está anclada a un pensamiento colonial de segregación. Si bien esa separación será problematizada luego de la Independencia, sobre todo desde la instauración del mestizaje como ideología que sostiene una nacionalidad, el espacio que ocupan los cuerpos indígenas seguirá siendo contradictorio, porque aparece siempre como un espacio de silenciamiento, de homogenización y de instrumentalización. "[...] ¿en qué patria puede tener un hombre más orgullo que en nuestras repúblicas dolorosas de América, *levantadas entre las masas mudas de indios, al ruido de pelea del libro con el cirial*, sobre los brazos sangrientos de un centenar de apóstoles?" escribía el poeta cubano José Martí en *Nuestra América*, a finales del XIX. Esa noción de "masas mudas" parece sostenerse en todos los casos en los que aparecen imágenes de los pueblos oprimidos, que se ven distantes, enmarcados en un espacio limitado por discursos etnográficos, evangelizadores e incluso higienistas, como sucede en *Huasipungo* y en *Boletín y elegía de las mitas*. Así, se reserva para ellos no ya la naturaleza configurada por el paisaje idílico del romanticismo de *Cumandá*, sino una que recibe los restos que la civilización no ha podido engullir. Una "zona sucia", dirá Didi-Huberman, en donde los pueblos oprimidos no son vistos sino en tanto permanecen delineados dentro del paisaje hostil de una barbarie insuperable.

Volvemos entonces a un problema inicial de este trabajo: lo que requerimos para exhumar esos cuerpos es la capacidad de *mirar* los detalles de ellos que aparecen ante nuestros ojos. Lo que usualmente nos animamos a mirar hoy –lo que miramos siempre– es ese residuo de humanidad presente en un "encuadre ampliado" que se encarga de mostrar "el conflicto de la humanidad como 'parcela' y de lo que hemos de llamar, como es oportuno, el 'encuadre institucional' que se empeña en reducir sus movimientos" (*Pueblos expuestos* 37). Si consideramos las bases institucionales de aquello que llamamos "literatura nacional" –en este caso, "literatura ecuatoriana"–, lo que tenemos es un *corpus* como espacio en el que es posible 'encuadrar' los residuos de ciertos cuerpos a los que, de nuevo, conviene acomodar, modificar, incluso limitar, reduciendo sus movimientos. En oposición, siguiendo con la propuesta de Didi-Huberman, otra manera de "exponer" esos cuerpos sería el "encuadre de detalle", que permitiría un acercamiento hacia la huella, un mostrar "el conflicto intrínseco de la humanidad como residuo, pero también como fuerza –aunque sea en vías de agotarse– de resistencia" (38). El "encuadre ampliado" escenifica y dispone de los cuerpos para dar testimonio del paso del tiempo al dejar esos cuerpos fijos, inmóviles en tanto ornamento. El "encuadre de detalle" se opone a ese transcurso, en tanto implica detenimiento por intuición: un tiempo de la historia versus un tiempo del devenir; un tiempo que pasa versus un tiempo que resiste (37). En definitiva, aquello que Bergson caracterizó como un ir de la cosa al concepto para comprender aquello de la cosa –del cuerpo, de la imagen– que aún sobrevive.

En un "encuadre ampliado" del *panorama* –nunca mejor dicho– del indigenismo ecuatoriano, las imágenes dispuestas en un texto como *Plata y bronce* (1927), la novela de Fernando Chaves, logran consolidar la temática indigenista: al enmarcarla en una zona rural de una época determinada, el cuerpo aún idílico de Manuela queda fijado en una noción folklórica y desgastada de "lo autóctono". Un cuerpo más incómodo, el de Lorenza Avemañay, que en algún momento de la historia nacional había optado por su propia "aparición" –recordemos que se trata de una de las líderes indígenas de los levantamientos de inicios del siglo XIX– queda subexpuesto en un capítulo de la novela decimonónica *Cumandá*, relegado como residuo a una zona de permanencia de los cuerpos que deben excluirse. Así mismo sucede con el indígena sirviente que recibe los golpes por parte del padre de Rosaura al inicio de la novela *La Emancipada*: "Sois una raza maldita y vais a ser exterminados" dice el hombre luego de que el indio suplica: "¡Amo mío! ¡Perdón por Dios! Yo no he faltado en nada" (116). Lo único que sabemos de su cuerpo es que recibió los garrotazos del iracundo padre. En el "encuadre ampliado", el acto violento pasa y se vuelve orgánico,

Cuerpos exhumados

común al funcionamiento de un orden social determinado en el que el sujeto golpeado está en el espacio exterior de la casa de hacienda. En el "encuadre del detalle" en cambio, imaginamos el garrote cayendo en cualquier parte del cuerpo: cabeza, espalda, torso, mientras el hombre escarmentado se cubre con las manos, trata de protegerse, se llena de ira. Escuchamos la súplica aunque las palabras no sean suyas, porque no guardan el acento ni el modo de hablar de los indios: detrás de sus quejas hay un cuerpo castigado que podría verbalizarlas, una "posibilidad de la palabra" detonada por un cuerpo en riesgo de desaparición. Solamente así podemos comprender que los intentos por reivindicar al indio –o al montubio, o al negro– entren en tensión cuando es la ideología de la nación la que determina "las fuerzas nuevas" y "el impulso vital" de esa reivindicación, como esperaba José Carlos Mariátegui en contra de una idea meramente "literaria" o "plástica" del indio (*Siete ensayos* 274).

No pasa algo distinto en *Huasipungo*: lo que vemos es al indio sufriente dispuesto sobre el paisaje natural, sus movimientos, sus gestos, su dolor. Sin embargo, los cuerpos de *Huasipungo* incomodan, afectan y no permiten sostener la mirada. ¿Por qué? Tal vez, el "marco" que delimita a *Huasipungo* es más grande y permite la entrada de más luz. ¿Demasiada luz? ¿Por qué conmueve también el poema de César Dávila Andrade, en el que el desgarramiento de la carne es insistente a pesar de la persistencia en pedir a otro que hable por ese que sufre? En lo que viene, trataré de plantear esta tensión entre borrar y mostrar en ambos textos. Parto de la idea de que proponer la exhumación de cuerpos que están a plena luz nos enfrenta a una nueva circunstancia. Quizás, por momentos, los escombros que deban removerse serán, paradójicamente, los de la luz excesiva que los ha dejado sobrexpuestos.

Antes, me gustaría decir que reconozco que hay un umbral entre la ética de la mirada que propongo y un exceso de mirada que podría calificarse de voyerista. ¿Cuál sería el límite entre esa mirada que se fija en el detalle, que se sostiene ante lo abyecto, y la mirada del que fisgonea como acto de satisfacción personal? Adelantando una idea, pienso que es posible establecer una diferenciación: el voyerismo instrumentaliza aquello mirado, lo vuelve objeto; la ética de la mirada humaniza lo mirado, reconoce su persistencia y permanece a la espera de su propia palabra. Estos cuerpos, hallados como restos entre los escombros del canon, transforman todo el tiempo los límites entre lo estético y lo político, asumiendo lo estético no simplemente como "artificio", sino como el rastreo, diría Tobin Siebers, de lo que otros cuerpos *sienten* en presencia de esos cuerpos.

Cuerpos desmesurados

> *Icaza, en lo personal, nunca se distinguió por la claridad teórica. Incluso era penoso comprobar, al escucharlo en conferencias o en la simple conversación, la dificultad que tenía para expresar en conceptos esa realidad que tan admirablemente recreaba con imágenes literarias.*
>
> Agustín Cueva,
> *En pos de la historicidad perdida*

– ¡*Enséñenme* a los más tiernos! –terminó el cholo tratando de imitar al patrón.
La orden del hombre –trueno de Taita Dios para el miedo infantil– abrió una pausa de espanto entre los muchachos, *y todo, absolutamente todo, se hizo claro en el cuadro que se extendía a la sombra del chaparral y en el desnivel del terreno que formaba la zanja*. La angustiosa momificación de las primeras audacias vitales en la cárcel de bayetas y fajas –arabesco de vivos colores tejido en el huasipungo.[43] Sí. La momificación indispensable para amortiguar el cólico que produce la mazamorra guardada, las papas y los ollocos fríos, para alcahuetear y esconder la escaldada piel de las piernas y de las nalgas –enrojecida hediondez de veinticuatro horas de orinas y excrementos guardados. También resaltaba *hacia el primer plano de la emoción* la gracia y el capricho de los más grandes, quienes se habían ingeniado una exótica juguetería de lodo y chambas de barro en el molde –abstracto y real a la vez– de la verdad subconsciente de sus manos. Objetos que

---

[43] *Huasipungu*: porcioncilla de tierra que cultiva el indio en derredor de su choza. (Luis Cordero Crespo, *Diccionario quichua-castellano / castellano-quichua*). Pedazo de tierra que en el pasado el "amo" entregaba al indio para que este realice trabajos agrícolas o de pastoreo, a cambio del trabajo que este mismo indígena debía realizar en beneficio del terrateniente (*Enciclopedia del Ecuador*).

se disputaban a dentelladas y mordiscos, entre lágrimas y amenazas. En síntesis de dolor y de abandono, un longuito de cinco años, poco más o menos —acurrucado bajo el poncho en actitud de quien empolla una sorpresa que arde como plancha al rojo—, después de hacer una serie de gestos trágicos, enderezó su postura en cuchillos y, con los calzones aún chorreados, volteó la cabeza para mirar con fatiga agónica una mancha sanguinolenta que había dejado en el suelo. Luego dio unos pasos y se tumbó sobre la hierba, boca abajo. Trataba de amortiguar sus violentos retortijones de tripas y de nervios que le atormentaban. (*Huasipungo* 92-93, énfasis añadido)

¿Cómo imaginamos esta escena? A lo largo de las lecturas de apoyo que he hecho, específicamente de trabajos que se concentran en estudiar esta novela icónica de Jorge Icaza (1906-1978), he reparado en la recurrencia de citas y referencias a esta escena en particular. Hay algo en ella que nos atrapa y, a la vez, que nos aleja. Como lectores, estamos mediados por un sinnúmero de construcciones sociales que influyen en el modo en el que percibimos imágenes como las que se describen en ese pasaje narrativo. Aquellas que ocupan el universo de lo escatológico nos dan asco. Sin embargo, atadas al relato de la miseria, también nos impulsan a fisgonear. En esta tensión de lectura/mirada, que se siente tentada a la vez que se (auto)censura, es latente el miedo al contagio, como referí en otro capítulo, citando a Martha Nussbaum. El asco provocado por la imagen amenazante que emana del otro nos recuerda que somos mortales. El asco es una reacción de vergüenza y temor ante el reconocimiento —a veces fugaz— de que lo que me relaciona con ese *Otro* que repugno, conlleva a mi inevitable destrucción. El niño en cuclillas verificando la mancha de sangre que sale de su cuerpo, de su ano, nos recuerda con vergüenza que tememos morir, nos recuerda "nuestra vulnerabilidad a la descomposición" (Nussbaum 237). Sin embargo, leemos. Y miramos. Tomamos la imagen y la analizamos. La ponemos en crisis, la culpamos de crudeza, la sometemos a escrutinio y la incorporamos, orgánicamente, al *corpus* nacional. ¿Cómo la imaginamos?, ¿por qué volvemos sobre ella?

El narrador nos da una pista: ante la orden del capataz, el relato nos dice que "todo, absolutamente todo, se hizo claro en el cuadro

Cuerpos exhumados

que se extendía a la sombra del chaparral y en el desnivel del terreno que formaba la zanja" (92). La voz autoritaria y fingida, que trata de parecerse a la del patrón, funciona como "el trueno de Dios", según dice el narrador, que ilumina esa totalidad, dirigiendo la percepción hacia un punto en el que la escena completa puede verse en su conjunto. En ella, cada cuerpo es dispuesto en un lugar para ser observado en un plano general: el crío momificado, los chicos jugando con lodo, el niño adolorido y en cuclillas. La luz echada sobre ellos configura un "cuadro", dice el narrador, que conjuga esos cuerpos con la naturaleza. Quien los devela, quien invita al lector a mirarlos, es una voz que representa la voluntad por mostrar una realidad que conmueve y que, a su pesar, se transforma en ansia por exhibir sus miserias. Lo que vemos entonces, como explica Didi-Huberman, es el conflicto de la humanidad en tanto "parcela", en tanto residuo (*Pueblos expuestos* 36). Ese conflicto ocurre en ese tipo de exposición que Didi-Huberman propone entender como "encuadre ampliado", que demarca el lugar en el que esos cuerpos serán colocados y luego expuestos bajo la enceguecedora luz dispuesta por la voluntad del poder. El capataz ha ordenado y la luz se hace sobre los cuerpos empobrecidos. Él mismo pide "muéstrame" y ante sus ojos aparece la miseria.

A lo largo de la novela de Icaza, más de una escena transformada en amplio cuadro que devela la desventura del pueblo indígena está convocada por una voz de autoridad. Pasa, por ejemplo, en el momento en el que se muestra el cuerpo muerto de la Cunshi, luego de que ella, Andrés y el hijo de ambos comieran la carne podrida de un buey, debido al hambre que los asediaba. Cuando el mayordomo Policarpio llega a la choza al día siguiente de su agonía, se acerca a la entrada y grita llamando a Chiliquinga, recriminándole el no haber ido a trabajar. Al no obtener respuesta, baja de su caballo y espía desde el umbral de la puerta. Dentro, todo está oscuro. Sin embargo, es el esfuerzo de su mirada la que logra regar la luz sobre la escena macabra:

> *Cuando sus ojos se acostumbraron a la oscuridad del tugurio y pudo ver* en el suelo el cadáver de la india, y pudo oír que el cojo Chiliquinga, acurrucado

junto a la muerta, hilvanaba por lo bajo frases y lágrimas, y *pudo entender toda verdad*, lo único que se le ocurrió fue reprochar y acusar al indio. (217, énfasis añadido)

Pasa también en la escena en la que el capataz al que apodan el Tuerto Rodríguez cubre la herida profunda de la pierna de Chiliquinga, luego de proveerle un curetaje precario, mas no promueve que reciba la atención acorde a una herida de esa gravedad. Pasados tres días, mientras Chiliquinga empeora y arde en fiebre, el capataz vuelve y su voz se transforma en el detonante de la acción que hará descubrir de nuevo la herida y tomar otras medidas:

–¡Carajo! *Hay que ver* lo que tiene este indio pendejo. Indio vago. De vago no más está así. Se hace... se hace... –gritó el Tuerto Rodríguez tratando de justificar su crueldad con el herido: latigazos, patadas, que nada consiguieron.
[...] Y uno de los indios, el más caritativo y atrevido, se acercó al enfermo y le abrió cuidadosamente la venda del pie. El trapo sucio manchado de sangre, de pus y de lodo, al ser desenvuelto despidió un olor a carroña.
[...] *Cuando quedó descubierta la herida, sobre la llaga viscosa todos pudieron observar, en efervescencia diabólica, un tejido palpitante de extraños filamentos.*
[...] –Runa bruto. Tienen... Tienen que bajarle no más a la hacienda. Aquí ya no sirve para nada. Para nada... –ordenó el Tuerto Rodríguez ante *la evidencia*. (112, énfasis añadidos)

En los tres ejemplos citados, además de una voz de autoridad que opera como mecanismo de iluminación de la escena que se alza ante sus propios ojos, existe otro aspecto en común: una vez que la luz se instala, el cuadro es totalizador, puede verse "toda la verdad". Todos pueden observar todo, absolutamente todo. Hay una intención de exposición de los cuerpos que se va disponiendo para armar el panorama absoluto de la degradación. Pero esos cuerpos son expuestos desde la voz del poder, que los muestra enmarcados en un espacio determinado, en esa "zona sucia" que es aquella en la que los cuerpos están autorizados a aparecer. En este orden de ideas, esa disposición de los cuerpos desde el "poder de la imagen", como lo llama Hans Belting, ejercido desde las instituciones, está determinada por una forma de acomodarlos y

Cuerpos exhumados

encuadrarlos —el "encuadre ampliado" del que habla Didi-Huberman— y, a la vez, por la cantidad de luz que se riega sobre esos cuerpos para que queden de nuevo sepultados, ya no bajo la oscuridad de la negación de su existencia, sino bajo la excesiva luz del discurso que pretende reivindicarlos. De esa manera, la "zona sucia" destinada para ese "encuadre institucional" que está condicionado por la voz de la autoridad, es una zona conveniente: no se trata ya de unos cuerpos ocultos o borrados, sino de unos cuerpos tan expuestos en un cuadro de totalidad, que sus brutales detalles terminan por incorporarse a una homogeneidad que los inmoviliza y que vuelve a invisibilizarlos.

Propongo pensar *Huasipungo* como la novela del "encuadre ampliado" y como la novela de la sobrexposición. En ella, los cuerpos a los que un relato que se inscribe dentro del indigenismo latinoamericano pretende reivindicar, y algunos otros que tratan de ser ridiculizados, aparecen de modo desmesurado, porque se muestran como un pretendido *todo*. Algunos no son cuerpos de indígenas, pero son cuerpos también racializados y discapacitados, como el del Tuerto Rodríguez, o cuerpos femeninos estigmatizados como el de Doña Blanca, la esposa del latifundista Alfonso Pereira. Tanto con los unos como con los otros, existe una institucionalidad que ejerce el poder sobre esa imagen, en la misma medida en la que un fotógrafo como José Domingo Laso, representante de los letrados quiteños de inicios del siglo XX, ejerció poder sobre la imagen de los indígenas que podían aparecer y sobre la imagen de los que debían desaparecer de las fotografías que él procesaba.

En este sentido, aunque el indigenismo, como movimiento cultural y político, hermanado con la corriente del realismo social, se alce como un cambio de paradigma en la práctica de representación del pueblo indígena, práctica especialmente consolidada desde la década de 1930, algo de su configuración no logra despojarse del poder que trata de poner en crisis. Recordemos a Blanca Muratorio haciendo referencia a la maleabilidad de esa representación con la condición de que cumpla las demandas del poder hegemónico. Por lo tanto, las transformaciones que se perciben siempre terminan siendo cambios cuya radicalidad se hace latente en la forma mas no en el fondo, por lo que la desmesura con la que son presentados y leídos ciertos cuerpos hace pensar que la época de los borrones o de la estetización folklórica del indio ya parecía haber sido superada. Entonces se reafirma una teleología de la nación que se apoya en estos supuestos cambios de paradigma.

Como asegura Teodosio Fernández en el estudio introductorio de la edición de Cátedra de *Huasipungo*, Icaza había forjado una relación con los núcleos quiteños de izquierda (25). Sin embargo, esta correspondencia, que se basa en un contenido de clase de la "cultura nacional" que se trata de consolidar, se debe comprender tomando en cuenta dos aspectos: que el pensamiento de izquierda en Ecuador empezaba a establecerse en contra de un conservadurismo que perpetuaba un poder latifundista; y que ese pensamiento estaba, de todos modos, construyendo un mito de "cultura nacional" que, como señala Iván Carvajal, es un mito "integrador de grupos étnicos y regionales diferentes, no solamente de clases sino de castas, más todavía cuando se insiste en la integración de blancos, mestizos, indios y negros en la nación, en la patria" ("Volver a tener patria" 230). En otras palabras, a pesar de que Icaza no termina de identificarse por completo con la corriente socialista ecuatoriana como sí lo hicieron otros escritores del realismo social, es tal vez uno de los mayores representantes de un intento paradigmático por fundar un modelo de nación que, aunque perpetuaba el poder de ciertas elites, se mostraba comprometido con las causas populares. Explica Carvajal:

> Con todas las limitaciones que se puedan encontrar en su literatura, esos escritores abrieron la visibilidad del territorio y de los distintos componentes sociales de la nación. Su escritura trabaja en la vía de la configuración de la idea de la nación ecuatoriana. Y no podía ser de otra manera. Por tanto, lejos de olvidar su intervención en el "formidable movimiento" de los años treinta, los escritores de ese movimiento que seguían vivos, continuaron su acción durante la década de los cincuenta dentro del esfuerzo colectivo de "volver a tener patria". (230)

Cuerpos exhumados

Hay un camino crítico que es de alguna manera el responsable de ciertas percepciones con respecto a *Huasipungo* y otras novelas del realismo social entre 1930 y 1950. Ese camino tiene que ver con que los jóvenes intelectuales de izquierda de la década de 1960 hayan querido desmitificar la historia patria por medio de la paradójica estrategia de reinventar la patria sobre la base de la labor cultural reivindicadora de los intelectuales de la década de 1930 (Carvajal 246). En esa medida, Carvajal observa cómo un crítico como Agustín Cueva lleva la idea de crear una nación que sea capaz de consolidar una convivencia étnica trágicamente signada desde la Colonia hacia una discusión en la que el modo de destruir a la Colonia sea luchar por la nación, entendiendo las diferencias étnicas como una división clasista de la sociedad ecuatoriana (244). Por lo tanto, según critica Carvajal, para uno de los mayores defensores de *Huasipungo*, como fue Agustín Cueva:

> la esperanza —y la desalienación— tiene un nombre: revolución social. Sin ésta, no hay apropiación del ser. No hay nación, no hay cultura auténtica, no hay hombre auténtico. No hay mestizaje. No hay patria. La tarea de los intelectuales del Ecuador no podía ser otra que contribuir a la revolución. (245)

En tal virtud, *Huasipungo* y el resto de la obra icaciana catalogada dentro de los estándares indigenistas, queda fijada por los intelectuales de la década de 1960, especialmente por Agustín Cueva, como una obra paradigmática de ese espíritu reivindicativo y revolucionario. Luego de observar algunos de los textos que se incluían en esa corriente, afirma Cueva que "[l]a narrativa de Jorge Icaza constituye un *vasto fresco de la sociedad ecuatoriana* de los años treinta y subsiguientes" (*En pos* 169, énfasis añadido). No obstante, Cueva tiene un reparo con respecto a Icaza que, debidas las características de este análisis, no puedo dejar pasar por alto. Cueva sostiene:

> Este *fresco*, dotado de una indudable profundidad sociológica, no surge sin embargo de la aplicación de esquema alguno, si por esquema se entiende una representación conceptual anterior al proceso de producción literaria, que *se limitaría a ilustrarla con las imágenes pertinentes*. Para disipar cualquier

> duda al respecto es oportuno recordar que, aunque es evidente que su literatura recibió el apoyo "logístico" de una concepción (convertida en él en capacidad de percepción) materialista de la historia, Icaza, en lo personal, nunca se distinguió por la claridad teórica. Incluso era penoso comprobar, al escucharlo en conferencias o en la simple conversación, la gran dificultad que tenía para expresar en conceptos esa realidad *que tan admirablemente recreaba con imágenes literarias*. [...] [E]n tales condiciones resulta más admirable aún el contenido de la obra de Icaza, en la que aparecen planteamientos (*plasmaciones*) bastante más avanzados e históricamente más justos que los formulados en los escritos, inclusive marxistas, de su tiempo. (170, énfasis añadido)

Lo que quiero destacar es que, si como dice Carvajal, los intelectuales de la década de 1960 volvieron, a pesar de las críticas a los intelectuales del 30, a trabajar por la resolución del eterno problema de la identidad nacional, Icaza se transformó en uno de los forjadores de esa identidad no por medio de un consecuente discurso de izquierda, sino a través de la exposición de lo que Cueva denomina "imágenes sensibles": "[...] lo que a mí como sociólogo no deja de asombrarme es que tal riqueza analítica se haya logrado por medio de *imágenes sensibles* y con procedimientos estrictamente narrativos" (Cueva 171, énfasis añadido). Por lo tanto, para los propósitos de un proyecto nacional que pretendía establecer una identidad única a partir de la lucha de clases como principal estrategia de consolidación, Icaza lograba "hacer real" aquello que ante los ojos de la burguesía criolla corría el riesgo de no ser visto o de seguir siendo ignorado.

La identidad nacional, esta vez signada por una lucha de clases, se transforma así en el nuevo "encuadre institucional" que ayuda a prefigurar un espacio de representación para los cuerpos indígenas. La diferencia está en el contenido socialista del discurso, impulsado desde los icónicos acontecimientos de la matanza de los obreros de Guayaquil, en 1922. De resto, las estrategias de acomodación de los *cuerpos otros* siguen siendo las mismas. Eso, que parecía novedoso, había cambiado mínimamente las prácticas de representación arrastradas al menos desde el XIX e inicios del XX. Dicha forma de exposición era vista por Cueva como una necesidad: sin las condiciones materiales de

Cuerpos exhumados

existencia, la cultura aborigen corría el riesgo de convertirse en mera entelequia, aseguraba el crítico (171). De manera que había que darle un espesor que, de todos modos, terminaría por ser sepultado debajo de la luz enceguecedora del proyecto nacional, bajo la cual críticos como Cueva pretendían ver "materia novelable" (170). Lo cierto es que esa "materia novelable" es visible solamente en tanto es funcional para la nación.

Desde la posición política de un crítico como Cueva, los cuerpos desmesurados eran necesarios para comunicar y denunciar las consecuencias de un sistema "moral y materialmente represivo" (172). Cueva defiende así el aparecimiento de un universo indígena "degradado", y llama la atención sobre el sector de la crítica que acusaba a Icaza de ser el responsable de esa degradación, sosteniendo que lo que el escritor hacía era solamente trasladar hechos reales a las páginas de sus relatos: "¿imagínese acaso que la servidumbre embellece al hombre y le permite desarrollar una espléndida cultura?" (173) preguntaba Cueva en tono mordaz para defender la estrategia escritural de Icaza. Otros críticos, como Jorgenrique Adoum, también ponían en evidencia la necesidad de consolidar una cultura nacional que debía reivindicar la inclusión de aquellos históricamente humillados, presentando de manera descarnada la realidad que denunciaban. Una inclusión que, vale decir, termina por colocar a todos esos sujetos humillados dentro de un encuadre institucional sobre el que se riega mucha luz, como vengo diciendo. En contraste, hay una parte de la crítica que juzga los mecanismos expositivos de Icaza como innecesarios e incluso como irreales: esperan que la imagen del indio sea reivindicada, pero no a partir de la fijación de una imagen degradada. En torno a esta idea gira, por ejemplo, la posición de Jean Franco, para quien

> [s]i los personajes son las víctimas deshumanizadas de una situación deshumanizada, ¿cómo pueden suscitar la simpatía o el interés del lector? [...] el indio está reducido a un objeto [...]. No sólo viven los indios en condiciones animales sino que se comportan como animales [...]. (En Adoum, xlvii)

También el crítico Fernando Alegría considera que en *Huasipungo*

> Icaza acumula incidentes de extrema morbosidad [...] La exageración de sus descripciones repugna, de la piedad se pasa al desconcierto y al disgusto, se pierde la noción de su rebeldía [...] Icaza parece satisfacerse y realizarse con este proceso de descomposición, parece competir consigo mismo en una interminable selección de horrores, *sin advertir que al lector le bastaría una cantidad mínima de tal sordidez para simpatizar con su mensaje*. (En Adoum xlviii, énfasis añadido)

Vale así preguntar, ¿niega la crítica que desaprueba a *Huasipungo* la inclusión de esos cuerpos dentro de este "encuadre nacional" en el que son exhibidos? Pienso que no. Esa crítica más bien aboga por esa misma ubicación. No obstante, hay algo de esa "degradación" o de esa "desmesura" de los cuerpos que les parece intolerable. Hay algo de esa disposición extrema de los cuerpos bajo la luz que permite verlo todo y que termina por hacer que esa crítica retire la mirada ante tal proceso de imaginación. En otras palabras, esa crítica aboga por un maquillaje, por una especie de atenuación.

A partir de lo dicho, podríamos intentar dos cuestionamientos que nos ayuden a llegar a alguna conclusión: por un lado, valdría preguntar si quienes retiraron y siguen retirando la mirada sobre esos cuerpos se han afectado tanto que, de alguna manera, no han podido tener otra reacción que la de cerrar los ojos. Esa crítica, recordemos, espera "leer" de un modo en el que esos cuerpos logren "simpatizar con su mensaje", como esperaba Jean Franco. Sin embargo, la imagen que es capaz de sobrevivir no es apaciguadora, sino una conmoción, un síntoma, como hemos visto con las imágenes de los monstruos. Por otro lado: ¿significaría entonces que la crítica positiva de Icaza, como la de Agustín Cueva, sí ha sido capaz de sostener la mirada? En esa medida, valdría la pena pensar en la afirmación de Manuel Corrales cuando asevera que para Icaza no es el indígena el tema relevante de la novela, sino la denuncia en contra de una clase explotadora, afirmación que parece querer atenuar la violencia como si la clase explotadora no explotara, precisamente, al indígena. En el mismo tenor, aunque Teodosio Fernández sostiene que Icaza no está siquiera interesado en imaginar un espacio rural primitivo –afirmación que yo preferiría poner en duda– este autor también afirma que Icaza "escribía menos sobre el indio que contra los gamonales" (en *Huasipungo* 48). ¿No es acaso este proyecto de denuncia lo que le interesaba a un estudioso como Agustín Cueva? En tanto representación de una lucha de clases parece ser cierto que la novela expone la degradación para señalar la necesidad de una revolución.

¿Qué implica, por lo tanto, prefigurar un texto como un cambio de paradigma, como una herramienta de reivindicación de un sector social? Implica, quiero proponer, que el texto se plantea como un espacio de representación de una realidad que indigna y que, por lo tanto, provoca que el lector salga en busca de los culpables de esos dolorosos actos narrados. En otras palabras, si partimos de la idea de que la escritura de Jorge Icaza tiene como fin la denuncia de la clase explotadora, los cuerpos que se exponen tienen como fin no la empatía con aquello de ellos que conmueve o que aún sobrevive, sino una reacción de atracción / rechazo en donde el lector que se ve atraído por la desmesura de esa imagen la mira e, inmediatamente, voltea la mirada para ir tras los responsables históricos de ese sufrimiento. No se ve, entonces, aquello que sobrevive sino aquello que se acomoda para lograr tener sentido al ser colocado de modo orgánico, en concordancia con el resto del discurso nacional, impulsado en parte por la indignación y la ira en contra de un pasado opresor. Por eso, Didi-Huberman llama la atención sobre mirar el arte a partir de su función vital: "ver en las imágenes –dice el historiador francés– *el lugar donde sufre*, el lugar donde se expresan los síntomas (lo que buscaba, en efecto, Aby Warburg) y no *quién es culpable* [...]". ("Cuando las imágenes" 27, paréntesis y énfasis en el original).

El discurso nacional dispone del lugar que los cuerpos ocupan en el "encuadre ampliado" y, con su voz totalizadora, riega abundante luz sobre ellos para que permanezcan, de nuevo, casi sepultados. Esa voz totalizadora, a pesar de sus aparentes divergencias, mantiene esas imágenes bajo un control que hace pensar que todas las luchas ya fueron dadas y que esas imágenes son parte de un pasado superado. Parte de esa noción se relaciona también con la aceptación de un final –en una obra como *Huasipungo* o también en *Boletín y elegía de las mitas*, como veremos– que se percibe como mesiánico y que se instaura como el momento en el que la voz, finalmente, cambia de dueño, en apariencia, y planta la bandera revolucionaria. En el artículo titulado "El precio de la palabra: la voz indígena en *Huasipungo* de Jorge Icaza", Kari Soriano Salkjelsvik propone pensar en un empoderamiento de la palabra por parte del indígena, como vía inversa a la degradación del cuerpo. La autora afirma que en Huasipungo "se destruye al indígena físicamente justo en el momento en que aparece como hablante" (327). Esa destrucción está además relacionada con el contraste que la imagen de esos cuerpos logra frente a una noción del cuerpo limpio y perfecto que está cruzada por los conocimientos médicos e higienistas de la época, de tal modo que se desvaloriza por completo al cuerpo indígena, tal como explica Soriano (332). Así, la autora afirma que ante la insistencia de la novela en la descomposición del cuerpo, el lector no tiene más remedio que distanciarse porque, incluso, "podría sentir un rechazo profundo si no fuera por el elemento de denuncia social que sigue a esta descripción" (333). Ese elemento de denuncia termina por consolidarse solamente al final de la novela cuando la muerte de todos los indígenas se transforma en el momento que da inicio a la revolución. Con el grito de "Ñucanchic huasipungo" ("nuestro huasipungo"), queda la impresión de que el sujeto subordinado pudo, finalmente, recuperar su voz y su lugar en la historia (339).

¿Qué implicaciones puede tener este proceso de "descorporización" planteado por Soriano como requisito para la obtención de la voz propia? Me temo que no otras que la "espiritualización" de una materia que termina por ser purificada y embellecida en tanto logra consolidar el grito revolucionario más allá de los cuerpos puestos en colectividad. Si la muerte del indio –que es su desaparición– es el único momento posible para alcanzar su reivindicación, queda por sentado que el cuerpo indígena no necesita *aparecer* y, en consecuencia, conmover

Cuerpos exhumados

con su espesor para ocupar un espacio que no sea el que otros han destinado para él. Como señala Gisela Catanzaro, esa espiritualización de la materia revela lo que se considera lo verdaderamente humano de una vida: "la posibilidad de trascender la muerte produciendo algo capaz de sustraerse a la caducidad material" (126) y, por lo tanto, la configuración de la vida humana como algo que tiene sentido en tanto logra luchar constantemente por la libertad. ¿No implica esa libertad un librarse también del cuerpo? Esto supone que tanto quienes celebran la obra de Icaza como reflejo acertado de una realidad que hay que denunciar, como quienes la censuran debido a su estilo despiadado y degradante, esperan, por distintas vías, que esa materialidad termine por sublimarse, por idealizarse y, en consecuencia, por desaparecer, por perder *espesor*, por borrarse.

Ocurre entonces que aquella "posibilidad de la palabra" de la que habla Didi-Huberman no es compatible con una "espiritualización de la materia". Como afirmé al inicio de este capítulo, esa posibilidad no radica en el esfuerzo por tratar de hacer legible la palabra dicha, que como bien asegura Soriano "es dicha" cuando el cuerpo está por concretar su desaparición, sino más bien en la palabra *por decirse* o, más aún, en el cuerpo que se dispone a decirla. Lo que vale preguntar es si la palabra que está por decirse es única y totalizadora y si puede ser fácilmente pre-establecida por alguien más. Me gustaría problematizar esta idea en la parte final de este apartado, trayendo a colación el poema de César Dávila Andrade, *Boletín y elegía de las mitas*.

Lo que sugiero es que tal vez, para lograr sostener la mirada ante las imágenes de la conmoción y la miseria expuestas bajo la luz enceguecedora del espectáculo nacional, sea necesario que seamos capaces de distinguir en medio de tanta luz las imágenes en donde los cuerpos están en actitud de hacer posible la palabra. Esos cuerpos a punto de hablar son los que, a mi parecer, nos ayudan a entender la supervivencia. Es Andrés Chiliquinga tomando a su hijo bajo el brazo, en ese gesto en el que hay un cuerpo que son dos y no uno solo, ya no sufriendo sino resistiendo: ambos juntos avanzan hacia afuera, sintiendo en su cara el viento de la tarde, dejando que sus ojos *vean* "por breves momentos de nuevo la vida" (249). Es el gesto del cuerpo lanzándose "hacia adelante con ansia por ahogar la estúpida voz de los fusiles" (250), es decir, un cuerpo dispuesto para el grito, el que podríamos asumir como el síntoma de algo que sobrevive, que se niega a desaparecer y que es capaz de advertirnos "los *incendios* por venir" (Didi-Huberman, *Cuando las imágenes* 28).

Cuerpos quebrados

Hace unos meses encontré en una librería de Quito una edición bastante precaria del poema *Boletín y elegía de las mitas* (1959), del cuencano César Dávila Andrade. Aquella edición tenía una particularidad: incluía una versión del poema en quichua. Al abrir las páginas, sentí vértigo frente a un idioma que ignoro, a pesar de lo familiar que me resultan sus sonidos y de ciertos términos que los ecuatorianos aún reconocemos y usamos: *maqui, runa, guagua*... Luego, volví los ojos sobre la versión original, en español, ese sobrecogedor poema cuya lectura tantas veces me ha conmovido: un poema de características épicas que relata los sufrimientos del pueblo indígena durante los trabajos forzados de la época colonial.

La voz que lo narra es una voz en primera persona que cuenta también las tragedias de otros: "Minero fui, por dos años, ocho meses. / Nada de comer. Nada de amar. Nunca vida. / La bocamina, fue mi cielo y mi tumba" (54). "A Melchor Pumaluisa, hijo de Guápulo, / en medio patio de hacienda, con cuchillo de abrir chanchos, / cortáronle testes" (49). Así, el poema se hace eco de una historia y de una voz para las cuales, paradójicamente, el español es otra de las violencias que se ensaña contra los cuerpos que ahí se exponen:

> Y tam, si supieras, Amigo de mi angustia,
> cómo foeteaban cada día, sin falta.
> "Capisayo al suelo, calzoncillo al suelo,
> tú, bocabajo, mitayo. Cuenta cada latigazo".
> Yo, iba contando: 2, 5, 9, 30, 45, 70.

> Así aprendí a contar en tu castellano,
> con mi dolor y mis llagas. (52)

¿Qué idioma le corresponde a ese poema? ¿A quién le pertenece? ¿Cómo lo lee un lector quichua-hablante hoy en día? Las preguntas señalan una problemática: el poema, originalmente, se "muestra" para el lector que no es quichua-hablante. Entonces, le pertenece a un lector probablemente ajeno a las circunstancias de un pueblo que el poema trata de reivindicar. La traducción al idioma amenazado de desaparición, de ese pueblo ahí retratado, transforma el poema: el lector, ahora, podría ser *Otro*.

Hago referencia a esta anécdota sobre aquella edición bilingüe del poema de César Dávila Andrade porque quiero poner en consideración la idea de extrañeza que acontece cuando nos ubicamos frente a la *diferencia* de un texto que, en su versión original, ya nos reta. Finalmente, se trata de un texto en el que aquél que narra le pide a otro –al poeta– que le preste su voz para contar lo que le ha sucedido:

> Y a un Cristo, adrede, tam trujeron,
> entre lanzas, banderas y caballos.
> Y a su nombre, hiciéronme agradecer el hambre,
> la sed, los azotes diarios, los servicios de Iglesia,
> la muerte y la desraza de mi raza.
> (Así avisa al mundo, Amigo de mi angustia.
> Así, avisa. Di. Da diciendo. Dios te pague) (51)

El crítico Iván Carvajal ya ha revisado esta transmutación que, a pesar de anunciar una especie de renuncia del poeta a su lengua para hablar en la lengua de *Otro*, termina por frustrarse: "Dar la voz, prestar la voz al otro es un necesario sometimiento a la lengua del otro. Sin embargo, tal sometimiento es en rigor también imposible, puesto que *Boletín y elegía de las mitas* no puede escribirse en otra lengua que no sea el castellano, la lengua del otro", afirma Carvajal ("Dar la voz" 158). De esa manera, el crítico pone en duda la eficiencia de ese acto de solidaridad y de rebeldía que la voz poética trata de llevar a cabo en pos de provocar un quiebre para que el *Otro* pueda *aparecer*, ser escuchado, pero también para cuestionar toda una tradición poética (158). Señala Carvajal:

> Pero la rebelión del poeta devela que por más esfuerzos que emprenda para quebrar la lengua del colonizador –que es la suya, puesto que es la lengua en que ha sido colonizado desde su nacimiento [...]– no habrá otra lengua, una lengua del otro silenciado, sino que la lengua contra la que se rebela acabará siempre por imponerse, porque está en su ley el abrir paso aun a aquello que la tuerce, que la quebranta: la elipsis, el hipérbaton, el arcaísmo, e incluso la posibilidad de implorar "da diciendo", puesto que la violencia y la transgresión que implica el "da diciendo" solo es posible por la ley de la lengua. (159-160)

Desde esta premisa, el poema entero sería una "im-postura", como dice Carvajal: solidaridad y rebeldía se transformarían, así, en fingimiento. A lo largo de su ensayo, Carvajal señala aquellos discursos hegemónicos desde los cuales el poema se configura y ponen aún más en crisis esa intención de prestarle la voz al *Otro* para que cuente su tragedia. Esos discursos son, por supuesto, el de la nación, pero también el del cristianismo: su estructura y el final mesiánico lo hermana de manera innegable con los textos bíblicos (162). De ahí que el poema no logre condensar del todo la intención de solidaridad y de rebeldía, pues tiende a identificarse con esos imaginarios hegemónicos.

No se puede negar, sin embargo, que los cuerpos convocados por la voz poética se "ven" a lo largo del poema. Carvajal lo sabe y por eso, hacia el final de su ensayo, clama, aunque sin esperanza, por una lectura del texto que pueda liberarse de la nación y del rencor hacia el colonialismo hispánico, que configura también una imagen de victimización en torno al indígena (172). Pero el crítico propone esa liberación con cierta ironía. Debido a esa "im-postura" de la lengua, haciendo un señalamiento que victimiza al indio y que termina por despolitizar su representación, Carvajal condena la lectura a una imposibilidad:

> La denuncia del pasado ignominioso, si bien despierta en el lector la solidaridad con quienes padecieron el terror de las mitas, lleva a que se exclame: "¡Cómo pudo acontecer esto al pueblo indio! ¡Cómo podemos olvidar este sufrimiento que blancos y mestizos infligieron a los mitayos!", mas no: "¡Cómo se conserva la escritura en el aire de ese cadáver lleno de mundo!" (172, énfasis añadido)

La imposibilidad de lectura señalada por Carvajal es para mí una imposibilidad de mirada: la imposibilidad de sostener la mirada ante el poema. Esto pasa en buena medida porque Carvajal declara que su postura es la de quien aboga por la poesía, y por lo tanto reduce el tono de denuncia que configura la representación del indio en este poema. Si asumimos en cambio la urgencia de politizar esos cuerpos –porque su aparición y su derecho a aparecer están inevitablemente embebidos en eso político que sucede entre dos o más cuerpos, entre dos o más seres humanos, como proponía Hannah Arendt–, ver los cuerpos que se reparten a lo largo del poema y cuyo final presentimos no implicaría no poder leer, sino poner en crisis la manera en la que percibimos la crudeza de su sufrimiento. De todos modos, cuando imaginamos esos cuerpos, retiramos la mirada porque sus sufrimientos se nos tornan insoportables. Tal vez, como sucede en *Huasipungo*, esto suceda porque los cuerpos lacerados han sido expuestos bajo la luz totalizadora del poema. Habría entonces que preguntar si, ante esa totalidad de cuerpos que se homogenizan en el sufrimiento, es posible exhumar alguna huella que se niegue a desaparecer y que ayude a pensar el sufrimiento no como estrategia victimizadora que banalice la representación de la opresión, sino como conmoción ante el síntoma, ante la cicatriz.

¿Cómo sostener la mirada ante un poema que se asume como impostación? A pesar de la condena de Carvajal, me gustaría motivar una idea: los cuerpos que se hacen visibles en *Boletín y elegía de las mitas* aún pueden liberarse de los mitos nacionalistas e, incluso, de los mitos cristianos que lo pueblan. Si leemos el poema como un todo en sí mismo, como la totalidad de una historia que debemos memorizar

Cuerpos exhumados

para luego tratar de dar cuentas y enmendar, esos cuerpos seguirán quedando sepultados bajo la luz enceguecedora de una nación que los ha conminado a una "zona sucia", la misma que está configurada a partir de ese "*ethos* patrio del dolor y el sufrimiento" del que hablé anteriormente. Como se ve, esa zona está tan definida, que es capaz de abarcar a todos los cuerpos que considera *otros* (a los de *Huasipungo*, a los de la pintura de Guayasamín, a tantos otros) para luego no distinguir entre ellos: la "masa muda" de la que hablaba José Martí. En la medida en la que son cuerpos orgánicos para una nación que ha instrumentalizado la idea del aborigen oprimido y derrotado, una lectura global del poema no permitirá que lo liberemos de su trágico destino.

En ese sentido, planteo confrontar dos nociones: por un lado, la de la "palabra posible", como aquella que no llega a fraguar pero que nos convoca permanentemente a estar atentos a su surgimiento; y por otro, la de la "palabra prestada", esa que de hecho ya acontece a lo largo de todo el poema –y de toda la tradición indigenista, ecuatoriana y andina– y que finge quebrarse para facilitar el habla del *Otro*. Tratándose de un poema que ya de por sí se establece como un espacio textual para disponer de los cuerpos como residuos de ese "encuadre ampliado" que se llama "Historia nacional", la idea es pensar en qué momentos del relato es posible intuir cuerpos que, a pesar de ser descritos por la "palabra prestada", se alzan como imágenes capaces de desarticular el todo del poema y huir de él y de la excesiva luz que los encierra y los sobrexpone.

La "palabra prestada" responde a un momento en el que la nación requiere, como esperaba Agustín Cueva, de un "lenguaje nuestro", un lenguaje que no podría, entonces, ser diverso sino englobar el proyecto de mestizaje cultural que ya se fraguaba desde la década de 1930, y aún con más fuerza desde el llamado de Benjamín Carrión para "volver a tener patria" luego de la guerra con el Perú, en 1942. Sobra decir que ese "nuestro" utópico que Cueva convoca en su ensayo *Entre la ira y la esperanza* (67) corre el riesgo de la homogenización. Sin embargo, el ansia que los intelectuales de la década de 1960 sentían por delinear una cultura nacional, los llevó a hacerse eco de este llamado sin muchos reparos al respecto.

Es importante apuntar algo: de la idea de "cultura nacional" y de la necesidad por delinear un "lenguaje nuestro" surge también un terreno común para abonar una misma historia de la literatura. Cueva es tal vez la voz más representativa y me atrevo a decir que la más radical en cuanto a una labor canonizadora de aquellas expresiones literarias que podían conformar un pasado legitimador de un "lenguaje nuestro" y de una ansiada autenticidad, desde el siglo XVIII en adelante, en pos de cimentar la revolución del futuro. Todo lo que no cumpliera con esos requisitos quedaba por fuera. En ese sentido, *Boletín y elegía de las mitas*, publicado en 1959, los cumple con creces, incluso a pesar de ser un poema, género que, como indica Iván Carvajal, Agustín Cueva no dominaba y que además solía dejar de lado en sus ensayos porque argumentaba en favor de un predominio de la novela, debido a considerarla un género literario más adecuado para "nuestras condiciones histórico-sociales" (*Entre la ira* 67).

Desde una perspectiva como esta es relativamente fácil suponer que un texto como *Boletín y elegía de las mitas* sea un referente indiscutible del canon literario ecuatoriano. Además, cumplía con otro requisito: no solamente denunciaba una realidad que podía motivar una actitud revolucionaria, sino que además se inscribía en una tradición latinoamericana. Dávila Andrade se había dejado afectar por *El canto general* (1950) del chileno Pablo Neruda y antes, por el tono vallejiano de *España, aparta de mí este cáliz* (1939). De ese modo, el *Boletín* cumplía con la labor de poner la literatura ecuatoriana en diálogo con la de otras tradiciones. Por lo tanto, el lenguaje en común que Cueva sueña reconoce una "identidad nacional" en tanto puede formar parte, a la vez que distinguirse, de una identidad más amplia, latinoamericana, que está también cruzada por las mismas ideologías y por un pasado en común.

Se puede afirmar que *Boletín y elegía de las mitas* y *Huasipungo* son las dos obras cumbre de esa literatura en tanto "cultura nacional", legitimadas por una mirada canónica de entender la literatura.

Cuerpos exhumados

Recordemos ahora que Cueva reconocía un valor en la habilidad de Icaza al usar un lenguaje que tuviera la capacidad de trasladar la realidad al texto literario, de "dar un cierto *espesor* artístico al relato del hombre-situación" (*Entre la ira y la esperanza* 68, énfasis añadido). La paradoja está en que ese *espesor*, que acentúa en estos textos un tipo de sufrimiento y de dolor que solamente el *cuerpo Otro* fue capaz de experimentar, sea luego utilizado para conformar una idea totalizadora de "cultura nacional". No obstante, no es Cueva quien forja esta paradoja: la misma escritura de Dávila Andrade, tanto como la de Icaza, terminan por llevar ese *espesor* a un punto de espiritualización: hacia el final del poema, todos los cuerpos han muerto y la resurrección se hace posible en tanto motiva la revolución del futuro:

> Regreso desde los cerros, donde moríamos
> a la luz del frío.
> Desde los ríos, donde moríamos en cuadrillas.
> Desde las minas, donde moríamos en rosarios.
> Desde la Muerte, donde moríamos en grano.
>   Regreso
> Regresamos! Pachacámac!
> Yo soy Juan Atampam! Yo, tam!
> Yo soy Marcos Guamán! Yo, tam!
> Yo soy Roque Jadán! Yo tam!
> Comaguara soy, Gualanlema, Quilaquilago, Caxicondor, Pumacuri, Tomayco, Chuquitaype, Guartatana, Duchinachay, Dumbay, Soy!
> Somos! Seremos! Soy! (56)

Así, el relato del sufrimiento desemboca en un triunfo que se asume en tanto utopía desde un supuesto "nosotros", al igual que en *Huasipungo*. Una utopía, sin embargo, anunciada por una voz prestada que muestra todo el sufrimiento y que, por lo tanto, imposibilita sostener la mirada. Desde la utopía de la resurrección de los cuerpos, la voz prestada anuncia un regreso que parece dejar de lado los cuerpos violentados, en tanto los que regresan se incorporan a un nosotros que intenta espiritualizarse.

Antes de ese final mesiánico, los cuerpos del dolor y el sufrimiento pululan en cada verso. El sufrimiento y el dolor, de hecho, no logran otro modo de hacerse ver si no es a través de los cuerpos. O, si quisiéramos apuntar aún más hacia la materialidad de los cuerpos en este poema, no hay sufrimiento sin su respectiva encarnación y posterior sublimación, tanto como no hay pasión cristiana sin las llagas del cuerpo de Cristo, su crucifixión y su resurrección. En ese sentido, incluso el cuerpo de Cristo marcaría un punto de quiebre en la lectura de este poema: somos capaces de imaginar el sufrimiento indígena en tanto imaginamos al cristo doliente. ¿Sería arriesgado afirmar que entonces imaginamos el cuerpo sufriente del indio en tanto el imaginario cristiano le cede su cuerpo, como el colonizador le cedió su lengua? Carvajal ha hablado de esta "culpabilidad histórica" que llevaría a convertir un poema como este en una especie de "muro de lamentaciones donde se llore a las víctimas de la iniquidad colonial" (*A la zaga* 164), muy similar a cómo ha hablado Agustín Cueva con respecto a la decimonónica *Cumandá*. En esa expurgación lectora, la mirada, condicionada por la culpa de la crucifixión cristiana, imagina el cuerpo indio desde el cuerpo cristiano, observa la totalidad de sus llagas, de su angustia sacrificada, de su miseria hasta el punto de no poder soportarlo:

> Un día en santa Iglesia de Tuntaqui,
> el viejo doctrinero, mostróme cuerpo en cruz
> de Amo Jesucristo;
> único Viracocha, sin ropa, sin espuelas, sin acial.
> Todito Él, era una sola llaga salpicada.
> No había lugar ya ni para un diente de hierba
> entre herida y herida.
> En Él, cebáronse primero; luego fue en mí.
> ¿De qué me quejo, entonces? No. Sólo te cuento [...]. (52)

Entonces la mirada, una vez afectada, se nubla ante tanta luz y se retira tratando de disculparse por un dolor que logra imaginar gracias a un cuerpo prestado. Vale preguntar: ¿es posible imaginar estos cuerpos más allá de la palabra de otro y del cuerpo cedido, un cuerpo sufriente hegemónico?

Cuerpos exhumados &

Un momento de resurrección no es un momento de resistencia. La imagen que sobrevive no es la imagen que vuelve a nacer, sino la que nunca ha muerto: es el residuo que ha resistido, que perdura, a pesar de todo. De manera que la solidaridad y la rebeldía de las que habla Carvajal, que la voz poética del *Boletín* podría querer detonar a pesar de su imposibilidad de "prestarse", tal vez pueda aún presentirse en algún instante del poema. En este instante, habría una suerte de negación del cuerpo purificado y sacrificado del cristianismo, y a la vez una suerte de puesta en crisis de la "palabra prestada" en cuanto se sobrepone una "imposibilidad de palabra" que pospone la espiritualización de ese cuerpo que se resiste a formar parte de un todo.

Si pudiéramos contar los momentos en los que aparecen en este poema cuerpos que se resisten al poder, podríamos identificar tres de ellos. Dos, sin embargo, terminan por ser vulnerados por completo. En el uno, hay una urgencia de huida que, de todos modos, termina frustrándose. Un intento por escapar que no se concreta y que desemboca en una de las escenas más crueles del poema:

> A Tomás Quitumbe, del propio Quito, que se fue huyendo
> de terror, por esas lomas de sigses de plata y pluma,
> le persiguieron; un alférez iba a la cabeza.
> Y él, corre, corre gimiendo como venado.
> Pero cayó, rajados ya los pies de muchos pedernales.
> Cazáronle. Amarráronle el pelo a la cola de un potro alazán,
> y con él, al obraje de Chillos,
> a través de zanjas, piedras, zarzales, lodo endurecido.
> Llegando al patio, rellenáronle heridas con ají y con sal,
> así los lomos, hombros, trasero, brazos, muslos.
> Él, gemía revolcándose de dolor: "Amo Viracocha, Amo
> Virachocha"
> Nadie le oyó morir. (53)

La imagen de la huida, el gesto de correr motivado por el miedo, hace de ese un cuerpo que, por un momento, tiene la posibilidad de decir otra palabra que no sea la palabra prestada. Al menos por un instante. En el último verso: "Nadie le oyó morir", se condensa la palabra prestada que da testimonio del trágico final con esa imposibilidad de palabra, la que no es escuchada. El otro momento que quiero proponer es la escena que sirve de antesala al final mesiánico del poema. En ella, se percibe una imagen de supervivencia:

> Minero fui, por dos años, ocho meses.
> Nada de comer. Nada de amar. Nunca vida.
> La bocamina, fue mi cielo y mi tumba.
> Yo, que usé el oro para las fiestas de mi Emperador,
> supe padecer con su luz,
> por la codicia y la crueldad de otros.
> Dormimos miles de mitayos,
> a pura mosca, látigo, fiebres, en galpones,
> custodiados con un amo que sólo daba muerte.
> Pero, después de dos años, ocho meses, salí.
> Salimos seiscientos mitayos,
> De veinte mil que entramos. (54)

Esta imagen triunfante se incorpora luego al final, haciendo que la supervivencia del cuerpo termine en el momento de su espiritualización, de su idealización dentro del imaginario revolucionario.

Hay, sin embargo, un tercer momento, que *aparece* en una de las estrofas más cortas del poema. Paradójicamente, se trata de una escena en la que el cuerpo violentado no es descrito. Sin embargo, la "esperanza ecfrástica" se recupera a partir de la descripción de una acción que da lugar al detalle, el mismo que se circunscribe a las palabras que son capaces de hacernos ver –y escuchar– la violencia infringida:

> Y de tanto dolor, a siete cielos,
> por sesenta soles, Oh, Pachacámac,
> mujer pariendo mi hijo, *le torcí los brazos*.
> Ella, dulce ya de tanto aborto, dijo:
> "Quiebra maqui de güagüa; no quiero que sirva
> que sirva de mitayo a Viracochas".
>
> *Quebré* (50, énfasis añadido)

En esta breve escena, el perpetrador de la violencia sobre el cuerpo del niño no es directamente el conquistador blanco o el capataz mestizo.

Cuerpos exhumados

Hay una voluntad distinta que burla incluso la palabra prestada, que se alza para modificar el cuerpo –vale decir, para *discapacitarlo*– para volverlo inútil para los trabajos forzados. En otras palabras, hay una voluntad de resistencia que la palabra prestada hace ver tan solo como tragedia, pero que la imagen que se alza en el verbo "quebré" hace ver como posibilidad. Esta, que puede ser una de las escenas más despiadadas del poema, vista de otro modo, es decir, vista en detalle, apenas en huella que no calza o que no cabe en el encuadre ampliado, y vista en solidaridad que sostiene la mirada, se transforma en acto de amor que ni los mitos nacionalistas ni el cristianismo alcanzan a sostener. No es un cuerpo que se hace sagrado o que se convierte en el producto del sacrificio en nombre de algún ideal mayor, como sería el cuerpo del hijo de Abraham en el pasaje bíblico. No es un cuerpo que desaparezca, sino más bien uno que aún arde. Es un cuerpo que se quiebra, que se rompe, para contar la historia en otra dirección, para sobrevivir. Ese cuerpo, liberado del poder absoluto, termina liberándose también de la palabra prestada: no lo escuchamos y tampoco es descrito por ella. No "habla" y al no hacerlo, no incorpora su voz a ese "nuestro lenguaje". No es un cuerpo para las mitas y así, tampoco es un cuerpo para la nación. No tenemos más noticias de él, como sí tenemos de los otros cuerpos que aparecen en el poema: casi todos trabajan, tienen hambre, obedecen, sufren, ruegan. Finalmente mueren y esas muertes estallan en la resurrección colectiva del final y entonces en su espiritualización. En cambio, este cuerpo quebrado, inutilizado por los suyos, escapa de ese final: será capaz, tal vez, de decir algo que no hemos alcanzado a escuchar porque tampoco lo hemos imaginado así, con los brazos quebrados, con los brazos ausentes. En él, en su materialidad distinta e incómoda, se concentra la posibilidad de la palabra propia, que es la posibilidad de (otros) lenguajes, de (otras) escrituras, y con ellas la potencia de un cuerpo que aparece, apenas por un instante, para indicarnos nuevos caminos.

Tarde para ser bello
(Intervalo)

Un joven adolescente se acerca a un vendedor de timbres postales, en el mercado de correos instalado en el Palacio del Elíseo, en París, en el año 1963. El muchacho lleva en su mano una estampilla que le sirve para preguntar al comerciante si tiene más timbres de esa serie. El vendedor no reconoce el rostro ni el nombre de quien figura en la imagen postal. Por casualidad, un hombre que presencia la escena, un diplomático venezolano que reconoce el rostro de la estampilla, se acerca al adolescente y le pregunta por qué está tan interesado en obtener esa información. El muchacho, aficionado a la filatelia, responde que su padre, Robert Simard, le ha dado noticias del gran escritor que aparece en la pequeña imagen, un hombre de letras ecuatoriano que, además, es su bisabuelo. El adolescente que busca es el nieto de Jean Montalvo, quien quedó huérfano a los dos años cuando su padre, el ambateño Juan Montalvo (1832-1889) falleció en París. Jean creció bajo el cuidado de su madre, y poco se supo de él hasta que el historiador ecuatoriano A. Darío Lara acogió la curiosidad del adolescente de la estampilla por recomendación del diplomático venezolano. A partir de ese contacto, Lara siguió las pistas de Jean Coucteux-Montalvo y de documentos que revelaron el parentesco y los detalles, hasta el momento poco conocidos, de la muerte del autor de *Capítulos que se le olvidaron a Cervantes* (1895). La historia ha sido recogida en el libro de Lara titulado *Juan Montalvo en París* (1983, tomos I y II).

La anécdota referida descubre una imagen peculiar: en 1963, época en la que en Ecuador ya habían circulado varios objetos con la imagen de Montalvo, entre estampillas, óleos, monumentos y billetes, un adolescente en París llevaba consigo su rostro en un timbre postal. Veraz o no, se trata de una escena que nos coloca frente a un Montalvo cuyas huellas se persiguen no a partir de la lectura de su obra, sino desde la particularidad de su retrato. ¿Cuál es el rostro de Montalvo que figuraba en esa estampilla? El primer timbre postal conmemorativo que incluye su rostro data del año 1901, once años después de su muerte. Es probable que la imagen ahí plasmada se base en un par de fotografías de Montalvo que datan de 1857 y de 1875 o 1885, tanto como debe haberse basado el óleo sobre lienzo realizado por Manuel Salas, aún en el siglo XIX. A partir de estos retratos, las representaciones de Montalvo han abundado, incluyendo el cuadro de C.A Villacrés, ya iniciado el siglo XX, quien también pintó por esa época el retrato más difundido de Eugenio Espejo. En definitiva, todas estas representaciones tratan de emular la pose y el gesto de las fotografías. Sin embargo, pueden notarse también algunas diferencias: en las pinturas es posible apreciar un Montalvo de facciones más finas y, cabe decir, un Montalvo blanqueado, cuya apariencia hace inimaginable que "el gran pensador" ecuatoriano haya sido capaz de decir sobre él mismo:

> Puesto que nunca me han de ver la mayor parte de los que lean este libro, yo debía estarme calladito en orden a mis deméritos corporales; pero esta comezón del egotismo que ha vuelto célebre á ese viejo gascón llamado Montaigne, y la conveniencia de ofrecer algunos toques de mi fisonomía, por si acaso quiere hacer mi copia algún artista de mal gusto, me pone en el artículo de decir francamente que mi cara no es para ir á mostrarla en Nueva York, aunque, en mi concepto, no soy zambo ni mulato ("De la belleza" 1895)

El recurso de las bellas artes –afirma Rafael Ángel Herra– es negar el mundo, "proponer y crear mundos ficcionales alternativos, adecuados a la conciencia, perfectamente normados, que eviten la desdicha del desgarramiento [...]" (85). A esta idea es posible unir una noción en la que el cuerpo, como aquello que en su condición de materialidad puede desgarrarse, es aquello que queda enterrado o incluso, despojado de todo sentido y de toda experiencia, para poder entregarle a la ideología aquello que necesita en pro de su subsistencia. Los retratos de Montalvo, muchos de los cuales se exhiben en su casa-museo en Ambato, junto a otros documentos del autor –manuscritos, fotografías, objetos personales–, muestran la apariencia de un hombre que es capaz de sostener, sobre su cuerpo idealizado, todo lo que su escritura ha señalado de manera vehemente en pro de un proyecto nacional. Junto al retrato de Montalvo, tal vez los de Eloy Alfaro y Eugenio Espejo puedan ser considerados los rostros idealizados que forman parte de una galería de héroes y letrados que sostienen sobre su rictus el peso de la patria.[44]

Cuenta Galo René Pérez, en su biografía novelada *Un escritor entre la gloria y las borrascas. Vida de Juan Montalvo* (1990) que, durante sus funerales recién en la década de 1930,[45] una vez llegado el cuerpo embalsamado a Guayaquil, "[l]as notas del himno nacional tornaban solemne la conducción del féretro hasta una tribuna que se había levantado en un amplio sitio cercano. Y en ese preciso momento un grupo de aviones arrojaba millares de hojas con la imagen y pensamientos escogidos de Montalvo" (521). Como señala Alexandra Kennedy-Troya, "[…] los retratos proporcionan al lector un modelo de virtud cívica y se convierten, a través de su incansable reproducción en copias posteriores, en verdaderos íconos de la identidad nacional" (170). Estas acciones de difusión eran –y siguen siendo, a través de otros métodos de reproducción y transmisión– una demostración de la importancia atribuida al conocimiento del rostro de un personaje determinado para la consolidación del proyecto nacional.[46]

---

[44] Según cuenta la historiadora del arte Alexandra Kennedy-Troya, además de aparecer en 1888 en la revista *El Municipio*, con motivo de la celebración del 10 de Agosto de 1809, día del Primer Grito de Independencia, la imagen de Eugenio Espejo también fue "echada a volar", junto con las de otros "héroes de la emancipación", durante los festejos conmemorativos.

[45] El traslado del cuerpo de Montalvo a Ecuador desde Francia implicó un largo trámite diplomático que duró décadas.

[46] Se puede pensar, por ejemplo, en la amplia difusión que los retratos con el rostro del General Eloy Alfaro, líder de la Revolución Liberal de 1895, tuvo durante el mandato de Rafael Correa, entre 2007 y 2017.

> Fué mi padre inglés por la blancura, español por la gallardía de su persona física y moral. Mi madre, de buena raza, señora de altas prendas. Pero, quien hadas malas tiene en cuna, ó las pierde tarde ó nunca. Yo venero á Eduardo Jenner,[47] y no puedo quejarme de que hubiese venido tarde al mundo ese benefactor del género humano: no es á culpa suya si la vacuna, por pasada, ó por que el virus infernal hubiese hecho ya acto posesivo de mis venas, no produjo efecto chico ni grande. Esas brujas invisibles, Circes asquerosas que convierten a los hombres en monstruos, me echaron a devorar a sus canes; y dando gracias á Dios salí con vista é inteligencia de esa negra batalla [...] gracias al cielo y á mi madre, no quedé ni ciego, ni tuerto, ni remellado, ni picoso hasta no más, y quizá por esto he perdido el ser un Milton, ó un Camoens, ó *la mayor cabeza de Francia*; pero el adorado blancor de la niñez, la disolución de rosas que corría debajo de la epidermis aterciopelada, se fueron, ay! (sic) se fueron, y hasta falta me han hecho en mil trances de la vida. Desollado como un San Bartolomé, con esa piel ternísima, en la cual pudiera haberse imprimido la sombra de una ave que pasara sobre mí, salga usted á devorar el sol en los arenales abrasados de esa como Libia que está ardiendo debajo de la línea equinoxial (sic). No sería tarde para ser bello; mas esas virtudes del cuerpo ¿en dónde? prescitas son, y yo no sé como suplirlas. [...] ("De la belleza" 132, énfasis en el original)

Montalvo hace constar literalmente en sus escritos la frustración sobre su apariencia. Esa actitud, sin embargo, no implica que no trate de ocultar sus rasgos. Expresar su frustración con cierto tono irónico podría ser interpretado como un modo de invertir lo que muestra. Pero su escritura, aparentemente sincera al trasladar el rasgo facial, al tratar de ser retrato —o de transformarse en dato incierto para futuros retratos— acoge el encubrimiento como estrategia mitigadora. El rostro de Montalvo está cubierto por una ideología, racial y estética, que suele pasar desapercibida ante la idea del autor de *Las Catilinarias* como un intelectual liberal, defensor del pueblo oprimido.

Los escritos "De la nobleza" y "De la belleza", incluidos en sus *Siete tratados* (1882) abundan en referencias corporales. En el primero, Montalvo acude a fuentes científicas, históricas, literarias y filosóficas

---

[47] Edward Jenner, conocido como "el padre de la inmunología", fue el inventor de la vacuna contra la viruela.

Cuerpos exhumados

para tratar de argumentar su tesis principal: "No hay más nobleza que la de las virtudes" (96). Y casi del mismo modo, utiliza referencias diversas para llegar a la conclusión de que una belleza física sin virtudes, sin moral y sin bondad no sirve de nada. Renaud Richard, quien participó en 1975 en el Coloquio de Besançon dedicado a los estudios sobre la relación entre Juan Montalvo y Francia, repara sobre todo en el tratado "De la nobleza" para dar cuenta de que aunque Montalvo se haya declarado en más de una ocasión adversario del darwinismo, se cuida de dejar sentado "el principio teológico de la diferenciación de la humanidad en razas distintas y desiguales" y termina por aceptar "ciertas aportaciones del darwinismo, como la de 'la lucha por la vida', por ejemplo" (164). En esa línea, cuando trata de dar una explicación sobre lo que él llama "la decadencia de ciertos grupos humanos", Montalvo piensa que lo que incide de manera preponderante es "el aislamiento de estos grupos, dicho sea en términos modernos, la carencia de intercambios culturales" (Richard 165). Como bien nota el crítico francés, Montalvo parece ir y venir por argumentos que lo hacen caer en contradicciones: por momentos, sus referencias a los negros y mulatos abundan en descripciones físicas y comparaciones durísimas, y hacen ver un Montalvo dispuesto a rechazar a cualquier ser humano por motivo de sus orígenes raciales:

> Se ha reconocido que el ángulo facial, este símbolo de inteligencia, se abre á medida que las castas son más nobles y perfectas, y se cierra en las que se aproximan á la idiotez y el brutismo. La raza caucásica blanca, tronco de los hermosos pueblos civilizados que habitan la Europa, lo tiene casi recto: esos aduares miserables que vaguean por los bosques del África con nombres de chubaches y eboes, lo tienen tan agudo, que sus mandíbulas resaltan á manera de hocico, al paso que la frente se quiebra en una hondura que no deja lugar al entendimiento. Más diferencias hay de hombre á hombre que de hombre á bruto, se ha dicho con justicia: "Un cafre es respecto de Platón más inferior que un orangután respecto de un cafre". ("De la nobleza" 14-15)

Sin embargo, en varias referencias en este y en el tratado "De la belleza", se reconoce a sí mismo como heredero de la raza africana, sin dejar de hacer evidentes sus miedos y recelos por ser identificado como tal desde la mirada de otros:

> Cuando me preguntan cómo en dos viajes al viejo mundo, ni de ida, ni de vuelta he pasado por los Estados-Unidos, la vergüenza me obliga á reservar la verdadera causa: no ha sido sino temor, *temor de ser tratado como brasileño*, y de que el resentimiento infundiese en mi pecho odio por un pueblo al cual tributo admiración sin límites. (130, énfasis añadido)

Si Montalvo no niega sus orígenes, ¿cómo justifica sus cavilaciones con respecto a las virtudes físicas y morales de ciertas razas? Richard afirma que lo que Montalvo acaba por hacer es desarrollar un argumento, que no deja de ser intricado y bastante pomposo, en el que es posible aceptar la raza negra, siempre y cuando se compruebe que se trata de individuos venidos de la nobleza de su lugar de origen. Montalvo, asegura Richard, "aceptaba tener antepasados negro-africanos con tal que hubiesen sido nobles" (167). Y a partir de esa aceptación que, por supuesto, impone una dinámica social aristocrática a todas las razas humanas, Montalvo hace una apología del mestizaje hispanoamericano, que vuelve y perpetúa argumentos coloniales de pureza de sangre. Sin embargo, hay momentos en los que Montalvo abandona absolutamente la explicación biologicista para declararse liberal y ferviente seguidor de los ideales de la Revolución Francesa, y es solo entonces cuando lo racial pasa a un segundo plano para apoyar el concepto de nobleza como esfuerzo y mérito personal, más allá de cualquier origen.

En "De la belleza", Montalvo recurre a la misma estrategia: va y viene por argumentos biologicistas, define la belleza desde un canon esencialmente europeo y no deja de introducir ciertas ideas de la teología cristiana para justificar que todos los seres, feos o bellos, han sido creados por Dios. Así, llega a un punto en el que el aspecto físico pierde su valor si no está acompañado de ciertas virtudes, algunas de ellas cristianas, algunas de ellas liberales. En todo caso, al hablar de la belleza, Montalvo hace primero una relación de la belleza en la mujer —como lo hace Espejo en sus *Reflexiones sobre las viruelas*—, pero

Cuerpos exhumados

acentúa aún más la correspondencia que hay entre ambas, haciendo de la belleza un requisito indispensable para la aceptación social de las mujeres, siempre en equilibrio con la bondad y la dedicación familiar. Luego, aunque no deja de lado la belleza en el género masculino, se cuida de señalarla como una característica que puede pasar por alto si las virtudes del trabajo, el genio y la nobleza están de su lado. De ese modo, desarrolla un mecanismo de autolegitimación que le permite reformular no solamente el modo en el que la sociedad (latinoamericana) debe pensar en los albores de las repúblicas, sino también el modo en el que otros deben mirar y ante todo mirarle y recordarle, como quien se cuida de determinar los límites de su propia representación y de su propia trascendencia.

En un peculiar artículo del año 2004 titulado "¿Culto a Montalvo o a su momia?", el profesor de la Universidad Técnica de Ambato, Pedro Reino Garcés, realiza un vehemente reclamo ante el pueblo ambateño de lo que él considera una "obsesión" por mantener aún visible la momia de Montalvo, exhibida en el mausoleo que se construyó para la llegada del cuerpo embalsamado a la ciudad de Ambato en el año 1932:

> ¡Pobre Montalvo! he exclamado yo también que lo he visto desnudo como un pergamino, ya sin poder sentir frío ni calor, tendido en un rincón de su mausoleo, con el labio superior casi destruido, y eso que para momificar "le volvieron a empapar de formol y glicerina para ver si se extendían los tejidos de las orejas, de los labios, de la nariz, de los párpados" (Luis Pérez). Pero Montalvo ya estaba muerto, ya vino de París sin intestinos, sin corazón. Y lo que es más, ya sin su grito. Sus partes pudorosas han sido por años empapadas con el *spray* de *baygón* más otras substancias preservativas. [...] (paréntesis en el original)

Georges Didi-Huberman señala que las representaciones más gloriosas "hacen que el retrato del muerto se evada hacia un allende de belleza pura, mineral y celestial... Mientras que su rostro real sigue vaciándose físicamente" (*Lo que vemos* 24). Esta última referencia al "retrato del muerto" que se sigue vaciando físicamente –como el de

Montalvo, que ha vuelto a su suelo patrio ya sin intestinos y sin corazón–cobra aún mayor importancia si observamos que la obsesión en torno a la figura de los héroes –y de los santos, vale decir– ha llevado incluso a exhumar sus restos o a perpetuar sus cuerpos más allá de la propia vida. La momia de Montalvo constituye un cuerpo al que todo un pueblo se aferra. Lo más paradójico de esta momia, que no es objeto de la mirada científica sobre el cuerpo putrefacto y milenario, sino de la mirada patriótica sobre el cuerpo inmortal, es que lleve hoy en día una máscara que reproduce algunos de los rasgos distintivos de Montalvo –el cabello rizado y el bigote– pegados a la cara elaborada en un material *blanquísimo* que bien podría ser plástico o porcelana. Según el texto de Pedro Reino Garcés:

> Pero los ambateños no quieren resignarse a tener un cenotafio. Los años no pasan en vano y hasta la momia se nos ha ido muriendo. Llegado el 13 de Abril de 1994 Montalvo estrenaba careta nueva para que no espante a los turistas que pagan entrada para contemplarle con menos susto en ataúd empotrado en madera de Ibarra. Montalvo estrenó peluca rizada y bigotes sintéticos. Esto lo pueden verificar los visitantes actuales. También tiene terno nuevo y los calzoncillos de la modernización.

El autor del mordaz artículo cuenta además cómo la idea de por fin enterrar los huesos del ilustre escritor provocó un conflicto en Ambato en el año 2001: "Los custodios de los mitos, las esfinges de este desierto de ideales hablaron y dijeron que nos íbamos a quedar sin su voz, sin su ejemplo, sin peregrinos, sin turismo, sin fotografías con el ataúd, sin los aportes de la colonia de ambateños residentes en los Estados Unidos [...]". La crítica de este profesor ambateño deja comprender las ansias en torno a una imagen cuyo cuerpo se ha vaciado (ansias parroquiales, si se quiere, lo que no implica que no sean las mismas ansias de toda una nación), las que han llevado a hacer de él un mito. "Montalvo es hoy un *mito*", reclamaba también Agustín Cueva hacia 1967, tratando de recuperar con cierta indignación aquello de humano que aún le quedaba al personaje decimonónico, una humanidad que no repara en sus contradicciones, pero sí en los egoísmos de quienes lo rodean: "Vivo,

Cuerpos exhumados

lo hubieran aborrecido, porque no puede no ser 'aborrecible' quien se rebela contra un mundo de miseria e injusticia. Muerto, les sirve de rescate: tótem rebelde, con sólo nombrarlo la pequeña burguesía cree haber convalecido de su incurable conformismo", escribía Cueva (257). Y de ese modo, la responsabilidad de la momificación recae de nuevo en una sociedad ansiosa de santos y héroes y no en la incapacidad de leer más allá del relato nacional.

De la foto, la estampilla y el cuadro al culto por el cadáver que ya poco importa, encerrado en un mausoleo de estilo neoclásico, la de Montalvo es una "imagen de la creencia" que pretende obligar a todos a mirarla y a aferrarse a ella (Didi-Huberman, *Lo que vemos* 24). Ante tal sobrexposición, la fría y blanca máscara es un símbolo de la desaparición del cuerpo y de la ruina, del "desgarramiento" que retumba en el espacio vacío y solemne del mauseleo-nación. "[E]l hombre de la creencia —afirma Didi-Huberman— siempre verá alguna otra cosa más allá de lo que ve cuando se encuentre frente a frente con una tumba" (26), porque exhibir un cuerpo con el rostro enmascarado en la inmensidad del mausoleo es un modo de vaciar la tumba para llenarla con imágenes de lo sublime, de lo depurado, de lo deseado (26). Pero al tiempo, la máscara blanquísima es también el mecanismo que revela las paradojas montalvinas, cuya escritura ya anhelaba esconder sus rasgos para siempre, no de los ojos de los que creen, sino de los ojos de los que miran. "Puesto que nunca me han de ver la mayor parte de los que lean este libro", había vaticinado sin tal vez tener sospechas de su cuerpo embalsamado. Para alguien que describió su imagen prefigurándola como un rostro con defectos que no sería visto por los lectores del futuro, el cuerpo momificado y a la vez enmascarado al servicio de la nación parece ser la perpetuación de una condena.

Consideraciones finales

Cuerpos que (se) leen
(notas para una ética de la mirada)

CUERPOS QUE CARGAN

En el año 2008, el escritor guayaquileño Leonardo Valencia publicó el libro de ensayos *El síndrome de Falcón*, pero el texto que da nombre al libro ya había sido incluido anteriormente en el *dossier* crítico de las *Obras completas* de Pablo Palacio, publicadas por el Fondo de Cultura Económica en el año 2000. Desde aquel entonces, la polémica propuesta que Valencia esboza en ese ensayo ha sido insistentemente comentada y referida en los círculos académicos ecuatorianos, controversia que, de todos modos, aún no ha merecido un debate más extenso y profundo, a pesar de las críticas frontales que ciertos autores como Michael Handelsman o Diego Falconí Trávez[48] han planteado en torno al texto.

Aunque entre la edición del año 2000 y la de 2008 hay algunas diferencias, en el fondo, la idea es la misma. En "El síndrome de Falcón", Valencia traza un camino crítico para "descargar" a los nuevos escritores ecuatorianos –especialmente a los novelistas– del peso que representa, según este autor, tener que llevar a cuestas la tradición literaria ecuatoriana, especialmente la del realismo social de la generación de los años 30, que aún significa un eje central de ese canon. Para el efecto, Leonardo Valencia elabora una metáfora que encuentra equivalencias

---

[48] Me refiero, respectivamente, a los artículos: "Joaquín Gallegos Lara y 'El síndrome de Falcón': literatura, mestizaje e interculturalidad en el Ecuador" (2009) y "El canon literario andino desde los estudios de género: cargar con el peso de la hétero(marica) geneidad contradictoria. El caso de Pablo Palacio" (2015).

en la tradición latina −la de Eneas cargando a Anquises, su padre, para huir de una ciudad destruida en busca de la nueva patria− con el fin de introducir otra imagen, que también presenta un cuerpo cargando a otro cuerpo: en ausencia de una silla de ruedas, Joaquín Gallegos Lara, el escritor guayaquileño e ideólogo de la generación del 30, requería de ayuda para movilizarse, luego de que una enfermedad le impidiera usar sus piernas de forma permanente. Juan Falcón Sandoval es el nombre de la persona que se transformó en ese apoyo, cargándolo sobre sus espaldas durante doce años. Desde esa anécdota de la vida del escritor, Valencia construye su metáfora.

Sin embargo, Valencia recurre a esta imagen trayendo a colación en primer lugar la obra de teatro de Jorge Velasco Mackenzie titulada *En esta casa de enfermos* (1983), cuyos personajes protagonistas son los escritores Pablo Palacio y Joaquín Gallegos Lara. Al final de la obra teatral, como explica Valencia, el Palacio de la ficción termina pedaleando una bicicleta, cargando sobre sus hombros al Gallegos Lara también ficcionalizado, hasta que la imagen se pierde en el horizonte. Lo que Valencia se asegura de aclarar a lo largo de su ensayo es que Palacio, el autor del cuento "La doble y única mujer", "nunca se sometió a la carga del discurso del escritor *impedido*, y al que por fortuna nunca siguió para su obra", por lo que es Falcón el que realmente "representa lo que ha sido el problema fundamental de la novela para los escritores ecuatorianos, eternos sufridores de lo que llamo el síndrome de Falcón" (333, énfasis añadido).

Mi interés en retomar esa imagen corporal usada y reelaborada por Valencia gira en torno a dos aspectos que considero relevantes. El primero de ellos tiene que ver con esta ansia de universalidad que se refleja a lo largo de todo su ensayo y que lleva a este autor a hacer afirmaciones problemáticas como aquella de que "[l]a historia de la novela no siempre le cierra sus puertas a la periferia" (338); o esta otra, que se dirige al novelista como aquél al que "le toca elegir a sus padres literarios, asimilar como su elemento natural la tradición novelística mundial en general y la del idioma español en particular, *por encima de la tradición ecuatoriana*, superar sus fronteras y *deshacerse de los que nada aportan ni enseñan*" (340-341, énfasis añadidos). Ahora bien: esta lectura de Valencia —que no deja de parecer una angustiosa manera de demandar el no tener que ser él mismo, como novelista, tomado en cuenta como parte de una tradición llena de complejos de inferioridad y de invisibilidad— recupera una discusión que ya había recorrido páginas de la literatura latinoamericana, con autores como Jorge Luis Borges y Octavio Paz, en torno a la relación entre nación y literatura, y nociones como identidad, precursores y tradición. En ese sentido, se puede percibir que, para Valencia, el canon novelístico ecuatoriano se sostiene sobre una falacia desde la década del treinta: "[u]na historia de la novela —afirma— supeditada a valores extraliterarios y a un nacionalismo a ultranza" (338). Pero, además, lo que Valencia termina por establecer al anunciar este afán por "volar fuera de casa" (337) es una paradoja que se refleja en el esfuerzo por no identificarse con una literatura nacional, esfuerzo que termina por reafirmar el canon literario, la historia que lo legitima y el localismo que se perfila en tensión a esa pretendida universalidad. En definitiva, se trata de esa paradoja de la que ya ha hablado Leyla Perrone-Moisés, en donde ciertos intentos por asegurar el carácter universal de una nación terminan por reforzar localismos, aunque lo que se pretenda es "probar el valor universal de esa particularidad" (36, mi traducción). En ese sentido, el localismo que se refuerza es el del complejo de inferioridad de la literatura ecuatoriana.

Dicho de otro modo: cuando Valencia defiende que deba haber un lugar en la historia de la novela (universal) para una literatura periférica, lo que hace es acentuar las características de la periferia. Y dicha acentuación es aún más profunda cuando propone deshacerse de algo cuyos requisitos de existencia acepta y consiente tal como están definidos: esa literatura no deja de ser lo que ya es para la historia de la literatura nacional, a pesar de que el nuevo novelista decrete su "invalidez" en tono un tanto parricida y, por qué no decirlo, discafóbico.[49] Es esa configuración inscrita en la historia la que le sirve a este autor para justificar el abandono del cuerpo que se lleva a cuestas.

---

[49] El adjetivo se refiere al término "discafobia", que refiere a la aversión obsesiva en contra de las personas con "discapacidad".

De modo que, al negarse a cargar con ese peso, lo que Valencia hace es enfatizar todas las características institucionales e históricas de ese peso, sin cuestionarlas. Por lo tanto, en su angustia por liberarse de la carga, parece asumir una nueva: la del escritor Pablo Palacio, la de su compleja configuración de *rara avis* y de todo lo que su figura implica dentro del canon literario ecuatoriano.

Un segundo aspecto que me interesa señalar se desprende de la imagen del cuerpo que se sugiere dejar de lado, para que quede relegada en un espacio mínimo de la configuración de esta metáfora corporal. Esa imagen tiene un espesor inesperado, tanto que no ha podido pasar desapercibido para miradas críticas como la de Diego Falconí Trávez, que desde los estudios maricas ha señalado la compleja relación homoerótica entre ambos cuerpos y su cercanía carnal en el acto de la carga (Falconí 204). Ese espesor, propongo pensar, tiene que ver con atribuirle a la acción de la "carga" una característica más bien negativa a medida que se consolida la metáfora. En este sentido, se podría dirigir más de un cuestionamiento a ese uso de dicha imagen, y juzgarlo como políticamente incorrecto o inapropiado, por ejemplo, desde los estudios de la discapacidad. Valencia, por su parte, podría sostener que se trata *solamente* de una metáfora que no pretende otra cosa que apoyar el argumento de la necesidad de "liberar" al escritor ecuatoriano de una carga simbólica. Recordemos, sin embargo, que Valencia abandona una imagen literaria –la que ha elaborado Velasco Mackenzie en su obra teatral, aunque refiriendo a personajes de la vida real– para tomar una que surge de personajes de carne y hueso: Palacio, según Valencia, no ha cargado con la literatura de Gallegos Lara y sus co-generacionales del 30 incluyendo a Icaza; más bien, la literatura de ellos vendría a formar parte de este *corpus* "impedido", "inválido" que hay que negarse a cargar como se ha negado, supuestamente, Palacio. Pero Falcón, en cambio, un individuo cuyo cuerpo termina siendo subalterizado, como bien indica Falconí Trávez (203), sí ha cargado con el cuerpo "impedido" o "inválido" del escritor guayaquileño.

De ese modo, la metáfora confeccionada por Valencia no recurre a un ejemplo del ámbito de lo literario, y termina por asentarse problemáticamente en un tipo de materialidad que ayuda a configurar la idea de que la tradición literaria es como un cuerpo inválido y que cargar un cuerpo es una acción de sometimiento que ocasiona una penuria, que apunta a la consolidación de un acto poco conveniente y hasta humillante. Así, cargar (a otro) implicaría algo negativo, como una señal de pérdida de libertad; pero, además, el acto de cargar reafirma el cuerpo cargado como un tipo de espesor que se considera inútil y, por lo tanto, prescindible. Un espesor del que hay que "deshacerse" y que no se necesita volver a mirar. En otras palabras, aquí es donde toma sentido la paradoja: para librarse de la carga que significa el *corpus* delineado por la nación, Valencia propone espiritualizar la materia —que es, en definitiva, lo que hace la metáfora— siguiendo el mismo camino de imposibilidad y de homogenización que le ha sido útil al proyecto nacional.

¿Es posible librarse del peso propuesto por una metáfora?, ¿cuál es el rol que juega la metáfora en esta delineación del cuerpo de la tradición literaria como "inválido", como "impedido"? Sin duda, la metáfora de Falcón provoca que el lector comprenda de qué tamaño es el peso sobre sus hombros, ese peso que se está tratando de anular. El uso metafórico de la imagen del cuerpo no puede caer en un vacío o direccionarse simplemente hacia un espacio de pura des-realización. O, para decirlo de otro modo: el uso de esta metáfora demuestra claramente cómo, en su consolidación, la metáfora no logra deshacerse del referente por más que aspire a elevarse por sobre él y a dejarlo en el olvido. Esa desmaterialización de la metáfora es entonces, por decirlo de algún modo, peligrosa. Ética y políticamente peligrosa.

Hannah Arendt ya había reparado en esta idea de que las palabras que usamos en los discursos derivan de cómo percibimos el mundo por medio de nuestros sentidos corporales (*La vida del espíritu* 45). Así, quien elabora la metáfora transfiere con las palabras algo que ha percibido. La metáfora no "surge" en la soledad del intelecto cartesiano, sino en la relación del pensamiento que ha percibido con anterioridad ese cuerpo, ese peso. Vale la pena entonces considerar esa idea del lenguaje metafórico como "el único medio del que [se] dispone para efectuar una 'apariencia externa apreciable' [...]" (45) que fue previamente percibida. Es decir, que el uso de la metáfora del cuerpo inválido —un cuerpo que, además, tiene un referente real— no sirve solamente para que el autor ilustre su crítica al canon literario, sino también para que aparezca ante nuestros sentidos ese peso que se constituye como intolerable e innecesario, y para que podamos imaginar el agobio de tenerlo sobre los hombros.

Ahora bien: aunque como dije, la intención no sea señalar rápidamente los riesgos de lo políticamente incorrecto del uso de una metáfora como la que traigo a colación, es preciso no evadir los problemas éticos que se desprenden de esta práctica. Si la idea es bajar el cuerpo de los hombros, deshacerse de él, tener la valentía de dejarlo de lado para emprender el vuelo, ¿qué es lo que sucede después con ese cuerpo desamparado, con esa tradición abandonada? Anquises ha muerto, por eso Eneas se ha librado de seguir llevándolo a cuestas y puede continuar su camino sin esa carga. ¿Qué sucede si el cuerpo abandonado a la orilla del camino es un cuerpo que aún no muere? Al retomar la imagen de Eneas cargando a Anquises antes de su muerte, Valencia pregunta: "¿Por qué no se deshace de él?" Sin embargo, se cuida de calificar la acción de la carga como "digna", porque se trata del cuerpo del padre. No obstante, luego reflexiona: "[p]ero en literatura no se necesitan hijos dignos que se resignen a sus padres" (333). De ese modo, usando como vehículo la metáfora del cuerpo que no vale la pena cargar —ya sea el del padre anciano o el del escritor discapacitado— Valencia termina por proponer una práctica de la escritura dispuesta a librarse de toda dignidad. Parafraseando un poco a Valencia me animo entonces a preguntar: ¿requiere la literatura de individuos dignos —digamos cualquier lector, cualquier escritor— que se resignen a cargar los cuerpos (inútiles, "impedidos") de una tradición?

Quiero insistir: no pretendo reducir el problema a un juicio de valor en contra de una propuesta como la de Valencia. O, al menos, no intento señalar esa falta de ética en algo así como una alarmante

Cuerpos exhumados

estigmatización del cuerpo discapacitado, aunque algo de eso hay, sin duda. Pienso que, en la medida en la que la sola idea de la nación puede resultar agobiante, su planteamiento, tanto como el mío, tratan de poner en crisis esa omnipresencia. Valencia, como he dicho, lo hace a partir de la propuesta de abandonar el cuerpo incómodo de la tradición a la orilla del camino. Yo, en cambio, propongo continuar con él sobre la espalda, reconociendo que entre los escombros de esa tradición hay un sinnúmero de cuerpos que aún son capaces de poner en crisis esa misma tradición. Lo que intento es darle un uso distinto a la metáfora de Valencia, sin dejar de lado, como he dicho, todo el peso de su materialidad, y sin dejar de tomar en cuenta la idea de la metáfora como medio de transportación de lo que percibimos con los sentidos, volviendo sobre lo dicho por Hannah Arendt. Como si la metáfora cargara sobre sus hombros la realidad para llevarla de un lugar a otro.

Precisamente, si algo hay que señalar de la propuesta de Valencia es el modo de asumir el ejercicio metafórico. La metáfora –como la écfrasis, como la hipotiposis– permite que el cuerpo *aparezca* y en ese aparecer, provoca que ese cuerpo sea percibido, sea mirado. Desde ahí, mi cuestionamiento al texto de Leonardo Valencia se traduciría en un nuevo planteamiento: en no asumir la carga del cuerpo en tanto condena u obligación frente a un cuerpo que se considera inservible, con el fin de lograr "desmaterializar" el cuerpo de la nación –es decir, con el fin de espiritualizarlo– sino más bien asumirla en tanto deseo, en tanto atracción hacia una materialidad aún latente y diversa. Por lo tanto, si pensamos en los cuerpos que han quedado bajo los escombros del canon literario ecuatoriano, la necesidad de exhumación no se constituiría en algo así como en una responsabilidad impregnada de una actitud sacrificada o solemne, resignada a cargar con un peso limitante, sino en una respuesta alternativa a un llamado particular que termina, sí, por conferir a cada cuerpo involucrado una dignidad que ya se había perdido, una dignidad que tiene que ver con un sentido ético de la búsqueda y de la mirada. Ese sentido ético, que no se relaciona con verse obligado a cargar con lo que ya no es útil, sino con la responsabilidad que se asume ante el llamado de aquello que aún tiene algo que decir, es el que me interesa llevar hacia un lugar en el que podamos pensar en las posibilidades de reformular este tipo de metáforas.

Entre los cuerpos

Cargar los cuerpos recuperados bajo las ruinas no implica, entonces, una condena. Se constituye más bien en un pacto que sella una relación —una experiencia, podríamos decir— entre quien ve y lo que se mira, entre quien lee y lo que se lee, entre quien exhuma y lo exhumado. Ese pacto entraña un encuentro —que se da gracias a la intuición, y no por imposición— que en un primer momento es capaz de conmover y, en un segundo momento, es capaz de hacernos pensar. Así que cada vez que imaginamos cómo Falcón descargó el cuerpo de Gallegos Lara en los momentos de descanso, en los momentos de llegada, en los momentos cotidianos, podemos imaginar cómo, seguramente, ambos se miraron: tal vez en más de una ocasión compartieron las risas o la rabia, el pan o la sed. Si la metáfora en tanto resignación a la carga le sirve a Valencia para prefigurar la negatividad de llevar sobre los hombros determinada tradición literaria, la metáfora en tanto encuentro, en tanto experiencia, puede servir para prefigurar la urgencia de llevar sobre los hombros aquello que la tradición literaria ha sepultado y aquello que aún necesita ser leído. Todo depende de en qué medida el lector —o el escritor— estén dispuestos a desear ese peso, a dejarse conmover por él.

La relación que planteo se caracteriza como una ética en la medida en la que, como propone Judith Butler, uno se hace eco de cierta demanda o está dispuesto, como lector, a responder a ese llamado; pero también, como propone esta autora pensando en la noción de sujeto, se plantea como "una relacionalidad estética: algo me impresiona, y yo desarrollo impresiones que no se pueden acabar de separar de aquello que actúa sobre mí. Solo me puede conmover o dejar de conmover algo exterior que me afecta de un modo más o menos involuntario" (*Los sentidos* 23). O, añado yo, solo me puede conmover algo exterior que alcanzo a intuir, si estoy dispuesto a presentir aquello que aún no ha desaparecido.

Cuerpos exhumados

Esta relación que planteo acontece si asumimos nuestro rol como lectores/espectadores frente a aquello que percibimos. Si ese rol está revestido de una responsabilidad ante el llamado al que decido acudir, reconozco que mi papel como lectora/espectadora es esencialmente político. O, como ha dicho Didi-Huberman en su libro más poético, *Supervivencia de las luciérnagas*, este llamado que para mí es a lo que acudo como lectora que se dispone a intuir, a presentir que algo aún sobrevive, puede llevarse a cabo desligando "el pensamiento político de su ganga discursiva [para alcanzar así] el lugar crucial en el que la política se encarnaría en los cuerpos, los gestos y los deseos de cada uno" (17-18).

Didi-Huberman retoma a Arendt para delinear aquello que entiende como político. Lo hace además porque Arendt, como hemos visto, ha ayudado a poner en crisis la separación entre "ser" y "parecer", señalando que no cabe que exista algo que no tenga apariencia (36) y que por lo tanto, dice Arendt, "[d]esde el momento en que vivimos en un mundo que aparece, ¿no resulta bastante más plausible que lo auténticamente importante y esencial se sitúe precisamente en lo externo?" (40). Se sitúe en la imagen, digo yo, haciéndome eco de Arendt y Didi-Huberman. En esa medida, no hay manera de reducir a la imagen a algo que carece de espesor y, en consecuencia, a algo frente a lo que podríamos simplemente retirar la mirada.

Me gustaría quedarme un poco más con Hannah Arendt y con la idea política de esta "encarnación" de la imagen, retomada por Didi-Huberman. Para Arendt, y en tanto no hay algo como un "ser" que pre-exista a la apariencia, la pregunta sobre el origen de la política no puede dirigirse a pensar que hay algo esencialmente político o que lo político surja como esencia en un individuo, sino que la política "nace en el *entre*-los-hombres, por lo tanto completamente fuera del hombre. De ahí que no haya ninguna substancia propiamente política. La política surge en el *entre* y se establece como relación. [...]" (133-134, énfasis en el original). Por lo tanto, la política tiene origen en el espacio que está entre las apariencias. O, para encauzar estas aguas hacia nuestro río, la política es aquello que se da en el intervalo entre las imágenes de los cuerpos y entre ellas y nosotros como lectores/espectadores. En la medida en la que estas imágenes asumen un espesor —o arden en el contacto con la realidad, como propone Didi-Huberman—, la mirada/lectura de esas imágenes implica una relación en la que surge eso *político*.

¿No apunta esto que acabo de decir también a una ética de la escritura que es también una ética de la lectura, de la mirada? La metáfora que desconoce el espesor que la funda pretende surgir de una esencia preexistente que, al hablar pretende que está creando. Como dios y su verbo. Decía Foucault que la literatura "no es el lenguaje que se identifica consigo mismo hasta el punto de su incandescente manifestación [sino] el lenguaje alejándose lo más posible de sí mismo" (*El pensamiento del afuera* 12). Así, una ética de la escritura y de la mirada/lectura reconocería su calidad de exterioridad y de puesta en crisis de su condición de práctica tautológica.

Y al hablar de mirada, de una ética de la mirada, no se trata entonces, como podrá concluirse, de una práctica contemplativa, sino de una mirada que, al sostenerse, se afecta para luego dar paso a la reflexión, que está en el afuera. En ese proceso, sostener la mirada sella la responsabilidad que decido tener hacia aquello que me conmueve. En ese "sostener la mirada" se vislumbra la posibilidad de cuestionar aquellos discursos que se alzan de manera violenta sobre las imágenes que aún perduran.

CUERPOS QUE (SE) MIRAN[50]

La idea de una ética de la mirada está sujeta a una problematización de la mirada en sí. En ese sentido, de nuevo desde las contribuciones realizadas por autores como Tobin Siebers y Rosemarie Garland-

---

[50] Este apartado toma el nombre que le he dado también a la exhibición de arte que la artista Paulina León y yo elaboramos desde el año 2016, con el fin de mostrar el trabajo que llevan a cabo algunos artistas con discapacidad a partir de sus propios cuerpos (Galería ArteActual, FLACSO, mayo-julio 2017). Tanto la propuesta de esa exposición de arte como la de este proyecto encierran esa idea de la "ética de la mirada" como una práctica que sucede entre los cuerpos que miran, los que se miran a sí mismos para representarse y los que responden de modos diversos a la mirada del otro. Desde estas ideas, en 2020 publiqué el libro de ensayos *Sostener la mirada. Apuntes para una ética de la discapacidad* (Editorial Festina Lente).

Cuerpos exhumados

Thomson desde los estudios de la discapacidad, la pregunta subyacente tiene que ver con lo que vemos y con cómo vemos o, más bien dicho, con aquello que solemos "mirar fijamente", aquellas situaciones en las que "el ojo se clava" en objetos cuya existencia nos parece inexplicable. En su libro *Staring. How We Look*, Garland-Thomson trata de pensar en las posibilidades de esa mirada que se confunde con la del inquisidor y la del *voyeur*: para ella, fijar la mirada sobre los cuerpos que suelen llamar nuestra atención —los cuerpos sin brazos, los rostros deformados por quemaduras, las figuras que llamamos "desproporcionadas", entre tantos, tantos otros— va más allá de un acto políticamente incorrecto que debe ser censurado, y constituye más bien el primer mecanismo de verificación de la existencia y de las particularidades de un cuerpo desde la percepción de otro cuerpo. En esa mirada, hay una construcción de sentido. Garland-Thomson habla de que cuando esos cuerpos "observables" ("*stareable bodies*") entran en la mirada pública, cuando no se esconden a sí mismos o no permiten que alguien más los invisibilice, el panorama visual termina por extenderse. Afirma entonces que "su presencia pública puede expandir el rango de los cuerpos que esperamos ver y amplían el terreno en el cual esperamos ver esos cuerpos" (*Staring* 9, mi traducción).

Por lo tanto, este "fijar la mirada" del que habla Garland-Thomson, entendido como acto de reconocimiento del *cuerpo Otro*, de su existencia, se puede equiparar con la noción de "derecho a la imagen" que propone Georges Didi-Huberman, porque para que un cuerpo pueda reivindicar su derecho a ser mirado —y por lo tanto, deseado— debe existir alguien que sostenga su mirada ante su vulnerabilidad, alguien que asuma como necesario para sí mismo el "cargar" el peso de esa representación. Por lo tanto, esta ética de la mirada, que antecede a una política de la mirada, no es un ejercicio inmediato ni que responda a ningún tipo de receta. Didi-Huberman afirma en ese sentido que "las nociones de memoria, montaje y dialéctica están ahí para indicar que las imágenes no son inmediatas ni fáciles de entender" y que se requiere de paciencia, incluso dolorosa, "para que unas imágenes sean miradas, interrogadas en nuestro presente, para que historia y memoria sean entendidas, interrogadas en las imágenes" (*Cuando las imágenes* 22-23). En buena medida, se trata de un ejercicio que además determina una disposición a poner en cuestión los discursos ya establecidos sin miedo a provocar el caos: mirar, por fin, cuerpos que transgreden todo lo dicho y todo lo pensado sin que por eso se trate de establecer nuevas verdades ni nuevos discursos –aunque al deconstruir, el riesgo de fijar otros centros esté siempre latente–, y reconocer al *otro* en su plena emergencia y en su necesidad de no desaparecer por completo.

Con respecto a las consecuencias políticas de este proceso exhumatorio que he propuesto, que persigue los vestigios que aún sobreviven en busca de esas imágenes frente a las cuales formulo la necesidad de sostener la mirada, no puedo dejar de recordar que al "mirar" el cuerpo abusado de Mariana en la novela *A la Costa* y a la vez, el cuerpo también violentado de María Victoria en la novela de 1934, *Los Sangurimas*, se presentan en mi memoria las imágenes mediáticas de la noticia que se encargó de informar acerca del cuerpo abusado de Karina del Pozo, la muchacha de 20 años, asesinada en Quito en el año 2013. No he podido escribir sobre las imágenes generalmente anónimas, presentadas en masa, de los cuerpos indígenas en obras como la novela *Huasipungo* o el poema *Boletín y elegía de las mitas*, sin que vengan a mi mente las imágenes sobrexpuestas de cualquier campaña política que ha usado lo rural como locación predilecta, pero a la vez, las imágenes de su subexposición cuando esos mismos cuerpos han sido agredidos e intimidados y han debido replegarse para sobrevivir. Y en el momento en el que cierro este escrito, tampoco he podido olvidar las imágenes de cuerpos indígenas nuevamente sublevados y de nuevo reprimidos y racializados durante la protesta social de octubre de 2019. La contigüidad entre lo real y la ficción se da porque la interrelación entre imágenes y palabras desmonta también las disciplinas y los discursos; pero, además, porque esas imágenes persisten, se siguen repitiendo y se siguen representando: la violencia cultural que las consolida se mantiene irresuelta. ¿Qué es eso de la historia de la nación que permite que esos cuerpos no logren superar la violencia y persistan hasta estallar, nada más y nada menos que en forma de repetición, de reiteración, de duración? Mi conocimiento de las imágenes leídas está de todos modos mediado: no tengo manera de acercarme a esos cuerpos sin la mediación de otras imágenes, ficticias o no. Lo que interesa es aquella capacidad de materialización del lenguaje que puede hacer que yo me conmueva con aquello que imagino, que yo acceda de algún modo a su espesor. O, para decirlo de otro modo, esa capacidad del lenguaje de materializar esos cuerpos cuando su imagen conmueve las fibras de quien los imagina. No una conmoción que hace del otro cuerpo un objeto que satisface la necesidad de mirar, sino una que reconoce la posibilidad de reacción del cuerpo mirado y espera su respuesta: ahí la diferencia entre esta mirada que planteo y la mirada del *voyeur*.

"Y para saber —ha dicho Didi-Huberman— es preciso imaginar, es nuestra obligación imaginar el infierno" ("Un conocimiento por el montaje" 21). ¿De qué otro modo proceder para no recurrir a la linealidad de los conceptos, a su frivolidad y, en consecuencia, a la recurrencia de la violencia? Por eso mismo, Bergson asegura que la imagen nos mantiene más cercanos a lo concreto: porque su potencia de realismo no nos abstrae ni nos subyuga. Lo que no significa, como he dicho ya y como también aclara Didi-Huberman, que las imágenes, ficticias o no, nos ofrezcan la verdad de la realidad. Vale decir, entonces, que lo que las imágenes logran al momento en el que rozan lo real —en el arte, en la literatura— es acercarnos al conocimiento, a la posibilidad de habitar aquello que, en la realidad, no podemos habitar de otras maneras, especialmente, la posibilidad de habitar el pasado, de no dejarlo morir, en espera de una lectura (de un recuerdo, de una esperanza) que los salve del olvido en medio de tanta indiferencia.

FINAL: DE NUEVO, EL MONSTRUO

Entre las imágenes que aparecen en un álbum de propiedad del historiador, arqueólogo y político conservador quiteño Jacinto Jijón y Caamaño, está la de un hombre con una mirada que no he logrado olvidar. François Laso señala que, aunque no se conoce si su bisabuelo fue o no el autor de esas fotografías, pudo descubrir que al menos fueron impresas en su estudio. Son imágenes de indígenas amazónicos "inscritas en un discurso racial y en un deseo de catalogación y ordenamiento del conocimiento visual" (135). Los individuos retratados aparecen de frente, de perfil, de cuerpo entero o solamente el rostro. Son imágenes descontextualizadas en tanto el fondo de estudio, absolutamente neutro, borra cualquier noción de espacio y tiempo para dejar solos a los cuerpos en un espacio que facilita el conocimiento científico de los sujetos representados.

Caminar entre estas imágenes de cuerpo completo que François Laso ha dispuesto en paneles iluminados en una de las salas del Museo de la Ciudad es un acto complejo de lectura, que debido a la disposición de las fotografías, ampliadas para asumir la dimensión humana, implica una experiencia conmovedora, intimidante por momentos: la mirada de estos sujetos expuestos, de frente a la cámara, provoca que sus ojos miren a quien los mira. Todos ellos nos miran, mientras caminamos entre sus cuerpos desnudos o semidesnudos, otrora manipulados, acomodados ante la cámara del ojo científico, ante una violencia que pretende catalogarlos y ante la cual algunos gestos de pudor o de miedo parecen surgir para resistir. Mientras camino y miro, mientras me muevo y me miran, una de esas miradas detiene mi andar (fig. 7). Entonces, dejo de leer. Es el rostro de un hombre cuyos ojos reflejan una diferencia, una fractura en la experiencia. Uno de los ojos de este hombre mira hacia un punto –¿me mira?–. El otro, se desvía. Sus ojos no comparten el mismo eje visual. Tienen direcciones divergentes, se separan.

Pienso en la desarticulación de esa mirada. Como si un ojo cediera ante el contacto y el otro se resistiera, para lograr sobrevivir. Como si el uno obedeciera a ese sometimiento de la cámara y el otro se negara al mandato. Como si los ojos que quiebran la mirada fueran los brazos también quebrados del *guagua* del poema de César Dávila Andrade. O el cuerpo fracturado y violado de María Victoria. O los movimientos ininteligibles y las palabras inverosímiles del niño malo del primer cuento de *Los que se van*. Huella corporal, marca de anomalía, su estrabismo quiebra toda posibilidad de sumisión. ¿Serán esos los ojos que Lorenza Avemañay Tacuri, la líder indígena descuartizada que se cuela entre las páginas de *Cumandá*, desolló de alguno de sus verdugos para, finalmente, librarse de la muerte? "Un ojo me mira", pienso, y estoy dispuesta a asumir el peso de su mirada partida, una mirada que no es absoluta, que no se impone ni se somete, y que por lo tanto tiene la posibilidad de ser perenne, duradera, superviviente.

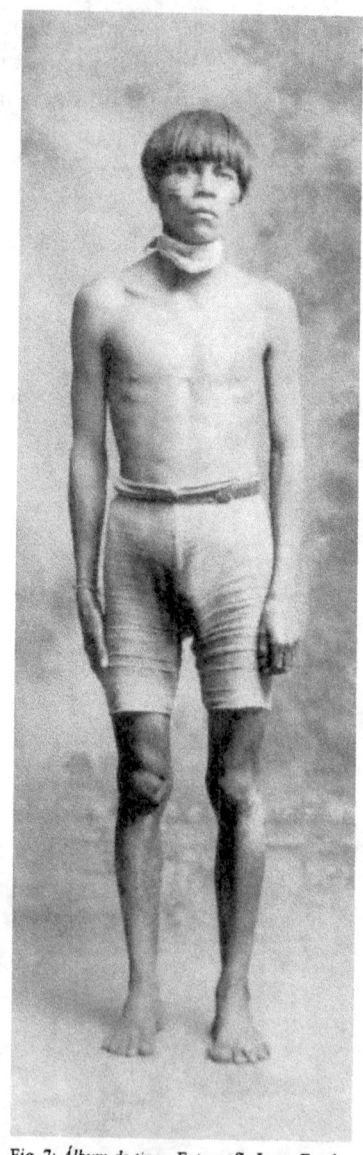

Fig. 7: *Álbum de tipos*. Fotografía Laso. Fondo Jijón. Imagen cortesía de François Laso.

Bibliografía

Adoum, Jorge Enrique. *Ecuador: señas particulares*. Quito: Eskeletra Editorial, 2000.

Aguilera Malta, Demetrio, Joaquín Gallegos Lara y Enrique Gil Gilbert. *Los que se van: cuentos del cholo y del montuvio*. (1930) Quito: Campaña Nacional Eugenio Espejo por el libro y la lectura, Colección Luna Llena, 2004.

Albán, Fernando y otros. *La cuadratura del círculo: cuatro ensayos sobre la cultura ecuatoriana*. Quito: Orogenia, 2006.

Albán Gómez, Ernesto. "Introducción general de la obra". *Historia de las Literaturas del Ecuador*. Vol. 1. Quito: Corporación Editora Nacional y Universidad Andina Simón Bolívar, 2002.

Alemán, Álvaro. "Benjamín Carrión en el proceso de formación del canon ecuatoriano". *Re/incidencias* 3/III (2005): 91-113.

Alzate Echeverri, Adriana. *Suciedad y orden. Reformas sanitarias borbónicas en la Nueva Granada 1760-1810*. Bogotá: Universidad del Rosario, 2007.

Anderson, Benedict. *Comunidades imaginadas. Reflexiones sobre el origen y la difusión del nacionalismo*. México: Fondo de Cultura Económica, 1993.

Andrade Marín, Luciano. *La lagartija que abrió la calle Mejía. Historietas de Quito*. Vol. 2. Quito: Fondo de Salvamento del Patrimonio Cultural y Grupo Cinco Editores, 2003.

Araujo, Diego. "Estudio introductorio". Juan León Mera, *Cumandá*. Quito: Colección Antares, 1989.

_____ "Luis A. Martínez y *A la Costa*". *Historia de las literaturas del Ecuador. Literatura de la República 1895-1925*. Vol. 4. Quito: Corporación Editora Nacional y Universidad Andina Simón Bolívar, 2002.

_____ "Estudio introductorio". Luis A. Martínez, *A la Costa*. Quito: Colección Antares, 2011.

Arendt, Hannah. "Introducción a la política". *La promesa de la política*. Barcelona: Ediciones Paidós, 2008.

_____ *La vida del espíritu. El pensar, la voluntad y el juicio en la filosofía y en la política*. Madrid: Centro de Estudios Constitucionales, 1984.

Auerbach, Erich. *Mímesis. La representación de la realidad en la literatura occidental*. México: Fondo de Cultura Económica, 1996.

Avilés Pino, Efrén. *Enciclopedia del Ecuador* <http://www.enciclopediadelecuador.com>.

Ayala Mora, Enrique. *Resumen de Historia del Ecuador*. Quito: Corporación Editora Nacional, 1993.

Balseca, Fernando. "En busca de nuevas regiones: la nación y la narrativa ecuatoriana". *Procesos, Revista Ecuatoriana de Historia* 8 (1996): 151-164.

Barreda, Pedro y Eduardo Béjar. "Estudio preliminar". *Poética de la nación. Poesía romántica en Hispanoamérica (crítica y antología)*. Boulder: Society of Spanish and Spanish American Studies, 1999.

Barrera, Isaac J., *Historia de la Literatura Ecuatoriana*. 4 Vols. Quito: Casa de la Cultura Ecuatoriana, 1954.

Barrera, Francisca. "La idea de Historia en la Historia del Reino de Quito de la América Meridional del jesuita Juan de Velasco". *Anales de Literatura Hispanoamericana* 41 (2012): 299-319.

Bataille, Georges. "La conjuración sagrada". *Acéphale. Religión, sociología, filosofía. 1936-1939*. Buenos Aires: Caja Negra, 2005. 21-25.

_____ *El erotismo*. Barcelona: Editorial Tusquets, 2005.

Belting, Hans. *Antropología de la imagen*. Buenos Aires: Katz Editores, 2007.

Benjamin, Walter. "Excavar y recordar". *Imágenes que piensan*. Madrid: Abada Editores, 2014. 140-141.

_____ *Obras*. Libro 1, vol. 2. Madrid: Abada Editores, 2008.

Berger, James. *The Disarticulate. Language, Disability and the Narratives of Modernity*. New York: New York UP, 2014.

Bergson, Henri. *Introducción a la metafísica. La intuición filosófica*. (1903) Buenos Aires: Ediciones Siglo XX, 1966.

Bernard, Michel. *El cuerpo*. Barcelona: Ediciones Paidós, 1985.
Burneo, Cristina. "El cuerpo roto". *La cuadratura del círculo: cuatro ensayos sobre la cultura ecuatoriana*. Quito: Corporación Cultural Orogenia, 2006. 61-116.
Butler, Judith. *Cuerpos que importan: sobre los límites materiales y discursivos del "sexo"*. Buenos Aires: Paidós, 2002.
_____ *Los sentidos del sujeto*. Barcelona: Herder Editorial, 2016.
_____ *Violencia de Estado, guerra, resistencia. Por una nueva política de la izquierda* y *Las categorías nos dicen más sobre la necesidad de categorizar los cuerpos que sobre los cuerpos mismos*, entrevista de Daniel Gamper Sachse. Barcelona: Katz Editores, 2011.
Butler, Judith y Gayatri Chakravorty Spivak. *¿Quién le canta al estado-nación? Lenguaje, política, pertenencia*. Buenos Aires: Paidós, 2009.
Calarota, Antonela. "Modernismo en Ecuador: la 'generación decapitada'". *A contracorriente: Revista de historia social y literatura de América Latina* 11/3 (2014): 248-274. <http://acontracorriente.chass.ncsu.edu>.
Calle, Manuel J. *Leyendas del tiempo heroico. Episodios de la guerra de la Independencia Americana*. Madrid: Editorial América, 1905.
Campa, Román de la. "Teoría, literatura y la tutela del error". *Heridas abiertas: biopolítica y representación en América Latina*. Mabel Moraña e Ignacio Sánchez Prado, eds. Madrid / Frankfurt: Iberoamericana / Vervuert, 2014. 65-77.
Cardona Rodas, Hilderman y Zandra Pedraza, compiladores. *Al otro lado del cuerpo. Estudios biopolíticos en América Latina*. Bogotá: Universidad de los Andes, Facultad de Ciencias Sociales, Departamento de Lenguajes y Estudios Socioculturales, Ediciones Uniandes; Universidad de Medellín, 2014.
Carrión, Benjamín. *Atahualpa* (1934). Quito: Libresa, Colección Antares, 2009.
_____ *Pensamiento fundamental*. Michael Handelsman, selección. Quito: Campaña Nacional Eugenio Espejo por el libro y la lectura, Colección Pensamiento Fundamental Ecuatoriano, 2007.

Carvajal, Iván. *A la zaga del animal imposible. Lecturas de la poesía ecuatoriana del siglo XX*. Quito: Centro Cultural Benjamín Carrión, 2005.

_____ "Literatura, ideología y sociedad: la necesidad de definir un problema teórico". Banco Central del Ecuador, *Revista Cultura* 3 (1978): 441-452.

_____ *Poesía reunida 1970-2004*. Quito: La Caracola Editores, 2015.

_____ "¿Volver a tener patria?". *La cuadratura del círculo: cuatro ensayos sobre la cultura ecuatoriana*. Quito: Corporación Cultural Orogenia, 2006. 191-297.

Castro Gómez, Santiago. *La hybris del punto cero: ciencia, raza e ilustración en la Nueva Granada (1750-1816)*. Bogotá: Pontificia Universidad Javeriana, 2005.

Catanzaro, Gisela. *La nación entre naturaleza e historia. Sobre los modos de la crítica*. Buenos Aires: Fondo de Cultura Económica, 2011.

Cervantes, Miguel de. *Don Quijote de la Mancha*. Francisco Rico, ed. Madrid: Ediciones Santillana, 2013.

Cevallos, Santiago. "Hacia los confines". *La cuadratura del círculo: cuatro ensayos sobre la cultura ecuatoriana*. Quito: Corporación Cultural Orogenia, 2006. 119-188.

Chaves, Fernando. *Plata y bronce*. Isaac J. Barrera, prólogo. Quito: Talleres Tipográficos Nacionales, 1927.

_____ *Plata y bronce*. Benjamín Carrión, presentación. Quito: Editorial Casa de la Cultura Ecuatoriana, 1954.

Cordero Crespo, Luis. *Diccionario Quichua-Castellano, Castellano-Quichua* (1892). 6ta Edición. Quito: Corporación Editora Nacional, 2010.

Corrales Pascual, Manuel. "Jorge Icaza". *Historia de las literaturas del Ecuador*. Vol. 6, Literatura de la República 1925-1960 (segunda parte). Quito: Universidad Andina Simón Bolívar / Corporación Editora Nacional, 2003.

Cuadra, José de la. *El montuvio ecuatoriano*. Quito: Ministerio de Educación del Ecuador, Programa Nacional de Educación para la Democracia, 2009.

_____ *Los Sangurimas* (1934). Quito: Editorial El Conejo, 1984.

Cuerpos exhumados

Cueva, Agustín. *Entre la ira y la esperanza*. Quito: Editorial Casa de la Cultura Ecuatoriana, 1967.
_____ "Lectura de *A la Costa*". *Lecturas y rupturas*. Quito: Editorial Planeta, 1986.
_____ "El método materialista histórico aplicado a la periodización de la historia de la literatura ecuatoriana: algunas consideraciones teóricas". *Lectura crítica de la literatura americana: inventarios, invenciones y revisiones*. Saúl Sosnowski, editor. Caracas: Biblioteca Ayacucho, 1996.
_____ "En pos de la historicidad perdida. Contribución al debate sobre la literatura indigenista del Ecuador". *Entre la ira y la esperanza y otros ensayos de crítica latinoamericana. Antología*. Alejandro Moreano, comp. Bogotá: CLACSO y Siglo del Hombre Editores, 2008.
Dávila Andrade, César. *Poesía, narrativa, ensayo* (1946-1966). Caracas: Biblioteca Ayacucho, 1993.
Dávila Vásquez, Jorge. "César Dávila Andrade". *Historia de las literaturas del Ecuador*. Vol. 6, Literatura de la República 1925-1960 (segunda parte). Quito: Universidad Andina Simón Bolívar / Corporación Editora Nacional, 2007.
Dean Willis, Bruce. *Corporeality in Early Twentieth-Century Latin American Literature. Body Articulations*. New York: Palgrave Macmillan, 2013.
Derrida, Jacques. *De la gramatología*. México: Siglo XXI Editores, 1986.
_____ *Différance*. Edición electrónica. Escuela de Filosofía Universidad ARCIS. 1968.
Díaz Ycaza, Rafael. "Introducción". *Huasipungo* (1934). Guayaquil: Ariel Universal, 1973.
Didi-Huberman, Georges. *La imagen superviviente. Historia del arte y tiempo de los fantasmas según Aby Warburg* (2002) Madrid: Abada Editores, 2009.
_____ *Lo que vemos, lo que nos mira*. Buenos Aires: Ediciones Manantial, 2014.
_____ *Pueblos expuestos, pueblos figurantes*. Buenos Aires: Manantial, 2014.
_____ *Supervivencia de las luciérnagas*. Madrid: Abada Editores, 2012.
_____ "Un conocimiento por el montaje", entrevista de Pedro G. Romero. *Revista Minerva* 5. Madrid: Ediciones Arte y Estética, 2007.

_____ *Venus rajada*. Buenos Aires: Editorial Losada S.A., 2005.

_____ y otros. *Cuando las imágenes tocan lo real*. Madrid: Ediciones Arte y Estética, 2007.

Dolmage, Jay Timothy. *Disability Rhetoric*. Canada: Syracuse UP, 2014.

Domenella, Ana Rosa y Luzelena Gutiérrez de Velasco. "Canon". *Diccionario de Estudios Culturales Latinoamericanos*. Mónica Szurmul y Robert McKee Irwin, coord. México: Siglo XXI Editores, 2009.

Donoso Pareja, Miguel. *Ecuador: identidad o esquizofrenia* (2004). Quito: Eskeletra Editorial, 2007.

Echeverry Zambrano, Pilar. "Anatomías contrariadas: la representación del cuerpo en la literatura sobre los Andes". *Kipus. Revista Andina de Letras*. 22, II Semestre (2007): 55-70.

Espejo, Eugenio. *Obra Educativa*. Edición y prólogo de Philip L. Astuto. Caracas: Biblioteca Ayacucho, 1981.

_____ *Primicias de la cultura de Quito*. Quito: Imprenta Municipal, 1958.

_____ *Reflexiones acerca de un método para preservar a los pueblos de viruelas*. Edición facsimilar del manuscrito que se conserva en la Biblioteca del Instituto Nacional Mejía. Eduardo Estrella, editor. Quito: Comisión Nacional Permanente de Conmemoraciones Cívicas, 1993.

_____ *Reflexiones sobre la utilidad, importancia y conveniencias que propone don Francisco Gil, cirujano del Real Monasterio de San Lorenzo, y su Sitio, e individuo de la Real Academia Médica de Madrid, en su disertación fisicomédica, acerca de un método seguro para preservar a los pueblos de viruelas*. Quito: Consejo Nacional de Salud. 2011.

Falconí Trávez, Diego. "El canon literario andino desde los estudios de género: cargar con el peso de la hétero(marica)geneidad contradictoria. El caso de Pablo Palacio". *Revista Caracol* 9 (2015): 196-221.

_____ "Pablo Palacio: la violencia corporal sobre las identidades imposibles en la zona de los Andes". 452F *Revista electrónica de teoría de la literatura y literatura comparada* 6 (2012): 39-56. <http://cositextualitat.uab.cat/web/wp-content/uploads/2012/05/Pablo-

Palacio_La-violencia-corporal-sobre-las-identidades-imposibles-en-la-zona-de-los-andes_diego-falconi.pdf>.

Ferreira de Almeida, Maria Candida. "Algunos problemas y casi soluciones de la relación entre literatura y artes visuales". *Todas as musas* 1/2 (2010): 18-31.

_____ "América: de línea de frontera a líneas de figura, de poesía, de memoria". *Confluenze. Revisti di Studi Iberoamericani* 1/1 (2009): 46-60.

_____ *Para ler em cores. Ensaios de interpretacao racializada.* São Paulo: Intermeios, 2011.

Esteban, Ángel. "Estudio introductorio". Juan León Mera, *Cumandá*. Madrid: Ediciones Cátedra, 2003.

Flaubert, Gustave. *Madame Bovary*. Bogotá: Editorial Normal, 1993.

Foucault, Michel. *El nacimiento de la clínica: una arqueología de la mirada médica.* Buenos Aires: Siglo XXI Editores, 2004.

_____ *El pensamiento del afuera*. Valencia: Editorial Pre-Textos, 2014.

_____ *Los anormales. Curso en el Collège de France (1974-1975).* México: Fondo de Cultura Económica, 2001.

Freile, Carlos. *Eugenio Espejo: precursor de la Independencia* (Documentos 1794-1797). Quito: Ediciones Abya-Yala, 2001.

Gallegos Lara, Joaquín. *Las cruces sobre el agua*. Guayaquil: Vera y Cía. Editores, 1946.

Garland-Thomson, Rosemarie. "Picturing People With Disabilities. Classical Portraiture as Reconstructive Narrative". *Re-presenting Disability. Activism and Agency in the Museum.* Richard Sandell, Jocelynn Dodd y Rosemarie Garland-Thomson, editores. New York: Routledge, 2010.

_____ *Staring. How We Look*. New York: Oxford UP, 2009.

Gasché, Rodolphe. "Hipotiposis". Nicolás Trujillo Osorio, traductor. *Revista de Humanidades* 22 (2010): 207-228.

Goetschel, Ana María y otras. *De memorias: imágenes públicas de las mujeres ecuatorianas de comienzos y fines del siglo veinte.* Quito: FLACSO/FONSAL, 2007.

González Suárez, Federico. *Historia General de la República del Ecuador*. Tomo Séptimo. Quito: Imprenta del Clero, 1903. <http://www.

cervantesvirtual.com/portales/instituto_literatura_y_linguistica_portuondo_valdor/obra-visor-din/historia-general-de-la-republica-del-ecuador-tomo-septimo--0/html/0016d74c-82b2-11df-acc7-002185ce6064_9.html#I_0_>.

Guerrero, Andrés. "Una imagen ventrílocua: el discurso liberal de la 'desgraciada raza indígena' a fines del siglo XIX". *Imágenes e imagineros. Representaciones de los indígenas ecuatorianos, siglos XIX y XX*. Blanca Muratorio, editor. Quito: Facultad Latinoamericana de Ciencias Sociales, 1994. 109-196.

Hachim Lara, Luis. "El modelo de la Historia Natural en la Historia del Reino de Quito de Juan de Velasco". *Revista Electrónica: Documentos Lingüísticos y Literarios UACH* 29 (2006).

Handelsman, Michael. "*Entre la ira y la esperanza*: una escritura y lectura desde la interdisciplinariedad." *Sociedad, cultura y literatura*. Carlos Arcos Cabrera, comp. Quito: FLACSO, 2009.

_____ "Joaquín Gallegos Lara y 'El síndrome de Falcón': literatura, mestizaje e interculturalidad en el Ecuador". *Kipus. Revista Andina de Letras* 25, I Semestre (2009): 165-181.

_____ "Una doble y única lectura de 'La doble y única mujer' de Pablo Palacio". *Kipus. Revista Andina de Letras* 11, I Semestre (2000): 69-80.

Hegel, G.W.F. *Filosofía de la historia universal*. Buenos Aires: Editorial Losada, 2010.

Hering Torres, Max. "Introducción: Sangre, mestizaje y nobleza" *El peso de la sangre. Limpios, mestizos y nobles en el mundo hispánico*. México: El Colegio de México, 2011.

_____ "La limpieza de sangre. Problemas de interpretación: acercamientos históricos y metodológicos". *Revista Historia crítica* 45 (2011): 32-55.

Hernández Hernández, Pablo. *Imagen-palabra: lugar, sujeción y mirada en las artes visuales centroamericanas*. Madrid: Iberoamericana-Vervuert, 2012.

Herra, Rafael Ángel. *Lo monstruoso y lo bello*. San José de Costa Rica: Editorial de la Universidad de Costa Rica, 1999.

Herrera, Pablo. "Juicio del doctor Pablo Herrera". *Escritos del doctor Francisco Javier Eugenio Santa Cruz y Espejo*. Tomo II. Federico González Suárez, prólogo. Quito: Ilustre Municipalidad de Quito, 1912. <http://www.cervantesvirtual.com/obra-visor-din/escritos-del-doctor-francisco-javier-eugenio-santa-cruz-y-espejo-tomo-ii--0/html/0039b8fc-82b2-11df-acc7-002185ce6064_15.html#I_1_>.

Ibarra Dávila, Alexia, *Estrategias del mestizaje: Quito a finales de la época colonial*. Quito: Edicines Abya-Yala, 2002.

Icaza, Jorge. *Huasipungo* (1934). Madrid: Cátedra, 2013.

_____ *Huasipungo* (1934). Guayaquil: Ariel Universal, 1973.

Jáuregui, Carlos. "Huacayñán (1952-1953), la in(ex)clusión biopolítica. *Heridas abiertas: biopolítica y representación en América Latina*. Mabel Moraña e Ignacio Sánchez Prado, editores. Madrid / Frankfurt: Iberoamericana / Vervuert, 2014. 107-139.

Kennedy-Troya, Alexandra y Carmen Fernández-Salvador. "El ciudadano virtuoso y patriota: notas sobre la visualidad del siglo XIX en Ecuador". *Construir la nación: imágenes y espacios del Ecuador en el siglo XIX*. <http://alexandrakennedy-troya.weebly.com/uploads/6/9/2/5/6925372/el_ciudadano_virtuoso_y_patriota.pdf>.

Kennedy-Troya, Alexandra. "Paisajes Patrios. Arte y literatura ecuatorianos de los siglos XIX y XX". *Escenarios para una patria: paisajismo ecuatoriano 1850-1930*. Alexandra Kennedy, coord. Quito: Museo de la Ciudad, 2008. 82-107.

Kingman Garcés, Eduardo. "Identidad, mestizaje, hibridación: sus usos ambiguos". *Revista Proposiciones* 34 (2002): 1-8.

Laín Entralgo, Pedro. *El cuerpo humano: teoría actual*. Madrid: Espasa-Calpe, 1989.

Landázuri, Andrés. *El legado Sangurima. La obra literaria de José de la Cuadra*. Quito: Instituto Nacional de Patrimonio Cultural, 2011.

_____ *Espejo, el ilustrado*. Quito: Instituto Nacional de Patrimonio Cultural, Serie Estudios, 2011.

Laqueur, Thomas. *La construcción del sexo: cuerpo y género desde los griegos hasta Freud*. Madrid: Ediciones Cátedra, 1994.

Lara, A. Darío. "Juan Montalvo en París". París: 1981. <http://arqueologia-diplomacia-ecuador.blogspot.fr/2014/07/juan-montalvo-en-paris.html>.

Laso Chenut, François Xavier. *La huella invertida: antropologías del tiempo, la mirada y la memoria. La fotografía de José Domingo Laso, 1870-1927.* Montevideo: Ediciones Centro de Fotografía de Montevideo, 2016.

Lemke, Thomas. *Biopolitics. An Advanced Introduction.* New York: New York UP, 2011.

López Alfonso, Francisco José. "El nihilismo en los cuentos de Un hombre muerto a puntapiés". Pablo Palacio, *Obras completas. (1921-1932).* Barcelona: Fondo de Cultura Económica de México, 2000.

Lund, Joshua. *The Impure Imagination. Toward a Critical Hybridity in Latin American Writing.* Minneapolis: U of Minnesota P, 2006.

Man, Paul de. *La ideología estética.* Madrid: Ediciones Cátedra, 1996.

Manzoni, Celina. "Una estética de la ruptura". Pablo Palacio, *Obras Completas. (1921-1932).* Barcelona: Fondo de Cultura Económica de México, 2000.

Mariátegui, José Carlos. *Siete ensayos de interpretación de la realidad peruana* (1928). Barcelona: Editorial Crítica S.A., 1976.

Marín, Karina Soledad. "¿Qué mismo somos?: el ensayo ecuatoriano como forma de pensar una identidad nacional". *Lectores dentro y fuera de los textos literarios: Convergencias 2011.* Liliana Galindo Orrego, comp. Bogotá: Universidad de los Andes, Facultad de Artes y Humanidades, Departamento de Humanidades y Literatura, Ediciones Uniandes, 2013. 181-193.

Martínez, Abel y Andrés Otálora. "Antonio Ricaurte. La creación de la imagen de un héroe niño, 1830-1881". *Revista Historia y memoria* 4 (2012): 13-44.

Martínez, Luis. *A la Costa* (1904). Quito: Libresa, 2011.

Melo Miranda, Wander. *Nacoes literarias.* Sao Paulo: Atelie Editorial, 2010.

Mera, Juan León. *Cumandá* (1879). Diego Araujo, estudio introductorio. Quito: Libresa, 2013.

_____ *Cumandá* (1879). Hernán Rodríguez Castelo, introducción. Guayaquil: Colección Clásicos Ariel, s.f.

_____ *Cumandá* (1879). Ángel Esteban, estudio introductorio. Madrid: Ediciones Cátedra, 2003.

_____ *Cumandá* (1879). Prólogo de la Real Academia de la Lengua Española. Madrid: Real Academia de la Lengua Española, 1891.

Millet, Kate. *Sexual Politics*. Versión Kindle, 2012.

Mitchell, W.T.J. *Picture Theory: Essays on Verbal and Visual Representation*. Chicago: U of Chicago, 1995.

_____ *Teoría de la imagen: Ensayos sobre la representación verbal y visual*. Madrid: Ediciones Akal, 2009.

Montalvo, Juan. *Siete tratados*. Tomo I. Bezancon: Imprenta de José Jacquin, 1882.

Montero, Manuel. *Estudios sobre el doctor Eugenio Espejo*. La Habana: Editorial Ciencias Médicas del Ministerio de Salud Pública de Cuba, 2001.

Moraña, Mabel e Ignacio Sánchez Prado, ed, *Heridas abiertas: biopolítica y representación en América Latina*. Madrid / Frankfurt: Iberoamericana / Vervuert, 2014.

_____ "Introducción. Heridas abiertas". *Heridas abiertas: biopolítica y representación en América Latina*. Mabel Moraña e Ignacio Sánchez Prado, editores. Madrid / Frankfurt: Iberoamericana / Vervuert, 2014. 7-22.

Moreno, Segundo E. *Sublevaciones indígenas en la Audiencia de Quito. Desde comienzos del siglo XVIII hasta finales de la Colonia*. Quito: Corporación Editora Nacional y Universidad Andina Simón Bolívar, 2014.

Muratorio, Blanca. "Nación, identidad y etnicidad: imágenes de los indios ecuatorianos y sus imagineros a fines del siglo XIX". *Imágenes e imagineros. Representaciones de los indígenas ecuatorianos, siglos XIX y XX*. Blanca Muratorio, editor. Quito: Facultad Latinoamericana de Ciencias Sociales, 1994. 109-196.

Nancy, Jean-Luc. *Corpus*. Madrid: Arena Libros, 2003.

Neira, Raúl. "Construcción social de la 'domesticidad' de la mujer en la novelística ecuatoriana: La emancipada (1863)". *Tradición y* actualidad de la literatura iberoamericana. Actas del XXX Congreso del Instituto Internacional de Literatura Iberoamericana, tomo I. Pamela Bacarisse, directora. Pittsburgh: IILI, 1995. 147-151.

Nina, Fernando. La expresión metaperiférica: narrativa ecuatoriana del siglo XX. José de la Cuadra, Jorge Icaza y Pablo Palacio. Madrid / Frankfurt: Iberoamericana / Vervuert. 2011.

_____ "La letra con sangre entra: La Emancipada (1863), de Miguel Riofrío, primera novela ecuatoriana". Kipus, Revista Andina de Letras 22/II (2007): 5-22.

Nussbaum, Martha. "El asco y las fronteras del cuerpo". Paisajes del pensamiento: la inteligencia de las emociones. Madrid: Paidós Ibérica, 2008.

Olmedo, José Joaquín. La victoria de Junín. Canto a Bolívar. Guayaquil: Imprenta Municipal, 1917.

Palacio, Pablo. Obras completas. (1921-1932). Barcelona: Fondo de Cultura Económica de México, 2000.

_____ Obras completas. Quito: Casa de la Cultura Ecuatoriana, 1964.

Paladines, Carlos. Sentido y trayectoria del pensamiento ecuatoriano. Quito: Banco Central del Ecuador, 1990.

Pedraza Gómez, Zandra, comp. Políticas y estéticas del cuerpo en América Latina. Bogotá: Ediciones Uniandes, 2007.

Pérez, Galo René. Un escritor entre la gloria y las borrascas. Vida de Juan Montalvo. Quito: Ediciones del Banco Central del Ecuador, 1990.

Perrone-Moisés, Leyla. Altas literaturas. Escolha e valor na obra crítica de escritores modernos. São Paulo: Companhia das Letras, 1998.

_____ Vira e Mexe, Nacionalismo: Paradoxos do Nacionalismo Literario. São Paulo: Companhia das Letras, 2007.

Preciado, Paul B. "Salir de las vitrinas: del museo al parlamento de los cuerpos". XI Curso de Cultura Contemporánea: Fuera de foco: alternativas al formato expositivo y otras posibilidades del museo hoy. Sesión 1. Museo de Arte Contemporáneo de Castilla León. <https://vimeo.com/239484758>.

"Primer manifiesto". Revista Pucuna. Edición facsimilar 1962-1968. Quito: Consejo Nacional de Cultura, 2010.

Proaño Arandi, Francisco. "La narrativa en el período". *Historia de las literaturas del Ecuador. Literatura de la República 1925-1960. Primera parte*. Vol. 5. Quito: Corporación Editora Nacional y Universidad Andina Simón Bolívar, 2002.

Pólit Dueñas, Gabriela. *Antología de crítica literaria ecuatoriana: hacia un nuevo siglo*. Quito: FLACSO Sede Ecuador, 2001. <https://www.flacso.edu.ec/docs/antliteratura.pdf>.

Quijano, Aníbal. "Colonialidad del poder y clasificación social". *Journal of World-Systems Research* VI/2 (2000): 342-386.

Rama, Ángel. *La ciudad letrada*. Santiago de Chile: Tajamar Editores, 2004.

Ramos, Julio. *Desencuentros de la modernidad en América Latina: literatura y política en el siglo XIX*. México: Fondo de Cultura Económica, 1989.

Reino Garcés, Pedro. "¿Culto a Montalvo o a su momia?" *Revista del Conesup* 2. Quito: Consejo Nacional de Educación Superior, 2002. <http://boards5.melodysoft.com/ecuatorianos/culto-a-montalvo-o-a-su-momia-por-23.html#Responder>.

Riofrío, Miguel. *La emancipada* (1863). Diego Araujo, estudio introductorio. Quito: Libresa, Colección Antares, 2012.

_____. *La emancipada* (1863). Flor María Rodríguez, estudio introductorio. Florida: Stockcero, 2009.

Richard, Renoud. "Ensayo de comprensión del tema del negro-africano y de sus descendientes hispanoamericanos en *Las Catilinarias* y en el *Tratado de la nobleza* de Juan Montalvo". *Juan Montalvo en Francia. Actas del Coloquio de Besançon*. París: Centre National de la Recherche Scientifique, Annales Littéraires de l'Université de Besançon Les Belles-Lettres, 1976. 157-175.

Rivas Iturralde, Vladimiro. "Pablo Palacio". *Historia de las literaturas del Ecuador*. Vol. 6, Literatura de la República 1925-1960 (segunda parte). Quito, Universidad Andina Simón Bolívar / Corporación Editora Nacional, 2003.

Robert Moraes, Eliane. *O corpo impossível. A descomposição da figura humana: de Lautréamont a Bataille*. São Paulo: Editora Iluminuras, 2012.

Rodó, José Enrique. *Motivos de Proteo* (1909). Edición. Valencia: Editorial Cervantes, 1918.

Rodríguez Albán, Martha Cecilia. "Vigencia de La novela ecuatoriana, de Ángel F. Rojas". Kipus. Revista Andina de Letras 25, 1 Semestre (2009): 151-164.

Rodríguez Castelo, Hernán. "Introducción". Juan León Mera, *Cumandá*. Guayaquil: Colección Clásicos Ariel.

Roig, Arturo Andrés. "Eugenio Espejo". *Historia de las literaturas del Ecuador*. Vol. II, períodos 1700-1767, 1767-1830. Quito: Universidad Andina Simón Bolívar / Corporación Editora Nacional, 2003.

_____ "Juan de Velasco". *Historia de las literaturas del Ecuador*. Vol. II, períodos 1700-1767, 1767-1830. Quito: Universidad Andina Simón Bolívar / Corporación Editora Nacional, 2003.

Rojas, Angel F. *La novela ecuatoriana*. Guayaquil: Gráficas Ariel, 1948.

Sacoto, Antonio. "Introducción". *La Emancipada. Primera novela ecuatoriana*. Cuenca: Publicaciones del Departamento de difusión cultural de la Universidad de Cuenca, 1983.

Sáenz, Bruno. "La literatura en el período". *Historia de las literaturas del Ecuador. Literatura de la República, 1830-1895*. Vol. 3. Diego Araujo, coord. Quito: Universidad Andina Simón Bolívar / Corporación Editora Nacional, 2002.

Sarmiento, Domingo Faustino. *Facundo. Civilización y barbarie*. Madrid: Ediciones Cátedra, 2003.

Segato, Rita Laura. *Las estructuras elementales de la violencia. Ensayos sobre género entre la antropología, el psicoanálisis y los derechos humanos*. Buenos Aires: Universidad Nacional de Quilmes, 2003.

Sennett, Richard. *Carne y piedra: el cuerpo y la ciudad en la civilización occidental*. Madrid: Alianza Editorial, 1997.

Serrano, Raúl, editor. "Cuerpo adentro. Voces, visiones y revelaciones desde y fuera del clóset". *Cuerpo Adentro. Historias desde el clóset*. Quito: Ministerio de Cultura y Patrimonio del Ecuador, 2013.

Siebers, Tobin. *Disability Aesthetics*. Ann Arbor: The U of Michigan P, 2010.

_____ *Disability Theory.* Ann Arbor: The U of Michigan P, 2008.
Sinardet, Emmanuelle. "A la Costa de Luis A. Martínez: ¿la defensa de un proyecto liberal para Ecuador?" *Bulletin de L'Institut Francais d'Études Andines* 27/2 (1998): 285-307.
Sommer, Doris. *Ficciones fundacionales. Las novelas nacionales de América Latina.* Bogotá: Fondo de Cultura Económica, 2004.
Soriano Salkjelsvik, Kari. "El precio de la palabra: la voz indígena en *Huesipungo* de Jorge Icaza". *Anales de Literatura Hispanoamericana* 45 (2016): 325-341.
Szurmuk, Mónica y Robert McKee Irwin, coord. *Diccionario de Estudios Culturales Latinoamericanos.* México: Siglo XXI Editores, 2009.
Universidad Andina Simón Bolívar y Corporación Editora Nacional. *Historia de las literaturas del Ecuador.* 2da. ed. 10 vols. Quito: Universidad Andina Simón Bolívar/Corporación Editora Nacional, 2003.
Valencia, Leonardo. "El síndrome de Falcón". *Obras Completas / Pablo Palacio: edición crítica.* Wilfrido Corral, coord. Madrid: Fondo de Cultura Económica de México, 2000. 331-345.
Vega, Paola de la. *Jorgenrique Adoum. Entrevista.* Quito: Gescultura, 2008.
Velasco, Juan de. *Historia del Reino de Quito.* Quito: Casa de la Cultura Ecuatoriana, 1977.
_____ *Historia del Reino de Quito en la América Meridional.* Alfredo Pareja Diezcanseco, estudio introductorio. Caracas: Biblioteca Ayacucho, 1981.
Villalobos-Ruminott, Sergio. "Biopolítica y soberanía: notas sobre la ambigüedad del corpus literario". *Heridas abiertas: biopolítica y representación en América Latina.* Mabel Moraña e Ignacio Sánchez Prado, eds. Madrid / Frankfurt: Iberoamericana / Vervuert, 2014. 47-64.
Warburg, Aby. *Atlas Mnemosyne.* Madrid: Ediciones Akal S.A., 2010.
Zambrano, María Alejandra. "Monstruos en la hacienda: el concertaje como narración de la nación". *Temas* 65 (2011): 30-37.
Zermeño-Padilla, Guillermo. "Del mestizo al mestizaje: arqueología de un concepto". *Revista Memoria y Sociedad* 12/24 (2008): 79-95.

www.ingramcontent.com/pod-product-compliance
Lightning Source LLC
Chambersburg PA
CBHW071401300426
44114CB00016B/2141